우리 강아지
명견
만들기

BREAKING BAD HABITS IN DOGS
Published by Interpet Publishing
© 2003 Interpet Publishing
All rights reserved.

Korean translation copyright © 2003 by Goldenowl Publishing Co.
Korean translation rights arranged with Interpet Publishing
through Eric Yang Agency, Seoul.

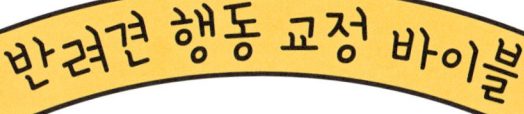

반려견 행동 교정 바이블

콜린 테넌트(전문 애견훈련사 · 동물행동학자) 지음
신동희 옮김

우리 강아지 명견 만들기

★★★
스테디셀러

BM 황금부엉이

이 책을 읽기 전에

말썽꾸러기 개와 더불어 즐겁게 사는 법
우리 강아지, 똑똑하고 매너 있게 길들이기

개는 무슨 생각을 할까. 개들은 왜 우리가 나쁜 버릇이라고 생각하는 행동들을 할까. 어떻게 하면 우리와 함께 생활하는 개들이 말썽 없이 사람과 즐겁게 어울려서 살 수 있을까.

먼저 이해해야 길들일 수 있다. 이 책은 우선 개의 심리와 행동을 쉽게 이해할 수 있도록 설명해준다. 이 책이 소개하는 애견훈련 방법들은 확실히 쉽고도 효과적이다. 그러나 간혹 성격이 강한 개들은 예측할 수 없는 행동을 보이기도 하여 다루기 힘들고, 겁이 많거나 지나치게 사람 손을 타는 개들은 도무지 어떻게 길들여야 할지 난감할 때도 있다.

이렇게 나쁜 행동이 버릇이 되어 버린 개들은 특히 신중하게 다루어야 한다. 물론 주변 사람들이 주는 조언이 도움이 되기도 하지만 그중에는 전혀 검증되지 않은 잘못된 말들도 있고, 때로 그런 정보들은 개의 건강에 심각한 해를 끼칠 수도 있다. 전문가의 조언과 도움이 꼭 필요한 것이다.

하지만 우리 개가 왜 그런 행동을 하는지 개들의 심리를 명확하게 이해하고 훈련을 시킬 수 있는 전문가는 드물다. 특히 이론적으로만 뛰어나고 실제 훈련에 능숙하지 못한 사람도 많다. 이런 난감한 상황에서도 이 책은 단연 명쾌한 해결방법들을 제공한다. 세계적인 개 훈련 전문가가 개의 본성을 고려해 몇 가지 뚜렷한 원칙을 정한 후 그에 맞는 훈련법을 알려주기 때문이다.

저자 콜린 테넌트는 영국 최고의 개 훈련 전문가로 명성이 자자하다. 런던 개 훈련소를 설립하여 운영하고 있으며, 수백 편이 넘는 텔레비전 프로그램에 출연하여 직접 개를 훈련하고 길들이는 시범을 보여줘 폭발적인 인기를 모았다. 현재는 세계 각국을 돌아다니며 개 훈련에 대한 강연을 하며, 여러 신문과 잡지에 기고하는 등 활발한 활동을 하고 있다.

각 장에 소개한 애견훈련법 가운데 어떤 방법이 좋은지 선택하는 것은 개의 상태와 나이, 종류에 따라 독자 여러분이 직접 판단해야 한다. 이 책에서 알려주는 원칙을 응용해 자기 개에게 맞는 방법을 스스로 찾는 것도 좋다.

개를 키우는 사람은 누구나 자신의 개와 가족처럼, 친구처럼 지내고 싶어 한다. 하지만 그 개가 당신의 뜻과 상관없이 행동하고, 때로 피해까지 준다면 함께 지내기 힘들 것이다. 그때 이 책은 여러분의 고민과 걱정을 한순간에 해결하는 길잡이 역할을 할 것이다.

contents

INTRO 넌 어느 별에서 왔니? 우리 강아지 이해하기
충성스러운 동반자 12 ● 개의 역사 13 ● 사람을 돕는 개 14 ● 친구로서의 개 14 ● 늑대의 후손, 개 14 ● 개와 함께 사는 법 15 ● 개의 본능 16 ● 무리의 규칙 16 ● 무리의 습성 17 ● 지배 본능 18 ● 좋은 버릇 들이기 19

PART 1 30일 명견 만들기 프로젝트, 출발! 우리 강아지를 명견으로 만들어 주는 훈련 방법
훈련에 적합한 시기 23 ● 타고난 버릇 23 ● 명령하기 24 ● 보상 25 ● 벌 25 ● 칭찬과 벌은 2초 안에 26 ● 일관성 있는 태도 26 ● 개가 제 잘못을 알까? 29 ● 무시하라 30

PART 2 반려견과 오랫동안 동고동락하려면……. 우리 강아지를 명견으로 만들어 주는 훈련 도구
기본 훈련 33 ● 나쁜 버릇 고치기 34 ● 자동 리드줄 35 ● 긴 줄 35 ● 몸줄 36 ● 자동차용 안전줄 36 ● 안면줄 36 ● 입마개 37 ● 자연식 먹이 38 ● 먹이 장난감 38 ● 물기 방지 스프레이 38 ● 향기 분사식 물기 방지 목줄 39 ● 훈련용 디스크 40 ● 멈춤 알람 42 ● 물총 42 ● 개 침대 42 ● 개 문 43 ● 개장과 개 운동장 43 ● 자동차 승하차용 경사 43 ● 이동장과 바구니 44 ● 장난감과 공 44 ● 호각 44

PART 3 내 말은 귓등으로도 안 들어요! 나보다 상전인 우리 강아지
위험한 신호 45 ● 통제 불가능한 개 46 ● 버릇은 고칠 수 있다 47 ● 밀거나 뛰어오른다 49 ● 원인은 사람 51 ● 통제 안 되는 개를 다루는 법① 52 ● 복종훈련이 최선의 방법 57 ● 통제 안 되는 개를 다루는 법② 57 ● 장난감으로 관심 끌기 57 ● 개들의 착각 59 ● 완벽하게 통제하라 60 ● 묶어 두기 60 ● 묶여 있어도 즐겁다 63

PART 4 너마저 날 무시하니? 불러도 대답 없는 우리 강아지
같이 놀자 69 ● 내 개의 성격은? 69 ● 긴 줄로 부르기 75 ● 반복하기 76 ● 산만한 개 길들이기 81 ● 소리와 장난감으로 부르기 83 ● 숨바꼭질 놀이로 부르기 85 ● 향기 분사식 목줄로 부르기 85

PART 5 나도 겁 많거든? 겁 많은 우리 강아지

나 홀로 집에 92 ● 모든 게 주인 잘못 93 ● 두려움 예방하기 94 ● 독립심 키우기 96 ● 먹이 이용하기 97 ● 친구 만들어 주기 99 ● 운동량 늘리기 102 ● 훈련할 때 주의할 점 102 ● 훈련 결과 103

PART 6 기차 화통을 삶아 먹었니? 목청 좋은 우리 강아지

어릴 때부터 혼자 두기 105 ● 심하게 짖는 개 107 ● 짖어도 모른 척하기 107 ● 불안감 없애기 108 ● 먹이로 길들이기 109 ● 또 다른 방법 110 ● 관심을 끌기 위해 짖는 개 111 ● 차에서 짖는 개 112 ● 도구 사용하기 113 ● 이동장에 넣기 114 ● 차 안에 묶어 두기 115

PART 7 니가 무슨 연예인이니? 관심을 독차지하려는 우리 강아지

관심 끌기는 본능 117 ● 개가 상전? 119 ● 무관심이 최선 120 ● 도가 지나치면 병 120 ● 무시하기 123 ● 훈련할 때 주의점 125

PART 8 제발 그 구두만은 참아줘! 뭐든지 물어뜯는 우리 강아지

개들은 왜 물어뜯을까? 127 ● 예방하기 128 ● 재우기 129 ● 개장 이용 130 ● 도구 이용 130 ● 스프레이 이용 132

PART 9 이건 내 손가락이거든? 물기 좋아하는 우리 강아지

무는 이유 137 ● 습관이 되기 전에 139 ● 줄다리기 놀이 140 ● 입으로 하는 놀이는 "안 돼" 141 ● 복종훈련 144 ● 다른 놀이 하자 144

PART 10 널 점프의 달인으로 인정하마! 자꾸 뛰어오르는 우리 강아지

행동 통일 148 ● 네 발로 서게 하라 148 ● 자주 안아주지 마라 150 ● 눈도 마주치지 마라 150 ● 앉아! 152 ● 장난감과 공으로 훈련시키기 153 ● 분무기와 알람 목줄로 훈련시키기 154 ● 냄새와 맛으로 훈련시키기 155 ● 집 안에 묶어 두기 156 ● 어떤 방법이 좋을까? 157

PART 11 그만 좀 들이대! 아무에게나 공격적인 우리 강아지

- **사람에게 공격적인 개** 과격한 놀이를 하지 마라 163 ● 같은 개라도 환경에 따라 다르다 164 ● 타고난 성격이다 165 ● 주인에게도 사나운 개 166 ● 갑자기 으르렁대는 개 166 ● 공공장소에서 사납게 덤비는 개 168 ● 겁쟁이 개 168 ● 입마개를 씌워라 169 ● 안전거리를 유지하라 169 ● 강요하지 마라 170 ● 공격적인 태도를 고쳐라 172 ● 리더가 누구인지 알려줘라 172 ● 심리적 위축 훈련을 시켜라 173 ● 복종부터 가르쳐라 173 ● 집에서 하는 복종훈련 175 ● 조용히 할 때만 풀어줘라 177 ● 먹이로 보상하라 177 ● 손님에게 덤비는 개 178 ● "안 돼" 하며 디스크를 던져라 180 ● 달라진 개의 태도 183

- **다른 개들에게 공격적인 개** 겁이 많은 개 185 ● 사납고 공격적인 개 186 ● 사회성 결여가 원인 186 ● 치유할 수 없는 상처 186 ● 주기적으로 공격하는 개 188 ● 사회성을 길러라 189 ● 친구를 만들어라 192 ● 복종시켜라 193 ● 낯선 개를 초대하라 195 ● 공공장소에서 우리 개가 공격당했을 때 195 ● 섣불리 나서지 마라 196 ● 개와 개 사이를 가로막아라 197 ● 물건으로 방어하라 198 ● 자동우산을 펴라 198

- **같이 사는 개에게 공격적인 개** 개들도 위아래가 있다 201 ● 서열 정하기 202 ● 야생의 늑대 무리 205 ● 대장을 정한다 206 ● 뭐든지 서열 1위 개부터 207 ● 싸워도 내버려둔다 208 ● 새 주인에게 보낸다 210

- **소유욕이 심한 개** 집착하는 장난감 치우기 212 ● 스프레이 이용하기 212 ● 해도 되는 것과 안 되는 것 215

- **먹을 것에 집착하는 개** 교정훈련 방법 217 ● 불러서 오면 먹이를 준다 217 ● 밥그릇에 스프레이를 뿌린다 218 ● 먹이를 바꾼다 218 ● 끝내 집착을 버리지 못한다면? 219

- **빗질할 때 공격적인 개** 왜 공격적일까? 219 ● 빗질도 조심조심 220 ● 사나우면 입마개를 씌운다 221

PART 12 너 지금 반항하니? 음식을 훔치거나 바닥을 훑고 다니는 우리 강아지

둔한 미각 223 ● 심심해서 먹는다? 224 ● 냄새를 못 참아 226 ● 주인이 주는 것만 먹게 한다 226 ● 형편없는 미각 227 ● 안 보이면 안 먹는다 227 ● 들키면 바로 벌이다 229 ● 놀라게 하라 230 ● 최후 수단 231

PART 13 여친(남친)이 필요하니? 성욕이 강한 우리 강아지

영역 표시 234 ● 거세 236 ● 때와 장소를 가리지 않는다 238

PART 14 거긴 화장실이 아니거든? 아무 데나 배변하는 우리 강아지

어디나 화장실 241 ● 1단계—행동반경을 제한한다 243 ● 2단계—신문지에 배변하도록 유도한다 243 ● 3단계—자유롭게 풀어준다 244 ● 잠자리에는 배설하지 않는다 245 ● 배변 못 가리면 개장 신세 246 ● 혼자 있기 싫어하는 개 246 ● 영역 표시 247

PART 15 나 주인이거든? 산책할 때 잡아당기는 우리 강아지

가족 모두 같은 말로 명령하라 249 ● 개에게 끌려가지 마라 250 ● 줄에 익숙해지기 252 ● 따라 와! 252 ● 주인이 리더 254 ● 안면줄 씌우기 255 ● 몸줄(바디하네스) 이용하기 256

PART 16 사이좋게 지낼 거지? 새 식구를 맞이하는 우리 강아지

인사 259 ● 주인의 위치를 알린다 260 ● 두 마리를 같이 키울 때 262 ● 성이 다르면 덜 싸운다 263 ● 첫 만남 263 ● 서로 친해질 시간을 준다 264 ● 싸우면서 정이 든다 265

PART 17 괜찮아, 무서워하지 마! 공포증에 시달리는 우리 강아지

원인 파악 267 ● 공포심 269 ● 큰 소리 270 ● 소리는 소리로 이겨낸다 270 ● 아무리 무서워도 먹 어야지 271 ● 싫어하는 소리를 자꾸 들려준다 273 ● 공포증 극복 273

PART 18 귀 밑에 약 붙여줄까? 차멀미하는 우리 강아지
차멀미 275 ● 차가 좋아지는 3주 훈련 276 ● 멀미 안녕 276

PART 19 삽질은 이제 그만! 땅 파는 우리 강아지
땅을 못 파게 하는 방법 278 ● 디스크 이용 279 ● 냄새로 방지 281

PART 20 그것 말고도 먹을 거 많잖아! 배설물 먹는 우리 강아지
원인 283 ● 줄을 당긴다 284 ● 놀이로 관심을 끈다 284 ● 100% 성공법 284

PART 21 지금 달리기 시합하니? 사람이나 동물을 쫓는 우리 강아지
지루함이 원인 286 ● 복종훈련 실시 288 ● 도구 이용 288

부록
• 애견 소개 290
• 우리 개 건강상식 Q&A 297
• 애견 관련 사이트 302

찾아보기 305

INTRO

넌 어느 별에서 왔니?

우리 강아지 이해하기

충성스러운 동반자

발치에 앉아 사랑스럽게 잠들어 있는 개. 개는 수천 년 동안 인간의 충성스러운 친구로 살아왔다. 사람 손에 길들여진 개는 우리나라뿐만 아니라, 세계적으로 수많은 가정에서 가장 선호하는 애완동물이다. 개들이 사람과 친밀하고 순종적이기 때문일 것이다.

때로 우리는 개들의 타고난 본능(개다운 성격)을 인정하지 않으려 한다. 애완동물을 자기 생활 방식에 맞게 키우고 싶어 한다. 그러기 위해서는 개를 이해해야 한다. 개의 행동을 이해하려면, 먼저 개의 역사와 타고난 본능을 알아봐야 한다.

저먼셰퍼드는 다방면으로 재주가 뛰어나다. 그래서 인기도 높다.

크거나 작거나, 개들은 수천 년 동안 사람의 친구로 지내왔다.

개의 역사

고고학에서는 개가 사람과 함께 살아온 세월이 무려 10만 년이나 된다고 밝혔다.

고대 이집트 사람들은 개를 여러 가지 목적으로 키웠다고 한다. 자칼 형상의 신 아누비스가 숭배를 받았고, 주인이 죽으면 그 옆에 개가 같이 묻힌 것으로 보아 이집트 사람들이 개를 얼마나 소중히 여겼는지 알 수 있다. 고대 그리스, 중국, 로마 사람들도 개를 키우며 훈련시켜 각자의 생활 방식 안에서 최고의 대접을 해주었다. 일본의 한 유명한 왕은 개를 10만 마리나 소유했으며 모두 왕실의 보호를 받게 했다고도 한다.

사람들은 수많은 세월 동안 개의 능력에 맞게 효과적으로 개를 이용해왔다. 예를 들어, 콜리는 그 어느 늑대보다도 가축 모는 솜씨가 뛰어나고, 저먼셰퍼드는 충성심이 강하고 보호 능력과 양치기 능력을 모두 갖추었다. 아프간하운드는 늑대보다 빠르다. 마스티프는 힘이 좋아 사람과 동물을 상대로 싸우는 능력이 뛰어나다.

소형견(애완견 종)들은 특히 많은 사랑을 받는, 사람의 충직한 친구다. 체구가 작다고 보호 능력이 떨어지는 것은 아니다.

개는 세계적으로 400종이 넘으며 매년 그 수가 늘어난다. 그렇기 때문에 조상들은 자신의 생활에 맞는 개를 골라 키웠다. 예를 들어, 치와와 같은 경우에는 몸무게가 2kg이 채 안 되기 때문에 가축을 몰 능력은 없다. 치와와는 세계적으로 가장 작은 초소형 개에 속하며, 순수하게 취미로 기르는 애완견, 특히 귀족 여성들의 친구로 자리 잡았다. 페키니즈도 마찬가지이다.

마스티프는 덩치가 크고 힘이 좋기 때문에 수백 년 동안 투견으로 일해왔다. 싸움터에서 주로 맹수를 사냥했으나 겉모습과는 달리 성격은 온순한 편이다.

혼자 사는 사람들에게 개는 빈 집에 사랑을 채워주는 생명줄이라 해도 과언이 아니다. 건강에도 도움이 되고 기분을 좋게 해준다. 또한 아플 때 자리에서 털고 일어날 수 있는 원동력이 되기도 한다.

사람을 돕는 개

사람이 시키는 훈련을 가장 잘 받아들이는 종류는 역시 양치기견 종이다. 그래서 사람들과 같이 일하는 모습을 종종 볼 수 있다. 요즈음에도 많은 활약을 하고 있는 개들 중에는 경찰견이나 보호견, 양치기견, 보조견 등이 있다. 특히 우리 사회에서 중요한 일을 하는 개 중에서는 마약 탐지견을 들 수 있다. 아무리 깊숙이 숨긴 마약일지라도 탐지견의 코를 따돌릴 수는 없다.

친구로서의 개

대부분의 개는 가정용 애완견으로 입양된다. 영국 글래스고와 케임브리지 대학에 있는 애완동물 연구소에서 발표한 바에 따르면, 개를 키우는 사람들이 키우지 않는 사람들보다 더 오래 살 뿐만 아니라 더 행복하게 산다고 한다. 노인이나 혼자 사는 사람들은 애완견 덕을 많이 본다. 산책하면서 다른 사람들과 만날 기회를 제공해주고, 적당한 운동도 할 수 있게 해준다.

우리 사회가 점점 더 각박해져 가고 있기 때문에 애완동물이 많은 사람들에게 정신적인 위안이 되는 것 또한 사실이다. 그렇다면 동물에게도 사람이 필요할까?

겉모습만 보면 길들여진 것처럼 보이지만 래브라도의 깊은 내면에는 야성의 피가 흐르고 있다.

늑대의 후손, 개

각 가정에서 개를 중요하게 생각하고 있음에도 많은 사람이 자신의 생활과 전혀 맞지 않은 개를 키우고 있다. 아무리 사랑스럽고 귀여운 애완견이라고 하더라도 개는 본질적으로는 늑대의 후손임을 잊어서는 안 된다. 사람이 늑대를 길들여 늑대의 야성을 잠재운 것은 정말 다행스러운 일이다. 버릇이 나쁜 개나 늑대의 사촌처럼 행동하는 개를 직접 보면 실제로 늑대의 야성이 느껴지기도 한다.

우리가 부딪히는 문제도 바로 여기에서 발생한다. 개들은 자신을 잘 알지만 주인은 개를 잘 모른다. 그래서 주인이 귀여운 늑대를 한 마리 키우고 사랑했다는 사실을 알기까지는 상당한 시일이 걸린다.

야생 개는 그들의 조상인 늑대가 그렇듯 무리를 지어 산다. 그렇기 때문에 개가 집에 오랜 시간 혼자 있을 때, 풀이 죽어 있는 것은 당연한 일이다.

낯선 개들이 만나면 서로의 항문과 생식기 냄새를 맡으면서 빙빙 돌며 서로 의사소통을 한다. 또한 후각으로 세상의 정보를 수집하기도 한다.

개와 함께 사는 법

사람들은 개는 당연히 충성하고 복종하는 친구라고 생각한다. 누군가 개에게 물렸다는 소리를 들으면 믿으려 하지 않고 또 있을 수 없는 일이라고 생각한다. 사실 우리는 개 아닌 개를 기대하는 경향이 있다. 개가 우리가 원하는 대로 행동하지 않고 버릇없게, 다시 말해서 개답게 행동하면 실망한다.

주인이 외출하면 개들은 자연히 집에 혼자 있지만, 사실 개들은 혼자 있는 것을 무척 싫어한다. 개는 혼자 사는 동물이 아니라 무리를 지어 사는 동물이기 때문이다. 자기가 집에 혼자 남아 있어야 하는 이유를 이해 못할 수도 있다.

그러나 개는 영리하기 때문에 사람들의 이상하고도 개답지 않은 생활습관을 받아들이는 법을 배운다. 사람과 개가 같이 산다는 것은 생각만큼 그리 쉬운 일은 아니다.

먹을 것이 있으면 개는 본능적으로 먹을 기회를 노린다. 그래서 사람의 식탁과 자기 밥그릇을 구별할 수 있도록 훈련시켜야 한다.

여러분이 키우는 개를 진정으로 이해하고 중요하게 여긴다면 개가 늑대처럼 행동할 때 야단치기보다는 오히려 신기하게 보아야 한다. 우리 모두가 알고 있는 개와 늑대의 버릇을 비교해보도록 하자.

길들여진 개들은 늑대의 뛰어난 본능인 역동적인 동작을 이어받았다. 무리를 지어 사는 동물들은 계급 조직에 익숙해져 있기 때문에, 개들이 다른 개들을 보면 대장이 되려고 공격적인 행동을 하기도 한다.

개의 본능

개들은 서로의 냄새를, 그리고 사람의 냄새를 맡는다. 다른 개나 동물의 배설물 냄새를 맡기도 한다. 왜 그럴까? 그것이 바로 그들의 의사소통 수단이기 때문이다. 사람이 눈으로 간판이나 신문을 읽고, 보고, 확인하는 것과 같다고 할 수 있다. 현재 자신의 위치와 상태를 알리는 것이다. 후각은 먹이를 사냥할 때도 중요한 역할을 한다.

먹이는 생명에 직접적인 영향을 주기 때문에, 먹이에 강한 본능을 보인다. 훈련을 받지 않으면, 개는 보이는 음식을 모두 집어삼킨다. 먹이가 자기 밥그릇에 있든 땅에 떨어져 있든 주인 식탁에 있든 간에, 개는 구분하지 않는다. 개는 약탈자이자 청소부이다.

가끔 개들은 뛰어난 후각 때문에 사람들이 너무나 싫어하는 행동을 하기도 한다. 자신의 체취를 남기고자 다른 동물의 배설물에 뒹구는 일이 있다. 그것은 개들의 본능이지만 사람이 보기에는 아주 지저분한 나쁜 버릇이다.

무리의 규칙

대부분의 개들은 다른 개나 사람을 보면 으르렁대거나 물거나 사납게 덤비는 몸짓으로 상대를 지배하고 싶어 한다. 이러한

강아지 생활의 기초가 형성되는 동안 강아지는 가족의 무리가 되는 것이다.

늑대다운 행동을 이해한다면, 여러분의 개를 훈련시키고 복종하게 만드는 데 한결 도움이 될 것이다. 이 본능 덕분에 늑대의 명성이 높아졌음을 기억해야 한다.

개는 사냥꾼이기 때문에 움직이는 물체를 따라가는 것은 당연하다. 그것이 사람이든 고양이든 아니면 다람쥐든 상관없이. 큰 개들은 집 안의 귀중한 살림살이를 깰 수도 있고, 또 귀가했을 때 반갑다고 뛰어올라 우릴 넘어뜨릴 수도 있다. 마치 늑대가 사냥 나갔다 돌아온 무리를 반기는 행위와도 같다. 늑대의 무리에서는 다른 늑대들이 뛰어오르지 않고 네 발로 서 있어도 먹이를 얻는다. 그러나 개들이 사람을 대할 때는 상황이 다르다.

두 사진을 비교해보자. 왼쪽은 집에서 키우는 강아지가 장난감을 놓고 놀이를 하려는 자세이고, 오른쪽은 늑대가 눈 속에서 위험을 감지한 모습이다. 둘이 너무나도 닮았다. 개가 보이는 대부분의 행동은 늑대의 본능을 그대로 닮았다.

무리의 습성

개들은 부드러운 흙이나 모래 등을 파는 것을 좋아하며 뼈나 장난감을 묻는 일을 즐긴다. 비 오는 날을 대비하여 식량을 저장해 놓는 것이다. 잘 가꾸어 놓은 정원을 파헤칠 의도는 전혀 없다. 자신의 행동이 나쁘다는 인식을 못하고 자신이 할 일을 할 뿐이다. 특히 수놈들은 자기 영역을 자주 표시하는데, 이것은 자기 먹이를 보호하기 위해 사냥 지역을 표시하는 동시에 자기 존재를 알리는 개들의 습성이다.

개와 늑대는 소리를 내는 동물이다. 개들은 의사소통의 방법으로 소리를 내고, 늑대 또한 위험을 알리거나 무리를 불러모을 때 소리를 낸다.

외출했다 집에 돌아왔을 때, 개의 행동을 보면 알 수 있다. 개는 흥분하여 주인을 탐색한다. 주인의 옷에 여러 가지 낯선 냄새가 배어 있기 때문이다. 어린 늑대가 사냥에서 돌아온 어미 늑대를 반기는 행위도 이와 똑같다. 또 개들은 핥기, 특히 주인의 얼굴 핥기를 좋아한다. 하지만 개가 느끼는 감정은 사람이 느끼는 감정과 다르다. 이런 행동은 개가 무리에게 신체 접촉을 강화시키는 행위이자 무리의 리더에게 복종의 뜻을 표하는 행위이고 먹이를 달라는 표현이기도 하다.

개들은 묶어두지 않는 한 엄청난 거리를 배회한다. 서로 만나기를 좋아하고 서로 탐색하는 것도 좋아한다. 서로의 생식기나 항문 냄새를 맡는 것은 서로의 정보를 교환하는 일이고 서로 예의를 지키는 일이기도 하다. 이런 행동이 잦을수록 서로 긴장을 푼다. 개들은 또 소리로 감정을 표현한다. 짖기도 하고 울부짖기도 한다. 늑대는 울부짖기는 하지만 짖는 일은 아주 드물다.

개가 이러한 행동을 하는 것은 당연한 일이다. 단지 우리가 사는 환경과 어울리지 않을 뿐이다. 그러나 개의 이러한 행동이 우리 삶에 주는 영향을 무시할 수는 없다. 예를 들어, 시골 넓은 들판에서 개가 다람쥐를 쫓는 것은 대수롭지 않은 일이지만 도심 공원에서 뭔가를 쫓는다면 위험하다. 다른 사람들에게 피해를 줄 뿐 아니라 무엇인가 정신없이 쫓아가다 아무 생각 없이 찻길로 뛰어들 수도 있기 때문이다.

개들은 사냥하려는 본능을 지니고 있다. 다른 동물을 쫓고 싶은 것은 태어날 때부터 갖고 있는 본능이다.

지배 본능

지배 본능이 강한 개가 나쁜 것은 아니다. 개들은 성격이나 기분, 행동의 변화가 큰 동물이다. 그래서 규칙이 너무 엄격하면 적응하기 힘들다. 버릇이 나쁜 개들을 많이 경험해본 결과, 훈련하는 사람의 조급함이 개들의 교정훈련에는 전혀 도움이 안 된다.

이 책에서는 버릇 나쁜 개들을 훈련시키는 데 안전한 길을 택하고 있다. 여기에 나오는 규

1 아이들은 버릇이 좋은 개들과 놀면서 많은 것을 얻는다. 하지만 개와 마찬가지로 아이들도 규칙을 배워야 한다.

2 개에게 복종훈련을 시켜야 한다.

3 개들은 아이들을 두려워하지 않는다. 복종훈련을 통해서 아이들도 주인임을 가르쳐야 한다.

칙만 제대로 따라 한다면 극도로 사나운 행동은 보이지 않을 것이다. 적어도 관리할 수 있을 정도까지는 개선시켜야 한다. 늑대 또한 본능적으로 의례적인 행동을 통해서 서로를 지배하려 한다. 개가 갖고 있는 그러한 늑대의 본능을 잠재워야만 한다.

좋은 버릇 들이기

개의 나쁜 버릇은 복종훈련만 제대로 시키면 대부분 교정된다. 그래서 강아지든 어른 개이든 집에 데려오면 기본 규칙을 세워놓고 훈련하는 것이 가장 중요하다. 개를 훈련시키는 일도 사람을 교육시키는 것과 별반 다르지 않다.

가장 중요한 것은 리드하느냐 아니면 개에게 리드당하느냐이다. 리더십에서 개는 흑백논리를 따른다. 개에게 해야 하는 일과 해서는 안 되는 일을 확실하게 가르쳐주고 주인에게 복종하면 정확한 보상을 해주어야 한다.

확실한 리더로서 개를 관리하면 주인의 권위도 서고, 여러 종류의 명령에 따라 복종할 줄 아는 개도 행복하다. 개는 사람과 살면서 해도 되는 일과 해서는 안 되는 일을 확실하게 구별할 수 있게 된다. 그래서 개의 버릇은 가장 중요한 한 가지로 평가할 수 있다. 바로 복종하는 것이다.

훈련이 잘 된 개는 사람의 규칙을 확실히 알기 때문에 좋은 친구가 될 수 있지만, 개가 사람을 이기려 한다면 힘들어진다. 그래서 주인에게는 리드하는 법을 배우고 개에게 즐거움을 주고 바깥 활동도 충분히 시킬 의무가 있다. 자녀들에게도 개를 키우는 즐거움을 가르치고 주인임을 인식시킨다. 가장 중요한 것은 사람과 함께 살려고 야생 세계를 떠나온 재능 많고 영리한 동물, 즉 개 자체로 존중하고 인정해야 한다는 점이다.

복종훈련을 받은 개는 대부분 집에서도 행복하게 잘 지낸다.

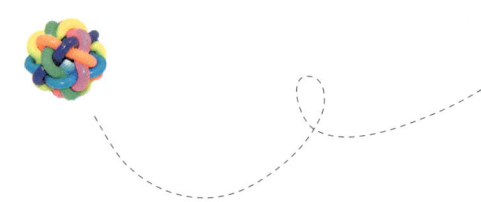

애견훈련의 아홉 가지 원칙

- 훈련을 시작하기 전에 훈련시키고자 하는 명령을 주인이 먼저 완벽하게 이해해야 한다. 의심 가는 훈련은 절대 하지 않는다.
- 개가 배우고자 하는 원동력은 편안한 가족의 목소리, 가족의 행동, 그리고 먹이와 놀이다.
- 개는 사람의 언어를 알아듣지 못한다. 그러나 사람들은 개가 사람 말을 알아듣는다고 오해한다. 개에게 명령할 때는 명확하고 단호한 목소리로 한다.
- 훈련 중에 개가 지루해하면 좋아하는 놀이를 함께 하고 칭찬을 많이 해준다. 잠시 놀다가 몇 시간 뒤 다시 훈련을 반복한다.
- 개 줄이 너무 길지 않아야 한다. 개 줄이 꼬이거나 장애물에 걸리면 다칠 수 있다.
- 개 종류에 따라서 훈련 속도도 제각기 다르다. 절대 조바심을 내면 안 된다.
- 훈련 시간은 짧아야 한다. 처음엔 10분으로 시작해서 점차적으로 늘려 나간다. 짧게 여러 번 하는 것이 길게 한 번 하는 것보다 훨씬 효과가 크다.
- 개가 가장 활발히 활동할 때 훈련시켜야 한다. 피곤해하거나 배가 부른 때는 피한다.
- 명령을 쉴 새 없이 반복하지 않는다. 개가 듣지 못하거나 바보는 아니다. 명령과 명령 사이에 약간의 침묵이 흐르면 오히려 판단할 수 있게 된다.

PART 1

30일 명견 만들기 프로젝트, 출발!

우리 강아지를 명견으로 만들어 주는 훈련방법

사람과 마찬가지로 개도 공동체 생활을 통해서 배운다. 개는 먹이를 주거나 만져주는 등 보상을 받으면 그 행동을 반복하고 싶어 한다. 하지만 벌을 받는다든가, 불만족스러운 표정을 짓는 등 좋지 않은 반응을 보이면 다시는 그 행동을 하지 않는다. 개는 사람과 달리 핑계를 대지 않는다. 어떤 특정한 행동에 뒤따르는 결과를 우리가 생각하는 방식으로는 생각하지 못한다. 이것이 바로 개를 키우는 사람들이 공통적으로 겪는 문제다. 우리는 보통 개가 슬리퍼를 씹고 있으면 그 슬리퍼를 개에게 보이면서 "안 돼."라고 말한다. 그러나 슬리퍼를 개에게 보이면서 안 된다고 나무라는 방식은 사람을 나무라는 방식이다. 우리는 개를 사람처럼 생각하고 대하지만, 개는 개의 본능적인 반응을 보일 뿐이다.

개의 잘못을 지적할 때는 2초 안에 즉시 나무라야 한다. 그래야 자기가 한 행동을 주인이 싫어함을 알게 된다.

훈련에 적합한 시기

개의 훈련에 가장 적합한 시기는 태어난 지 5~12주 사이다. 기간이 아주 짧다. 이 기간 동안 강아지에게 복종훈련을 확실하게 시켜야 한다.

이 시기에 받은 교육이 앞으로 생활하는 데 긍정적인 태도와 좋은 버릇을 들이는 데 많은 영향을 미치기 때문이다. 강아지들이 앞으로 정상적인 생활을 하려면 사람과 마찬가지로 많은 사람과 많은 동물을 만나 사회성을 키우고, 집 주변의 바깥 세상을 가능한 한 많이 경험해야 한다.

개는 살아가는 동안 계속 배운다. 그러나 이미 나쁜 버릇이 들어버린 어른 개를 교정훈련을 통해 좋은 쪽으로 길들이기는 힘들다. 그렇다고 버릇이 나쁜 개를 그냥 포기할 수도 없는 일이다.

개들은 태어난 지 5~12주 안에 훈련시키는 것이 가장 효과적이다.

개의 나쁜 버릇은 얼마든지 교정이 가능하다. 단지 시간이 오래 걸릴 뿐이다. 나쁜 버릇을 고치기 위해 노력하는 중에도 개는 주인이 혹시 포기하진 않나 하고 계속 살핀다. 개가 잘못된 행동을 했을 때 주인이 너무 관대하게 대하면 그 버릇은 고쳐지지 않는다.

타고난 버릇

개의 욕구와 버릇은 대부분 유전된다. 예를 들어, 보더 콜리 같은 경우, 가축을 모는 본능이 강하고 움직임에 대한 시각이 예리하다. 이런 개들이 넘치는 힘을 발산할 만큼의 충분한 운동을 하지 못한다면 그 관심을 다른 데로 돌릴 수도 있다.

예를 들어, 공원에서 자전거 타는 사람들이나 조깅하는 사람들을 쫓아가는 일들이 그것이다. 이런 개의 관심을 끌

개의 행동은 종류에 따라 정도에 차이가 있다. 가축을 모는 본능이 있는 개들은 에너지가 넘쳐 운동을 많이 해야 한다.

길들여진 개의 이면에는 야생의 본능이 그대로 살아 있다. 호기심이 많은 것은 너무나 당연한 일이다.

기 위해 공이 자주 쓰인다.

근심이 많거나 조용한 성격도 유전된다. 개는 늑대와 흡사한 데가 너무 많기에 본능은 잠재워야 한다.

유전된 본능을 완전히 제거하진 못하지만 약화시킬 순 있다. 그럼에도 테리어 종류는 쉽게 흥분한다. 하운드 종류는 후각이 뛰어나 냄새를 따라가다 보면 주인의 명령이 들리지 않을 수도 있다. 두려움이 많은 개들은 대개 어렸을 때 사회성 훈련을 제대로 받지 못한 개들이다. 어떤 종류의 개들은 다른 개들보다 성격이 더 강하고, 소형견 종류는 작기 때문에 더 예민하고 두려움도 많을 수 있다. 모두 교정이 가능하다.

개의 눈높이에서 보도록 노력해보자. 강아지는 거인들의 세상에서 살아가는 방법을 터득해야 한다.

명령하기

말 자체는 개에게 아무런 의미도 없다. 좋은 조련사를 보면 목소리 톤 변화가 심하다는 것을 알 수 있다. 명령(소리)은 짧고 명료하게, 한두 마디의 명확한 어조로 전해야 한다. 사람과 개 사이의 의사소통에서 칭찬과 명령은 길면 절대 안 된다. 명령이 길면 주인이 무슨 말을 하는지 생각하는 시간만 오래 걸릴 뿐이다.

보상

개는 공동체 생활에서 배운다. 개들에게는 칭찬(격려의 말을 하거나 쓰다듬어 주거나 먹이를 주는 것 등)을 해줌으로써 훈련할 때 최상의 결과를 끌어낼 수 있다.

"앉아."라는 명령에 복종했을 때 따뜻하게 칭찬해주면 이것을 보상으로 받아들인다. 이런 식으로 칭찬을 하면서 복종훈련을 반복하면 개가 확실하게 알아듣는다. 또 원하는 훈련 결과도 얻을 수 있다. 새로운 버릇을 가르칠 때는 먹이나 장난감, 운동, 주인과 함께 노는 것조차 개에게는 큰 힘이 된다.

벌

보상을 주는 것과 마찬가지로 해서는 안 되는 것도 가르쳐야 한다. 벌을 주는 것은 당장 저지하는 데 효과가 있다. 하지만 명령으로 "안 돼."라고 단호하게 말한다든가 목 부분의 가죽을 잡아당기면서 눈을 똑바로 쳐다보는 것이 효과적이다.

예를 들어, 개가 놀자고 손을 살짝 물면 개의 목덜미를 잡으면서 동시에 "안 돼."라고 명령하고 눈을 몇 초간 뚫어져라 쳐다본다. 개들은 이러한 경고를 무척 싫어한다. 그리고 이런 경험으로 개는 주인의 손을 물면 벌을 받는다는 것을 알고 다시는 물지 않는다.

그런데 문제는 사람들이 인내심이 없어서 과도하게 자주 벌을 준다는 것이다. 물론 벌을 주지 않고도 훈련 효과를 낼 수 있다. 예를 들어, 개가 뛰어오를 때 때리기보다는 차라리 앉아서 기다

함께 노는 시간이 많을수록 주인과 개 사이의 우정이 돈독해진다.

PART 1 우리 강아지를 명견으로 만들어 주는 훈련방법

리게 하는 복종훈련을 시키면 뛰어오르고 싶은 욕구를 줄일 수 있다. 개가 뛰어오르려고 할 때를 예상하여 "앉아."라고 명령한다. 개가 이미 행동을 한 다음 죄인 취급하며 벌을 주는 것보다는 이 방법이 훨씬 더 효과적이다.

여기서 우리는 개가 사람들의 생활에 맞도록 태어나지 않았음을 다시 한 번 기억할 필요가 있다. 그런데도 개들은 희한하게 사람들과 잘 어울린다.

칭찬과 벌은 2초 안에

모든 훈련은 타이밍이 중요하다. 제대로 훈련시키고 싶다면 칭찬이든 벌이든 행동한 후 반드시 2초 안에 실행해야 한다. 예를 들어, 공원에서 산책하다 너무 흥분하면 주인이 부르는 소리에 복종하지 않을 수도 있다. 그런데 개가 돌아왔을 때 야단치면 개는 방금 전 주인의 부름에 복종하지 않은 것은 잊고 지금 주인에게 돌아온 것 때문에 벌을 받는다고 생각한다. 칭찬이나 안 된다는 말을 할 때는 즉각적으로 해야 빨리 알아듣는다.

일관성 있는 태도

개의 나쁜 버릇을 교정하고 싶다면 누구나 일관성 있는 태도로 훈련시키는 것이 중요하다. 그렇게 해야만 개가 혼란스럽지 않다. 나쁜 행동을 했을 때, 그때마다 반응이 다르다면 문제가 있다. 운이 좋아 어떤 개는 알아들을 수도 있지만 그렇지 않은 경우도 있다.

개를 키우는 것은 마치 아이를 키우는 것과 같다. 자신이 어떤 훈련을 시키려 하는지 명확하게 알고 가족에게도 그 규칙을 알려준다. 좋은 결과를 원한다면 일관성 있는 태도가 무엇

타이밍이 가장 중요하다. 착한 행동에 따른 칭찬도, 나쁜 행동에 따른 벌도 반드시 그 행동을 한 후 2초 안에 실행해야 한다. 시간을 더 끌면 자기의 행동과 주인의 행동을 일치시키지 못한다.

Good Dog Training

1. 복종훈련을 할 때는 말을 명확하게 해야 한다. 칭찬은 훨씬 더 부드러운 어조로 말한다. 매일매일 반복해서 명령과 손동작으로 훈련시킨다.

2. 주인의 명령에 따라 집중하고 앉아 있다.

3. "엎드려."라는 명령과 함께 손동작도 명확하게 한다. 상체를 숙이면서 하면 더 효과적이다.

4. 개가 주인의 명령을 제대로 알아듣고 복종한다.

PART 1 우리 강아지를 명견으로 만들어 주는 훈련방법 27

Good Dog Training

1 명령과 손동작을 명확하게 해준다.

2 개가 명령에 복종하고 주인을 주시하고 있다.

1 개는 연령을 차별하진 않는다. 개들은 언제나 다른 가족 구성원, 비록 어린아이라고 해도 명령에 복종할 자세가 되어 있다. 여자아이가 앉으라는 손동작을 하자 달마티안이 주의 깊게 보고 있다.

2 여자아이의 동작은 정확하고 명령은 짧고 명확하다. 그 결과 달마티안은 그 명령에 따라 복종하고 앉아서 다음 명령을 기다리고 있다.

보다 중요하다.

사람들은 자신이 어떻게 행동하는지 전혀 모른다. 내게 상담하는 대부분의 사람들은 자신의 개가 말을 듣지 않는다고 한다. 그래서 주인이 개를 어떻게 다루는지 알기 위해 훈련시키는 과정을 녹화해서 보면 모두 이런 식이다. "앉아, 오스카. 앉으라니까. 그만 하고 그냥 앉아, 오스카. 오스카, 앉으라니까. 너 참 말도 안 듣는구나."

이렇게 훈련시키면 아무런 효과가 없다. 계속 다른 말을 하면서, 그 많은 말 중에서 "앉아."라는 명령을 알아듣고 복종하길 바란다는 것은 무리다. 녹화한 테이프를 보여주며 설명하면 그제야 주인들은 자신의 실수를 깨닫는다.

사람은 복잡한 신경계로 이루어져 있는 거대한 뇌를 소유하고 있어 다른 사람들을 가르치는 데 익숙하지만, 개는 그렇지 않아 간단한 말로 표현해야 한다.

개가 제 잘못을 알까?

많은 사람이 자신의 개는 카펫에 오줌을 싸거나 의자 다리를 물어뜯고 나서는 미안해하는 표정을 짓는다고 한다. 그렇다면 개가 잘못을 안다는 이야기다. 주인이 집에 돌아와서 개가 잘못한 일을 발견했을 때, 개가 미안해하는 표정을 짓는 것은 자신이 한 행동에 대한 죄책감 때문이 아니다. 대부분의 개는 주인의 목소리 톤이나 행동으로 무엇인가 잘못되었음을 감지할 뿐 자신이 저지른 일 때문이라고는 생각지 않는다. 죄책감이 아니라 단순한 두려움인 것이다.

개들에게 물건을 식별할 수 있는 능력을 바라지 않는 것이 좋다. 개는 그 옷이 비싼 명품인지 아니면 찢어진 청바지인지 모른다. 먹는 것도 사람의 음식인지 자기 밥인지 모른다. 음식은 그저 먹는 것일 뿐이다. 그래서 훈련을 시키는 것이다.

애원하듯 쳐다보는 표정을 보고도 모른 척 무시하기란 어려운 일이다. 하지만 귀찮게 하는 것을 막는데 이보다 더 좋은 방법은 없다.

개가 식탁에 있는 빵을 물고 간 뒤 오른쪽 그림과 같은 모습을 보이면, 마치 개가 죄책감을 느끼는 것 같지만 개는 죄책감을 느끼지 않는다. 주인의 말과 행동을 보고 무슨 벌을 받겠구나 감지할 뿐이다.

착하고 사회성 좋은 개로 키우고 싶다면 하나씩 단계적으로 가르쳐야 한다. 그리고 개의 나쁜 버릇을 고치고 싶다면 나쁜 행동에 벌보다는 착한 일에 칭찬을 더 많이 해야 한다.

무시하라

말 잘 듣게 하는 효과적인 방법

여러분의 강아지가 관심을 끌기 위해 과도한 행동, 예를 들어 짖거나, 뛰어오르거나, 옆구리를 찌르거나, 발로 긁거나, 낑낑거리는 등의 행위로 주인의 생활을 지배하려 한다면 무시하는 것이 가장 효과적인 훈련방법이다.

간단하게 생각하면 된다. 원하지 않는 행동이라면 무시해 버리고 원하는 행동이면 관심을 보인다. 관심을 보이는 것은 쉽지만 무시하기는 쉽지 않기 때문에 철저하게 훈련해야 한다.

영리한 개들은 자기가 원하는 것이 이루어질 때까지 끈질기게 계속 조르기 때문이다. 하지만 여러분이 흔들리지만 않는다면 보상도 따르지 않는 행동을 계속하는 개는 없다. 개는 사람이 자신을 무시하는 태도에 빠르게 반응한다.

예를 들어, 강아지가 계속 귀찮게 한다고 가정해보자. 여러분은 "저리 가!" 또는 "그만!"이라고 하면서 몸으로 밀어내든가 아니면 눈을 쳐다본다. 하지만 대부분의 개들은 이런 행동을 보상으로 생각한다. 목소리를 아무리 엄하게 해도 신체적인 접촉이 있다면 그렇게 생각한다. 무시하는 방법은 강아지가 옆에서 어떠한 행동을 하더라도 강아지가 없는 것처럼 행동하는 것이다. 1주일 정도 계속되면 강아지는 주인의 관심을 끌 수 없다고 느끼게 되고 주인을 귀찮게 하던 행동도 점차 사라진다. 지금까지 무시하는 방법을 적용해서 교정에 실패한 개는 단 한 마리도 없었다.

통제하기 어려운 개들은 묶어서 활동 범위를 제한한다.

Tip

귀찮게 굴면 무시하라!
— 개가 관심을 끌려고 귀찮게 한다면 어떻게 해야 하나?

- 눈을 마주치지 않는다.
- 몸으로 개를 밀치지 않는다. 장난치는 것으로 오해할 수 있기 때문이다.
- 개에게 소리 지르지 않는다.
- 통제할 수 없는 개는 묶어놓아도 좋다(57~60쪽 참조).
- 통제할 수 없는 개를 다루는 규칙을 적용한다(52~57쪽 참조). 버릇이 좋아질 것이다.

애견훈련의 기본 상식

- 개의 성격이 형성되는 가장 중요한 시기는 태어난 지 5~12주 사이이다.
- 개 종류마다 유전되는 성격은 색깔이나 생김새처럼 완전히 제거하지는 못한다.
- 훈련시킬 때 목소리를 효과적으로 사용하는 능력이 성공과 실패를 좌우한다.
- 보상은 행동이 끝나고 2초 안에 주어져야 한다.
- 벌은 행동이 끝나고 2초 안에 주어져야 한다.
- 타이밍과 일관성이 매우 중요하다. 그렇게 할 때에만 명령에 따른 행동이 나온다.
- 죄책감은 사람의 감정이다. 개에게는 그런 감정이 없다.
- 무시하는 것은 나쁜 버릇을 교정할 수 있는 가장 효과적인 방법이다.

PART 2

반려견과 오랫동안 동고동락하려면……

우리 강아지를 명견으로 만들어 주는 훈련 도구

기본 훈련

훈련을 위해 필요한 기본적인 도구는 목줄과 리드줄이다. 대부분의 개들이 이 기본 훈련은 잘 따라 하고 또 결과도 대부분 좋다. 개도 어린 아이와 마찬가지로 이 세상에 적응할 수 있는 훈련과 시간이 필요하다. 해도 되는 것과 하지 말아야 할 것을 배우지 않는다면 본능에 따라서만 행동할 것이다. 그렇다면 주인과의 마찰은 피하기 어렵다.

눈에 보이는 음식을 먹는 것은 개의 본능이다. 먹을 것이 개 밥그릇에 있든 식탁 위에 있든 상관하지 않는다. 식탁 위의 음식은 먹으면 안 된다고 가르치지 않는 한, 개에겐 당연히 먹어도 되는 먹을거리에 불과

개와 함께 생활하려면 목에 꼭 맞는 목줄은 필수다. 리드줄과 연결시켜 데리고 다니면 주인이 개를 통제할 수 있다.

기본 훈련 중 하나는 리드줄을 묶고 나갔을 때 옆에서 따라 걸을 수 있도록 가르치는 것이다(각측보행). 복종훈련만 되어 있다면 어린아이들도 마음 놓고 개를 산책시킬 수 있다.

목줄과 리드줄

- 리드줄 : 가죽이 가장 좋다. 길이는 적어도 1~2m는 되어야 한다.
- 목줄 : 가죽이 가장 좋다. 나일론도 괜찮다.
- 체인 : 목을 꽉 조이지 않기 때문에 안전하다.
- 초크체인과 홀치기 줄 : 줄을 당기면 개의 목을 조인다. 주로 조련사들이 사용하고 일반적으로는 많이 쓰지 않는다.

하다. 사실 아이들도 해야 할 것과 해서는 안 될 것을 배우기 전에는 아무것도 모른다. 그러나 사람들은 아이들의 그런 행동은 예쁘게 봐주면서도 강아지의 경우에는 나쁜 짓이라고 생각한다.

이렇듯 사람들이 개에게 갖는 기대는 개의 입장에서 본다면 상당히 불공평한 것이다. 우리가 기대하는 만큼 훈련시켜야 한다.

나쁜 버릇 고치기

많은 훈련 업체에서 개의 나쁜 버릇을 고치고 재훈련시키는 데 필요한 여러 가지 도구를 만들고 있다.

그러한 도구를 사용하는 방법을 자세하게 설명해 놓았다. 가끔 빠른 결과를 원할 때 그러한 도구들을 쓰지만 사용방

집에서 키우는 동물이 새 식구를 만날 때 사용하면 좋다. 개가 새 친구를 만나면 자유롭게 가까이 갈 수 있지만 공격적인 태도를 보이면 즉각 저지할 수 있다.

법이나 훈련방법을 모르면 실패할 수도 있다. 전문가의 지시에 따라 사용한다면 심각하게 생각했던 나쁜 버릇도 고칠 수 있다.

대부분의 도구들은 예민한 개나 강아지에게 쓰인다. 그러나 어떤 도구들은 통제가 안 되는 개에게 쓰이기도 한다. 여기서 소개하는 도구들의 용도를 잘 알고 적절하게 사용하기를 바란다.

스프링의 힘으로 줄이 감기는 자동줄이다. 작은 단추를 누르면 고정되기도 한다.

자동 리드줄

줄이 자동으로 늘어났다가 다시 감기는 자동 리드줄은 개의 나쁜 버릇을 고치는 데 많은 도움이 된다.

키우던 개나 고양이가 다른 동물과 만날 때 이 줄을 사용해도 좋다. 낯선 동물에 얼마나 가까이 다가가는지 보고 있다가, 위험하다 싶으면 즉각 원하는 길이만큼 늘였다 줄였다 할 수 있기 때문이다.

개는 묶여 있을 때 다른 개들에게 공격적인 태도를 보인다. 그러나 줄을 조절함으로써 묶여 있다는 두려움을 없앨 수도 있고 또 주인이 개의 행동을 통제할 수도 있다.

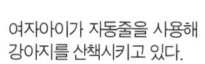

여자아이가 자동줄을 사용해 강아지를 산책시키고 있다.

긴 줄

6~15m 정도 되는 나일론 끈을 구입해 한쪽 끝에는 목줄을 연결하고 다른 한쪽에는 손잡이를 만든다. 줄을 이용할 때는 항상 장갑을 끼는 것이 좋다. 부르면 오게 하는 복종훈련을 하는데 아주 효과적이다.

몸줄

개의 몸에 맞게 되어 있고 리드줄은 위쪽에 연결한다. 산책할 때 먼저 가려고 당기는 개들에게 좋다. 개가 앞서 가려고 당기면 불편하고 주인 옆에서 가면 편하기 때문이다.

몸줄은 개가 당기면 겨드랑이에 압박이 가해지기 때문에 세게 당기지 못한다.

자동차용 안전줄

차 뒷자리에 탄 개를 보호하는 도구이며 안전벨트에 묶는다. 개가 차 안에서 움직이는 것을 통제하거나 차멀미를 할 때 유용하게 쓰인다.

안면줄

고집이 세거나 통제 불가능한 개에게만 사용

몸줄과 마찬가지로 안면줄도 개가 당기는 것을 방지하기 위해 쓴다. 개의 얼굴에 이 줄을 씌워도 평상시와 똑같이 입을 움직일 수 있다. 그러나 주인보다 먼저 가려 하면 줄이 얼굴을 주인 쪽으로 당겨서 무척 불편하다. 대형견에게 좋고, 또 주인이 개를 감당할 수 없을 때도 좋다. 그리고 통제할 수 없었던 개는 얌전해지는 효과도 있다.

이 래브라도는 주인 옆에서 조용히 걸으면 무척 편하다. 그러나 조금이라도 앞으로 가려 하면 안면줄 때문에 머리가 뒤쪽으로 향한다.

입마개

고집이 세거나 통제 불가능한 개 또는 사나운 개에게 사용

입마개는 통제할 수 없을 정도로 공격적이거나 길가에 버려진 쓰레기를 청소하고 다니는 개들에게 좋다. 입마개를 처음 사용할 때는 거부감을 없애 주어야 한다. 대부분 입마개를 사용할 때 너무 급하게 씌우는 바람에 개에게 많은 스트레스를 준다. 안면줄과 같은 방법으로 거부감을 없애면서 서서히 시도한다.

새장형 입마개는 얼기설기 그물 모양이기 때문에 그 사이로 먹이를 줄 수 있다.

입마개에 익숙하게 하려면 먹이를 이용하는 방법이 가장 빠르다. 입마개를 채운 다음 차에 태워 공원으로 드라이브 가는 것도 산책에 대한 기대감을 줄 수 있기 때문에 좋다.

먼저 개를 앉혀놓고 목줄과 리드줄을 건다. 손에 맛있는 간식을 들고 입마개를 개에게 씌워준다(입마개를 씌워도 개의 입이 벌어질 수 있게 한다). 입마개를 씌운 다음에는 잘 했다고 먹이를 준다. 몇 분 채워 놓았다가 벗겨주고 나서 다시 먹이를 준다. 그렇게 하면 이 개에게 입마개는 간식을 먹을 수 있는 좋은 수단이 되는 것이다. 이런 과정을 하루에 세 번, 3일 동안 반복하고, 한 번에 10분 정도 채운다.

4일째 되는 날 같은 과정을 반복한 다음 집 안이나 정원을 산책하면서 자주 간식을 준다. 개가 얼굴을 바닥에 문지르면(정상적인 행동이다) 먹이를 이용해 관심을 끌고 줄을 이용해 앉으라고 명령한다. 집에 있을 때는 매일 10~15분씩, 하루 두 번 씌운다. 입마개를 씌워도 흥분하지 않고 받아들이기 시작하면 일단 성공한 것이다.

대부분의 개가 입마개를 거부하지만 먹이를 이용하면 빠르게 적응한다. 입마개를 착용한 채 걸음 연습을 할 때 별다른 거부반응이 없으면, 그때부터는 외출해도 좋다.

자연식 먹이

훈련할 때 먹이 보상은 훈련효과를 극대화한다. 먹이는 몸 상태를 유지해 주기도 하지만 행동에도 영향을 준다. 사람과 마찬가지로 개에게도 화학 첨가물이 들어 있지 않은 자연식을 먹여야 한다. 하지만 자연식에 맛을 첨가할 필요는 없다. 좋은 음식에는 모든 영양소가 골고루 들어 있기 때문이다.

훈련 과정에서 먹이는 큰 역할을 한다. 사나운 개를 안정시키거나 겁 많은 개가 두려움을 이겨낼 수 있도록 도와주기도 한다. 개에게 자연식만 먹이면 행동이 달라지는 것을 알 수 있다. 신선한 고기와 야채, 밥 같은 음식, 주인이 직접 만든 음식을 줄 수 있으면 더욱 좋다.

먹이 장난감으로 관심을 끌어 개의 나쁜 버릇을 고칠 수 있다.

먹이 장난감

단단한 고무 재질로 된, 아령 모양의 장난감으로 안쪽이 비어 있어 개가 좋아하는 먹이를 넣을 수 있다.

이 장난감은 집에 혼자 있을 때의 두려움을 없애준다. 그뿐만 아니라 공격적이고 파괴적인 행동을 하거나, 사나운 행동을 할 때 주면 효과가 크다. 장남감 안에 박혀 있는 먹이를 빼먹느라 정신이 없기 때문에 강아지를 길들일 때도 좋다. 혼자 있는 개들에게 심리적으로 위로가 된다.

자동 물기 방지 목줄은 용도가 광범위하며 리모컨으로도 작동이 가능하다.

물기 방지 스프레이

개에게는 아무런 해를 주지 않지만, 냄새가 고약한

액체 스프레이다. 강아지를 처음 훈련시킬 때 매우 유용하게 쓰이며 집 안의 가구나 귀한 물건 등을 물어뜯지 못하게 하는 데도 쓰인다. 케언테리어 종인 '사피'라는 강아지의 물어뜯는 버릇도 이 스프레이 덕분에 없어졌다.

모든 강아지들은 이빨과 코를 이용해 세상을 배워나간다. 다른 강아지들과 마찬가지로 사피도 이빨과 코로 세상을 탐색했다. 대부분 책상 밑은 컴퓨터 줄 등 온갖 전깃줄이 정글을 이루고 있다. 사피는 항상 그곳에서 뭔가에 열중했다. 그래서 쓴 냄새가 나는 물기 방지 스프레이를 매일 책상 밑에 뿌렸다. 그랬더니 컴퓨터 줄을 물어뜯던 사피가 그 냄새를 맡고는 더 이상 컴퓨터 줄을 씹지 않게 되었다.

물기 방지 스프레이는 해가 없는 쓴 냄새로 나쁜 버릇을 교정할 수 있다. 아이들 팔에 뿌려 두면 팔을 물며 노는 것을 방지할 수 있다.

향기 분사식 물기 방지 목줄
고집이 세거나 통제 불가능한 개에게 사용

향기 분사식 물기 방지 목줄은 가까운 거리에서 리모컨으로 작동할 수 있다. 코를 찌를 듯한 냄새를 발사하지만 아무런 해가 없는 시트로넬라 향이다. 다른 훈련으로 별 효과가 없고 반응을 보이지 않는 개들에게 사용하면 좋다. 바닥을 코로 쓸고 다니는 행동이나 동물 배설물을 먹는 행동을 방지할 수 있다.

이 목줄은 사용하는 타이밍이 가장 중요하다. 화가 난다고 아무 때나 사용해서는 안 된다. 해가 없긴 하지만 함부로 쓰면 개의 공포심을 유발할 수도 있다.

훈련용 디스크

훈련용 디스크를 제대로 사용하면 두 가지 효과가 있다. 버릇없는 개의 행동을 저지하는 데 효과가 있고, 행동에 옮기기 전에 디스크를 사용해서 그 행동을 미리 예방하는 데도 효과가 있다.

훈련용 디스크 대신 열쇠꾸러미를 사용해도 좋은데, 훈련 효과는 디스크보다 안 좋다. 이 디스크는 거의 모든 개에게 효과가 있지만 강아지에게 사용할 때는 조심해야 한다.

훈련용 디스크는 이렇게 쓰인다.

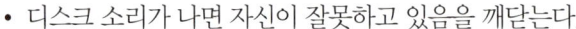
주인이 "먹어."라는 명령을 해야만 먹게 훈련을 시킨다. 명령을 하지 않았는데도 먹으려 한다면 먹이 가까이 디스크를 던져 저지한다.

- 디스크 소리가 나면 자신이 잘못하고 있음을 깨닫는다.
- "안 돼."라는 명령과 마찬가지로 생각한다.
- 디스크를 사용하지 않아도 "안 돼."라는 명령에 자동으로 반응하게 된다.

대부분의 개에게 디스크를 사용해본 결과 교정훈련이 가능했다. 개들은 이 훈련으로 "안 돼."라는 명령을 알게 된다.

훈련용 디스크 사용방법

대부분의 개들은 먹는 것을 좋아한다. 개를 통제하기 위해서는 목줄과 리드줄을 묶고 나갔을 때 작은 간식을 일부러 땅에 놓는다. 개가 그 먹이를 먹으려 하면 먹지 못하도록 줄을 꼭 쥐고 동시에 디스크를 바닥에 던지면서 "안 돼."라고 명령한다. 욕심 많은 녀석이라면 주인

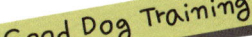 Good Dog Training

1. 훈련용 디스크는 버릇없는 행동을 저지하는 데 효과적이다.

2. "안 돼."라고 명령하면서 바닥에 디스크를 던지면 명령과 동시에 디스크 소리가 나기 때문에 이 디스크 소리를 "안 돼."로 알아듣는다.

3. 얼마 후 개는 디스크 없이도 "안 돼."라는 명령에 따라 행동한다.

의 손을 물고서라도 먹으려 하겠지만 대부분은 디스크 소리에 놀라 먹지 않는다.

개가 놀라서 뒤로 물러나면 훈련은 성공적이다. 개들은 반복훈련으로 "먹어."라는 명령을 해야만 먹을 수 있다는 것을 깨닫는다. 주인의 명령에 따라서만 먹이를 먹으면 "잘했어."라고 칭찬하는 것 또한 잊지 않아야 한다.

자, 이제 디스크 사용법을 알았으니 뛰어오르거나 짖을 때, 또 먹을 것을 몰래 먹을 때 사용해본다. 주인의 "안 돼."라는 명령이 디스크의 소리와 동시에 내려지기 때문에 정말 안 된다는 것을 알게 된다.

주인의 관심을 끌려고 버릇 없이 굴거나 과격한 행동을 할 때, "안 돼."와 동시에 디스크를 던져 저지하면 나쁜 버릇은 교정이 가능하다. 개가 조용해지면 반드시 칭찬해준다.

멈춤 알람

고집이 세거나 통제 불가능한 개에게 사용

멈춤 알람은 날카롭고 높은 음을 낸다. 소리로 놀라게 해서 개가 하고 있던 행동을 저지시키고 다른 곳으로 관심을 돌린다.

예를 들어, 사람이나 다른 개에게 덤비려 하면 알람을 작동시켜 그런 행동을 하지 못하게 막는다. 그런 다음 명령을 하거나 장난감이나 먹을 것을 주면서 개의 주의를 끌어 주인을 따라오게 만든다.

물총

물총은 버릇없는 개에게 물을 뿌리는 데 사용한다. 물총이 없으면 일반 분무기에 물을 담아 사용해도 된다. 짧고 따가운 물 한 줄기를 뿜음으로써 멈춤 알람과 같은 효과를 볼 수 있다. 특히 강아지들이 전깃줄이나 화초를 물어뜯으려 할 때 분사하면 효과가 크다.

개 침대

개가 혼자 자기 자리에 가서 잔다는 것은 그만큼 꾸준한 훈련으로만 가능하다. 혼자 있고 싶을 때 "가서 자."라는 명령으로 떼어놓을 수 있어야 서로 편하게 생활할 수 있다.

강아지를 처음 집으로 데리고 오면 강아지는 낯선 환경 때문에 무척 불안해한다. 그때 방해받지 않고 편히 쉴 수 있는 장소를 만들어 주면 강아지가 새로운 환경에 훨씬 잘 적응할 수 있다. 먼저 강아지가 집에 온 첫날 개장에 작은 침대를 마련해준다. 그러면 강아지는 포근하고 푹신한 침대에서 편히 잠을 잔다.

시간이 지나 강아지가 편안

해하면 이것과 연결해서 다른 명령을 가르친다. "가서 자."라고 하며 침대를 가리킨다. 강아지가 명령에 따라 침대로 가서 누우면 칭찬해준다.

이 명령은 개를 별로 좋아하지 않는 손님이 오거나 너무 바빠서 강아지의 방해를 받고 싶지 않을 때 쓴다. 강아지의 침대는 집 어디에 놓아도 좋다. 그리고 강아지와 함께 차를 탈 때도 뒷좌석에 침대를 두면 안전하다는 느낌 때문에 차에 태우고 다니기도 훨씬 수월하다.

개 문

마치 큰 고양이 문과 같다. 마당이 있는 집이라면 주인이 집을 비웠을 때 개가 마당을 드나들 수 있도록 만들어 놓는다. 마당으로 통하는 통로로 쓴다.

이런 장난감을 가지고 놀게 하면 강아지는 육체적으로 또 정신적으로 활기를 띤다. 사실 주인도 강아지와 같이 노는 시간이 즐겁다!

실내용 개장이나 운동장은 강아지에게 배변훈련할 때 매우 유용하게 쓰인다. 그리고 어릴 때부터 혼자서 자는 것이 당연하다는 걸 가르쳐야 한다.

개장과 개 운동장

강아지의 배변훈련이나 파괴적인 행동을 하는 개에게 유용하게 쓰인다.

자동차 승하차용 경사

아주 큰 개를 키우는 사람이라면 개를 차에 태우는 일이 쉽지 않다는 것을 잘 알 것이다. 이 도구는 큰 개가 차에 쉽게 오르내리도록 도와준다. 대부분의 차들은 바닥에서 꽤 높은 위치에 좌석이 있기 때문에 작은 개와 강아지들도 이 경사를 이용해 편하게 승하차할 수 있다.

이동장과 바구니

이동장과 바구니는 차에서도 안전하다는 점에서 좋다. 좌석 위에서 뛰는 등 나쁜 버릇을 고쳐주기도 한다.

자동차용 안전줄도 유용하게 쓰인다. 특히 주인이 차를 운전할 때는 더욱 그렇다. 개도 편할 뿐만 아니라 위험한 짓을 못하기 때문에 안전하기도 하다. 그리고 꼭 조여지지 않아 여유가 있기 때문에 자신이 묶여 있다는 사실에 과민하게 반응하지 않는다.

장난감과 공

강아지의 두뇌 발달에 중요한 것이 바로 놀이다. 장난감과 공은 혼자 있을 때의 두려움을 극복하는 데도 좋고, 가져오기 훈련에도 쓰인다.

호각

주인에게 돌아오는 훈련을 할 때 꼭 필요한 도구이다.

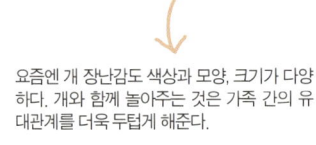

요즘엔 개 장난감도 색상과 모양, 크기가 다양하다. 개와 함께 놀아주는 것은 가족 간의 유대관계를 더욱 두텁게 해준다.

PART 3

내 말은 귓등으로도 안 들어요!

나보다 상전인 우리 강아지

통제 불가능한 개란 사람이나 물건을 밀치고, 거칠게 덤비고, 너무 활동적이어서 자제력이 없는, 즉 주인을 이리저리 끌고 다니는 개를 말한다. 그런 개들은 마치 어려서부터 예절 교육을 제대로 받지 않은 아이들과 같다. 어떤 것이 옳고 어떤 것이 그른지 판단하지 못한다. 게다가 아이들은 자라면서 말을 하면 알아듣지만 개는 그렇지 않다.

통제 불가능한 개들은 주인과의 의사소통이 잘 되지 않는 경우가 많다. 야생의 늑대라면 절대 그렇지 않다. 늑대 무리의 생활이 순조롭게 유지되려면 행동이 명확해야 하고, 오해가 있으면 안 되기 때문이다.

산책할 때 주인을 무시하고 끌고 다니는 경우다.

위험한 신호

통제하기 힘든 개들은 위에서 언급한 여러 가지

행동을 보인다. 이런 개들은 누군가 초인종을 누르면 주인보다 먼저 문 앞에 나가 있고, 차에 오르내릴 때도 주인의 명령을 기다리지 않고 자기가 먼저 오르내린다. 그리고 산책할 때도 자기 마음대로 주인을 이리저리 끌고 다니면서도 주인의 표정은 전혀 살피지 않는다. 주인이 줄을 잡고 온갖 명령을 해도, 통제 불가능한 개에게는 시끄러운 잡음에 불과하다.

다음과 같은 이야기가 자신의 경우는 아닌지 한번 눈여겨보자.

"열쇠를 제가 먼저 집어본 적이 없어요.", "산책 나갈 때 너무 흥분해서 목줄을 묶을 수가 없어요.", "외출할 때는 개를 먼저 차에 태워놓지 않으면 흥분해서 아이들을 밀치기도 하죠.", "하도 많이 짖어서 가게 앞에 혼자 묶어두고 볼일을 볼 수가 없어요.", "우리 개는 밥을 준비할 때 다른 방에 가둬두지 않으면 안 돼요." 모두가 공감이 가는 이야기일 것이다. 여기서 공통적으로 나오는 말은 "개를 통제할 수가 없다."이다. 결국 주인이 개를 이기지 못하고 개에게 지배당하고 있는 것이다. 보통 영리한 개들이 아니다.

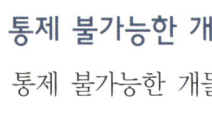
주인이 바쁠 때 긁어대고 끙끙거리는 것도 주인을 자기 마음대로 지배하려는 노력이다.

통제 불가능한 개

통제 불가능한 개들은 본능적으로 리더가 되고 싶어 한다. 종류에 따라서 다르지만, 나름대로 주인의 관심을 끄는 방법을 터득할 것이다. 개들의 세계에서는 평등

에어데일테리어는 힘이 넘치는 개다. 그 힘 때문에 다루기 힘들 때가 많다.

이란 없다. 리더가 되든지 아니면 복종하든지 한다. 그렇다고 개가 사람과 함께 살 수 없다는 것은 아니다. 그와는 반대로 개가 자신의 위치를 알고 가족의 일원으로서 복종하면 그보다 더 행복한 개는 없을 것이다.

다음에 소개할 과정은 리더가 되고 싶어 하는 개들을 심리적으로 훈련시켜 빠른 시일에 주인이 원하는 행동을 하게 만든다. 주인은 개에게 자신이 리더임을 똑똑히 보여줄 필요가 있다. '늑대의 언어'를 알아듣지 못하는 사람과 아무 문제 없이 지낼 만큼 진화된 개는 없다. 우리는 그런 개들을 길들이는 주인임을 잊어서는 안 된다.

이겼다! 개가 주인을 어떻게 이기고 싶어 하는지 이 사진보다 더 잘 표현할 순 없다.

버릇은 고칠 수 있다

개의 나쁜 버릇을 교정하기 위해서는 보상을 명확하게 해야 한다. 개가 여러분이 가르치려는 행동이나 칭찬해주고 싶은 행동을 했을 때만 보상을 주어야 한다. 그러면 주인에게 뛰어오르거나 주의를 끌려고 못살게 구는 행동을 자연스럽게 고칠 수 있다.

 **Tip**

개가 주인을 이기는 수법

- 불쌍한 표정을 짓는다.
- 짖는다.
- 장난감을 가지고 온다.
- 주인의 관심을 끄는 물건을 문다.
- 쓰다듬어 달라고 손을 건드린다.
- 발로 긁는다.
- 몸을 기댄다.
- 주인을 인정하지 않는다.
- 명령을 무시한다.
- 발 밑에 앉는다.
- 낑낑거린다.

이런 광경을 몇 번이나 보았는가? 개는 장난감을 물고 와서 발 밑에 놓고 놀아주기를 기대한다. 이런 개는 집안 일정을 자기에게 맞추려 한다. 이런 일이 벌어지지 않도록 주인이 다스리고 관리해야 한다.

개들은 주인이 해야 할 일이 있다는 사실을 모른다. 어린아이들처럼 개도 시간 관념이나 책임감이 없고 지금 당장 원하는 것을 얻으려 한다. 이렇게 오랫 동안 버릇없이 굴어왔던 개들이나 고집 센 개들을 교정하기 위해서는 새로운 교육 과정과 도구들이 필요하다.

훈련용 디스크 같은 도구를 사용해 훈련시키면 짧은 시간 안에 좋은 결과를 얻을 수 있다. 또한 길게 봐서는 개의 버릇이 좋아지고 개 스스로 어떻게 행동해야 할지 배우게 된다. 개의 나쁜 버릇을 교정하기 위해서는 개를 개 자체로 인정해야 한다. 이 말은 개를 개로 이해하면서 인내심을 갖고 기다려 주면서 교정훈련 과정을 밟아나가면 나쁜 버릇을 고칠 수 있다는 것을 의미한다.

개의 나쁜 버릇은 반드시 고쳐야 한다. 개들은 온순한 동물이기 때문에 정확한 명령과 적절한 보상만 있다면 얼마든지 교정이 가능하다. 개들이 기억하는 시간은 2초라는 것을 이해했다면 그 시간 안에 칭찬을 하든, 벌을 주든 해야 한다.

사실 '벌' 이라는 단어가 적절하진 않다. 사람에게는 맞는 말

이 개는 자신이 집에서 최고라는 생각을 하고 있는 것이 분명하다. 하지만 이런 행동도 교정이 가능하다.

Good Dog Training

1 개가 놀아달라고 주인에게 뛰어오른다.

2 훈련용 디스크를 바닥에 던져 행동을 제지한다.

3 훈련용 디스크 소리에 놀란 개가 풀이 죽어 있다. 어떠한 행동 후에 보상을 하거나 벌을 주는 일은 반드시 2초 안에 이루어져야만 효과가 있다.

일지 모르지만 개에게는 맞지 않는다. 어쨌든 개는 벌을 받는 이유도, 그 의미도 잘 모르고 있다는 것만은 반드시 알아야 한다. 사람의 입장에서 주는 벌은 개에게는 별 의미가 없다. 단지 어떤 행동을 했을 때 그 결과로 좋은 경험을 하느냐 불쾌한 경험을 하느냐가 관건이다. 즐겁지 못한 경험을 하거나 보상을 받지 못하면 개는 점차적으로 그 행동을 하지 않게 된다.

밀거나 뛰어오른다

주로 통제할 수 없는 대형견에게서 나타나는 버릇없는 행동은 밀거나 뛰어오르기다. 이런 행동은 위험할 수도 있기 때문에 반드시 고쳐야 한다. 개들은 본능적으로 입을 가까이 대고

개가 버릇없다는 말을 정의하기란 때론 무척 힘들다. 왜냐하면 위 사진과 같이 기어오르는 행위가 어떤 주인에게는 전혀 문제가 되지 않기 때문이다.

개가 크면 클수록 주인 무릎에 앉는 것이 부담스럽다. 어릴 때부터 귀엽다고 무릎에 앉혀 키운 개들은 커서도 주인의 무릎에 앉기를 좋아한다.

싶어 한다. 야생에서는 뛰어오르면 그 보상으로 리더의 입에서 나오는 음식을 얻어먹을 수 있기 때문이다.

개가 뛰어오르는 또 다른 이유는 어릴 때부터 귀여움을 많이 받고 자라 주인이 항상 무릎에 앉혀놓고 생활했기 때문이다. 시간이 갈수록 개는 더 많은 것을 요구하게 된다. 개가 커지면 문제도 더 심각해지기 마련이다.

이런 개의 버릇을 고치지 않은 채 어른 개가 되면 개의 머릿속에 이미 나쁜 버릇이 고정되어 있다. 그때 가서 버릇을 고치려고 하면 오히려 개의 재치를 자극하여 더 많은 관심을 끌려고 계속 뛰어오른다. 이것은 개가 아주 좋아하는 게임이다.

개가 점점 커지고, 민첩해지면 다루기가 더욱 힘들어진다. 그러면 사람들은 한 번 쓰다듬어 주고 저리 가라고 밀치거나, 쓰다듬어 주면서 '그래, 이 정도면 만족하겠지.' 라고 생각한다.

하지만 통제 불가능한 개들은 그러한 손짓의 의미를 최상의 보상이라고 생각한다. 쓰다듬어 주는 것은 "저리 가."라는 의미가 아니다. 오히려 개들은 그러한 행동을 계속해도 좋다는 뜻으로 받아들인다. 방문객이나 다른 가족 구성원의 주의를 끌어 자신의 행동을 정당화시키려 한다.

 어떤 사람들은 엄하고 어떤 사람들은 그렇지 않다. 개들은 누구를 조르면 더 많은 관심을 끌 수 있는지, 또 누가 더 많이 쓰다듬어 주는지 잘 알고 있다. 다시 말해, 개들은 이런 행동을 통해 보상받는 방법을 배우고, 또 누가 더 많은 보상을 줄지 안다는 뜻이다. 개들은 빠르게 배운다. 따라서 주인이 원하는 것을 개에게 가르치는 방법만 알면 그 능력을 역으로 교정훈련에 이용할 수도 있다.

원인은 사람

어떤 사람들은 개에게 너무나 관대해서 버릇없이 굴어도 그냥 두고 보기만 한다. 이런 사람들은 개의 버릇이 한없이 나빠져도 아이를 대하듯 너그럽게 대한다. 개의 나쁜 버릇을 고치려 애쓰기보다는 언젠가는 고쳐지겠지 하고 생각한다. 개를 지배하지 못하는 이런 사람들은 개에게 지배를 받고 산다.

 지배하려는 본능이 매우 강한 개가 있다. 주로 경비견으로 활동하는 로트바일러, 도베르만과 마스티프가 그런 종류의 개이다. 그리고 코커와 잉글리시, 웰시 스프링어와 같은 스패니얼 종류와 테리어 종류도 그러한 본능이 강하다.

 작은 견종 가운데 시추는 허세를 많이 부리고 크기가 작은데도 지배하고자 하는 본능이 무척 강하다. 그리고 초대형 견인 마렘마 시프도그, 피레니언 마운틴도그와 버니즈 마운틴도그도 마찬가지다.

 이런 경향은 어느 종에서나 나타나기 때문에 지배 본능이 전혀 없는 개는 없다고 할 수 있다.

귀여운 강아지가 쓰다듬어 달라고 다리에 매달리면 거절하기 힘들다. 하지만 이런 식으로 계속 받아주다 보면 버릇이 되어버린다. 개들은 네 발로 서 있을 때만 칭찬해 주어야 한다.

통제 불가능한 개일수록 영리하기 때문에 가족 중에서 누가 자신의 요구를 가장 잘 들어주는지 금방 파악한다.

큰 개가 뛰어오르면 어떻다는 걸 보여주는 사진이다. 주인은 즐거운 표정을 짓고 있지만 개의 행동을 받아주기 위해 몸을 뒤로 젖히고 있다.

통제 안 되는 개를 다루는 법1

심리적으로 위축시켜라

여기서 이야기하고자 하는 것은 개에게 벌을 주라는 것이 아니라 주인이 리더 역할을 제대로 해야 한다는 것이다. 그렇게 하려면 훈련을 시켜야 한다. 몇 가지 훈련 과정을 통해 개의 버릇도 좋아지고 성격도 온순하게 변화시킬 수 있다. 평소에 겁이 많았던 개도 이러한 훈련 과정을 거쳐 복종도 잘하고 두려움도 사라진 개로 거듭날 수 있다.

다음 과정은 적어도 1~2주 정도의 시간을 두고 적용해야 한다.

- 개가 방에 들어와서 자려고 하면 안전문을 사

용해 출입을 금지한다.
- 집 안을 걸어다닐 때 개가 앞을 가로막지 못하게 한다. 발로 살짝 건드려 비키라고 경고한다. 하지만 사나운 개는 물 수도 있으므로 이 방법은 쓰지 않는 것이 좋다. 그 대신 개의 관심을 끌 수 있는 물건을 멀리 던져 비키게 만든다.
- 보상은 하지 않는다(훈련기간에는 훈련 목적 외엔 먹이를 주지 않는다).
- 장난감, 공, 껌 등을 모두 치운다. 그리고 여러분이 정한 시간 외엔 주지 않는다.
- 이유 없이 쓰다듬어 주지 않는다. 착한 일을 하거나 주인이 원하는 행동을 해야만 그 보상으로 쓰다듬어 준다. 공짜는 없다.
- 방이나 의자 등 개가 좋아하는 공간이나 물건에 가까이 가지 못하게 한다. 안전문을 사용해 차단하는 방법도 좋다.
- 문을 나설 때 주인보다 먼저 나가지 못하게 한다. 그래도 먼저 나가려 하면 코앞에서 문을 세게 닫는다(부딪히지 않게 주의). 기다림을 가르치려면 하루에도 몇 번씩 반복한다. 그렇게 하면 개는 주인이 먼저 나가 있으면 안전하고 자신이 먼저 나가면 문이 닫힌다는 것을 배우게 된다.

강아지가 여러분보다 먼저 들어가지 못하게 한다. 먼저 들어가려 하면 안 된다는 표시로 코앞에서 문을 세게 닫는다. 강아지가 여러분을 뒤따라 들어올 때까지 이 과정을 계속 반복한다.

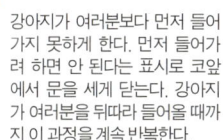

주인이 다 먹고 난 다음에 먹을 것을 준다.

- 식사할 때는 반드시 가족의 식사가 모두 끝난 다음 개에게 밥을 준다.
- TV를 볼 때나 책을 읽을 때 이유 없이 개를 쓰다듬어 주지 말고 무시한다. 늑대 무리의 리더는 서열이

낮은 늑대는 무시해 버린다. 늑대의 리더는 이 방법으로 자신의 자리를 지키는 것이다.

- 하루에 30~60분 간격으로 세 번에서 여섯 번 정도만 거실에 들어올 수 있게 한다. 정해진 시간이 지나면 "나가."라고 명령한다. 이 훈련 중에는 목줄과 리드줄을 이용해 명령에 반드시 복종하도록 만든다.
- 묶어두는 방법으로 활동을 제한하려면 방마다 묶어 놓을 곳을 마련한다. 개를 맘대로 쓰다듬지도 못하면서 왜 키우나 하는 생각이 들 수도 있다. 하지만 제대로 훈련시키려면 주인의 결단이 필요하다. 계속 버릇 없는 개로 놔두기보다는 버릇을 고쳐 더 행복한 관계를 유지하는 것이 바람직하다.

이 훈련 과정을 얼마 동안 계속해야 하나? 이것은 버릇이 얼마나 나쁘고, 얼마나 오래되었는지, 또 얼마

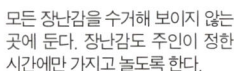

모든 장난감을 수거해 보이지 않는 곳에 둔다. 장난감도 주인이 정한 시간에만 가지고 놀도록 한다.

이 같은 상황에서 벗어나야 한다. 소파에 앉아 있는 개의 모습이 너무도 자연스럽다. 그 반면 주인은 바닥에 앉아 책을 읽고 있다.

이제야 제대로 된 듯이 보인다. 주인은 의자에 앉아 개의 방해를 받지 않고 평화롭게 책을 읽고 있다. 이렇게 되기까지는 수개월의 시간이 필요한데, 사람과 개가 좋은 관계를 유지하기 위해서는 그만한 대가를 치러야 한다.

Good Dog Training

1 지배 본능이 강한 개는 거실의 소파나 침실의 침대처럼 집의 중요한 곳을 차지하고 싶어 한다.

2 침대에서 내려가라고 명령하고 침실 출입을 못하게 한다.

3 필요하다면 문을 닫아놓거나 안전문을 사용하여 침실을 차단한다.

나 통제 불가능한 개인가에 따라서 달라진다.

일반적으로 3개월 정도 지나면 적응하는데, 어떤 개들은 더 오래 걸리거나 끊임없이 새로운 방법을 사용해야 하는 경우도 있다. 그렇지 않으면 예전 버릇으로 돌아가고 만다. 정확한 상황 판단은 여러분의 몫이다.

Good Dog Training

1 복종훈련만 완벽하게 되어 있다면 어린아이들도 큰 개를 다루는 데 문제가 없다. 개를 훈련시킬 때는 온 가족이 일관성 있는 태도로 같은 명령어를 쓰는 것이 중요하다.

2 "앉아."라는 명령과 함께 손동작을 같이 하면 훨씬 효과적이다.

3 이 개는 "엎드려."라는 명령을 따르고 있다. 아이가 명령과 동시에 손동작을 같이 하고 있다. 이때 어른은 줄을 놓지 않고 개를 자신의 통제 하에 둬야 한다.

4 훈련 끝. 이제 빗질도 하고 노는 시간이다. 개가 복종하기 시작하면 가족 간의 서열이 정상으로 돌아온다.

복종훈련이 최선의 방법

개에게 복종훈련을 시키는 것은 아이들을 학교에 보내 교육시키는 것과 같다. 복종훈련은 강아지를 우리의 복잡한 사회에 적응시키기 위한 훈련이다. "앉아.", "일어서.", "엎드려.", "기다려.", "안 돼.", "착하다."라는 명령을 개가 알아듣고 의사소통이 되면 서로가 편하다.

아이들과 마찬가지로 개들도 배우는 데 많은 시간이 필요하다. 반복하는 것보다 더 좋은 훈련방법은 없다. 주인의 명령은 일관성이 있어야 하며, 같은 뜻이라도 다른 단어를 사용하면 개는 무슨 뜻인지 알지 못한다.

그래서 명령에 복종하기를 원한다면 이런 방법을 쓰는 것이 좋다. 예를 들어, 소파에서 내려오지 않는 강아지에게 "내려와." 대신 "이리 와."라고 명령한다. 그런 다음에는 "엎드려.", "기다려."라고 한다. 그리고 격려하는 말투와 보상이 같이 따른다면 당신을 주인으로 알고 복종하게 될 것이다.

이렇게 되기까지는 시간이 필요하다. 그럼에도 인내심을 가지고 시간을 투자할 용의가 있고 또 여러분이 일관성 있게 행동한다면 성공할 수 있다.

통제 안 되는 개를 다루는 법2

묶어둬라

이번 단계는 개의 오래된 버릇을 교정할 수 있는 훈련방법이다. 이제 개가 어떻게 행동하느냐는 여러분 손에 달려 있다.

사진에서처럼 손님에게 계속 기어오르면 그 손님은 다시는 여러분 집을 방문하지 않을 수도 있다. 이런 일이 일어나기 전에 예방책을 써야 한다.

장난감으로 관심 끌기

집에서 개가 조용히 있게 하는 방법이다. 여기서 '집'이라고 강조하는 것은 아무리 통제 불가능한 개도 그나마 집에서는 조금이라도 통제할 수 있기 때문이다. 집은 여러

Good Dog Training

1 일단 강아지를 목줄로 묶는다.

2 속에 먹을 것이 들어 있는 장난감 (먹이 장난감)을 준다.

3 장난감 속에 든 먹이를 먹으려고 장난감에만 정신을 쏟는다.

분의 중심 세계다. 특히 아이들이 있다면 더더욱 그러할 것이다.

다음의 훈련 과정을 마친 사람들은 "개가 얼마나 얌전해졌는지 몰라요. 완전히 다른 개 같아요."라고 말한다.

그렇다면 보다 쉽고 효과적인 방법을 소개한다. '콩(kong)'이라고 불리는 이 장난감은 고무로 만들어졌다. 이것은 여러 훈련 과정에서 광범위하게 쓰이는데, 꼭 '콩'이 아니더라도 가운데에 먹이를 넣을 수 있는 것이면 된다. 장난감 속에 먹이를 채워 넣어 개에게 준다. 여러 상황에서 강아지의 관심을 먹을 것에 쏟게 하여 과격한 행동을 하지 못하게 하는 것이 주목적이다.

집에 손님이 찾아올 때마다 개가 거칠게 뛰어오르는 것은 대부분의 손님이 알게 모르게 기분 좋은 보상을 해주었기 때문이다. 이러한 개들은 장난감으로 주의를 끌고 고기와 리드줄을 같이 사용해 훈련시킨다. 장난감 안에는 맛있는 것이 들어 있기 때문에 관심을 끌기에 충분하다. 훈련기간에는 물을 줄 때 외에는 개 밥그릇을 몇 달간 사용하지 않는다.

개들의 착각

통제하기 힘든 개를 다루려면 누가 리드를 하고 누가 리드를 당하는지 확실히 해둘 필요가 있다. 통제 불가능한 개들은 대부분 자신이 어떤 행동을 하면 주인이 어떤 반응을 보이는지 너무나도 잘 알고 있다. 이런 상황이라면 개가 주인을 리드하고 있는 것이다. 예를 들어, 누군가 초인종을 누르면 개는 흥분하기 시작하고 어떻게 하면 주인의 손에 잡히지 않는다는 것도 알고 있다. 손님이 집에 들어오면 그때는 자기 세상이 된다. 주인이 손님과 함께 거실로 들어가는 동안 개는 쓰다듬어 달라고 계속 뛰어오르거나 짖는다.

주인은 이런 과격한 행동을 막아보려 최선을 다하지만, 개는 어떤 행동을 했을 때 보상이 있는지 경험으로 알고 있기 때문에 절대 멈추지 않는다. 대

손님의 주의를 끌려 하는 개에게 아는 척을 하면, 그 개는 작은 승리를 맛보았으므로 다음에 또 다시 같은 행동을 하게 된다.

손님을 귀찮게 할 경우 급한 마음에 개를 만지게 되는데, 이때 개는 이 행위를 보상으로 여기고 같은 행동을 계속한다.

부분의 주인은 개가 그런 행동을 하면 쓰다듬어 준다. 그러나 개들은 한 번 만져준다고 해서 절대 만족하지 않는다. 많은 사람이 개가 흥분하거나 버릇없이 굴 때 몸을 만지면서 그 행위를 더 이상 하지 못하게 하려고 한다. 그러나 개는 자신이 뛰어올랐기 때문에 만져주고 눈을 맞추고 보상을 해준다고 생각한다. 개가 자신의 행동을

멈출 만한 동기는 없다. 그래서 다음에도 이런 행동을 계속한다.

개는 다음과 같은 사실을 저절로 터득한다(초인종이 울렸을 때 빨리 나가서 흥분하면 두 가지 보상을 얻는다).

1. 손님은 날 만져주고 나를 보기 위해 관심을 기울인다.
2. 손님이 오면 주인은 날 안아주고, 소리 지르며, 나와 함께 흥분하며 재미있어 한다. 주인이 같이 흥분하여 야단치고 소리지르면 개는 그 상황이 재미있어, 다음에도 또 그 다음에도 같은 행동을 계속할 것이다.

완벽하게 통제하라

먼저 해야 할 일은 강아지를 따라다니며 물어뜯는 행동을 저지하는 일이다. 집에서의 주도권은 주인이 쥐고 있어야 한다. 처음 5일 동안이 가장 힘들기 때문에 인내심을 갖고 참아내야 한다. 화도 내지 말고, 소리도 지르지 말고, 때리지도 말아야 한다.

개들은 기본적으로 기회주의자이기 때문에 기회만 있으면 꾀를 부리기 일쑤다. 지금 하고자 하는 훈련은 개가 리드줄에 묶이는 것을 좋아하게 만드는 일이다.

묶어 두기

훈련용 디스크나 물총은 버릇없는 개의 행동을 일시적으로 멈추게 할 수는 있다. 그러나 시간이 지나면 개는 디스크 소리가 들려도, 물세례를 받아도 아랑곳하지 않고 다시 버릇없는 행동을 계속 한다. 그러면 개를 묶어둘 수밖에 없다.

먼저 1~2m 정도 되는 끈을 준비하고 집에 묶을 수 있는 곳을 두 군데 이상 찾아놓는다. 먹이를 넣은 장난감도 있어야 한다. 장난감 안에 넣는 먹이는 마른 사료가 아닌 축축이 젖은 고기 먹이여야 한다.

Good Dog Training

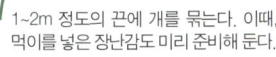
1 1~2m 정도의 끈에 개를 묶는다. 이때, 먹이를 넣은 장난감도 미리 준비해 둔다.

2 바닥에서 10cm 정도 떨어진 곳에 고정한 고리에 개를 묶는다.

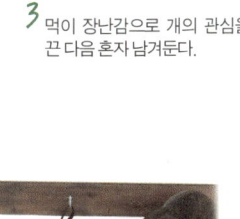

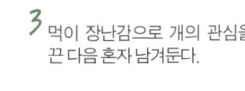
3 먹이 장난감으로 개의 관심을 끈 다음 혼자 남겨둔다.

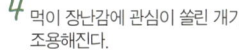
4 먹이 장난감에 관심이 쏠린 개가 조용해진다.

개를 묶을 수 있는 고리는 바닥에서 10cm 정도 떨어진 곳에 고정시킨다. 리드줄의 손잡이를 던져 쉽게 고리에 걸 수 있는 높이다.

이렇게 준비한 곳에 개를 묶는다. 개를 묶어놓는 장소는 주인이 자주 지나다니지 않는 통로여야 하고, 큰 개가 잡아당겨도 고리가 빠지지 않도록 확실하게 고정되어야 한다.

집에 있을 때는 한번에 20분, 하루에 세 번 개를 고리에 묶어 두는 연습을 한다. 조용해졌을 때만 풀어준다는 규칙을 정한다. 가까이 갔을 때 다시 흥분하면 아무 말도 하지 않은 채 풀어주지 않는다.

이런 식으로 1주일 정도만 반복해서 연습하면 개도 자신이 조용할 때만 주인이 풀어준다는 사실을 깨닫게 된다. 손님이 왔을 때나 가족이 귀가했을 때 자신이 어떻게 행동해야 할지, 이제 그 첫 단계에 적응하게 된 것이다.

손님이 있을 때도 강아지가 조용히 있으면 칭찬을 많이 해주고 풀어준다.

1. 손님이 오기 전이나 오는 시간에 맞춰 목줄과 리드줄을 묶어둔다.
2. 리드줄을 고리에 걸고 먹이 장난감을 준다.
3. 만일 계속 짖어대면 다른 방으로 데리고 가서 미리 준비해 둔 고리에 묶어놓고 무시해 버린다.
4. 그런 다음 손님을 맞이하고 손님에게도 개에게 신경 쓰지 말라고 부탁한다.
5. 흥분이 가라앉고 15분 정도 지나면 풀어준다. 그러나 통제할 수 있도록 리드줄을 잡고 있는다.
6. 주인과 손님 모두가 개를 무시한다.
7. 사람의 주의를 끌려고 장난감을 가져오거나 다른 행동을 하더라도 모두 무시한다.
8. 묶여 있으면서도 계속 짖거나, 풀어주었는데도 다시 심하게 짖으면 훈련용 디스크를

사용한다.

9. 고리에서 풀어주는 것은 개에게는 무척 큰 보상이므로 조용해졌을 때만 풀어준다.
10. 풀어주려고 다가갈 때 개가 또 흥분하면 외면하고 처음부터 다시 시작한다.
11. 이런 방법으로 몇 주 동안 계속 훈련하면 개는 반드시 조용해진다. 이제 개는 자신이 조용할 때만 그 보상으로 풀어준다는 것을 깨닫는다. 그리고 주인이 원할 때만 칭찬한다는 것도 알게 된다.

이 훈련 과정은 개가 초인종 소리를 듣고도 달려 나가지 않고 조용히 묶여 있을 때까지 계속한다. 이렇게 몇 달 동안 훈련을 계속하면 개는 집에 온 손님에게 더 이상 응석부리지 않고 꾀를 부리지도 않는다. 단, 문을 열어놓았을 때나 개를 항상 지키지 못할 경우에만 리드 줄을 묶어 통제한다.

개를 묶어두는 것은 아이들을 보호하는 도구와도 같다. 이 훈련과 함께 심리적 위축훈련도 함께 진행하면 주인이 원하는 조용하고 말 잘 듣는 개가 될 것이다.

묶여 있어도 즐겁다

어떤 개들은 움직이지 못하게 묶어두면 심각할 정도로 다루기 힘들어지고, 또 무척 시끄럽게 군다. 하지만 이런 개들도 교정이 가능하다. 이때에도 역시 고무로 만들어진 먹이 장난감을 사용하는데, 여기에 고기밥을 채워 넣는다.

이 장난감을 사용할 때는 항상 자연식 먹이를 쓴다. 화학물이 첨가된 먹이는 절대 사용하지 않는다. 화학성분이 개의 행동이나 성질에 영향을 줄 수도 있기 때문이다. 또한 마른 사료도 사용하지 않는다. 가공처리가 되어 있기 때문이다. 먹이 재료는 고기이면서 장난감 속에 충분히 채워 넣었을 때 쏟아지지 않고 장난감 안에 붙어 있어야 하며 개가 꺼내 먹기 쉽지 않아야 한다.

손님이 오는 날은 장난감에 넣은 먹이 외에는 아무것도 주지 않는다. 손님이 오기 전에 미

Good Dog Training

1 누군가 초인종을 누르면 문을 열기 전에 강아지를 묶는다.

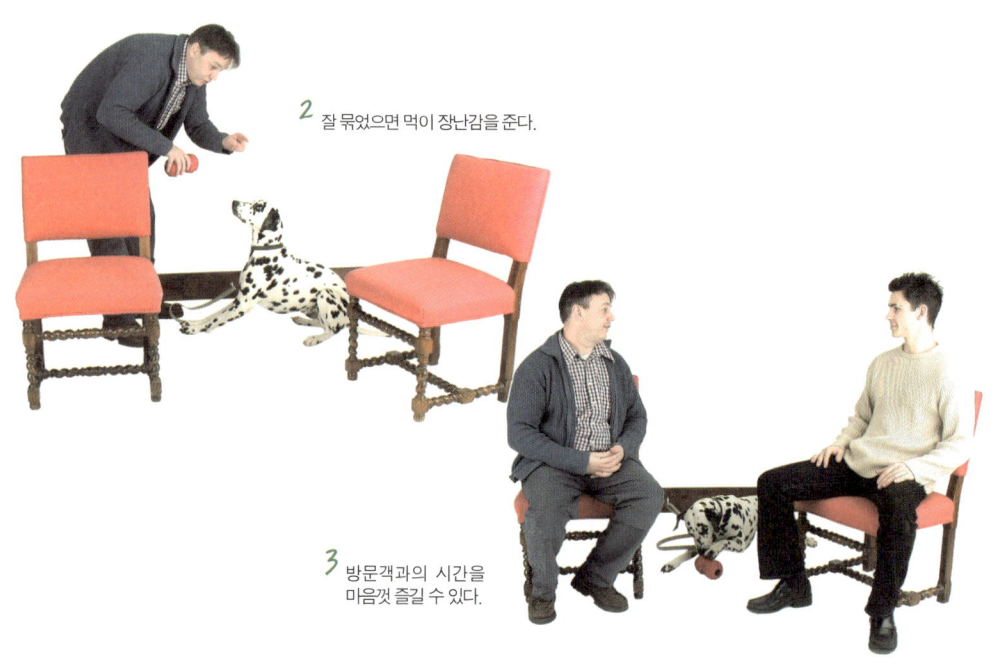

2 잘 묶었으면 먹이 장난감을 준다.

3 방문객과의 시간을 마음껏 즐길 수 있다.

Tip

용납해서는 안 되는 개의 행동

- 초인종 소리를 듣고 뛰어나가는 것.
- 가족이나 손님을 밀치는 일.
- 앉아 있는 사람에게 덤비거나 계속 만져달라고 조르는 일.
- 방에서 방으로 뛰어다니는 일.

리 고기밥을 채운 장난감을 비닐백에 넣어 냉장고에 보관했다가 손님이 오면 개에게 준다. 그러면 개에게는 묶여 있는 시간이 곧 먹는 시간이 되기 때문에 즐거운 시간이 될 수 있다. 이 훈련 과정을 통해 개의 성격이 바뀐다.

손님을 맞이할 때는 개를 고리에 묶고 먹이 장난감을 준 다음에 문을 열어준다. 손님이 찾아오면 맛있는 먹이를 먹을 수 있다는 생각에 개는 즐거워진다. 게다가 장난감 속에 채워진 고기밥을 먹으려면 시간이 꽤 걸린다. 온 정신을 먹을 것에 집중해 손님에게는 관심이 없다. 이런 식으로 반복하다 보면 손님이 와도 개는 흥분하지 않는다.

몇 달 후 조용히 묶여서 먹이 장난감을 받아먹는 단계에 이르면, 그때는 목줄과 리드줄만 사용해 개를 통제하고 고리에 묶어놓지는 않는다. 마지막 단계는 목줄도 하지 않고 먹이 장난감만 주는 것이다.

심리적인 위축훈련을 같이 하거나 이 책에 나와 있는 다른 과정들을 함께 훈련시킨다면 아주 얌전하고 착한 개가 될 것이다. 이렇게 조용해지면 주인과 개 사이에 정확한 의사소통도 가능하고 개의 태도도 긍정적으로 바뀐다.

조용하고 통제 가능한 개는 더할 나위 없이 좋은 친구다. 이런 개와 함께 보내는 시간은 모든 힘든 일을 잊게 해준다.

새로운 보상

- 끈에 얌전히 묶여 있으면 먹을 것이 꽉 찬 장난감을 받는다.
- 흥분하지 않을 때 풀어준다. 풀어주는 것 자체가 보상이다.
- 사람에게 조용히 다가가면 쓰다듬어 준다.
- 귀찮은 주인의 잔소리가 없어진다.
- 명령에 복종하면 더 많은 보상을 받는다.

하지만 항상 주의 깊게 개를 지켜봐야 한다. 고집이 센 개들은 다시 옛날 버릇이 되살아날 수도 있기 때문이다

PART 4
너마저 날 무시하니?

불러도 대답 없는 우리 강아지

개에 관해 가장 많이 물어오는 질문 가운데 하나가 개를 불러도 오지 않을 땐 어떻게 하면 되느냐는 것이다. 왜 이 훈련이 그처럼 힘든 것일까? 답은 한 가지다. 개의 관점에서 보면, 주인과 함께 산책하는 것이 너무나 재미없기 때문이다. 여러분에게 무관심한 사람에게 여러분 자신도 관심이 없어지는 것과 똑같은 이치다. 그뿐만 아니라 개의 심리를 제대로 파악하지 못하고 있기 때문이기도 하다.

개들은 산책할 때 다른 개를 만나는 것을 좋아한다. 그러다 보면 주인이 오라고 불러도 오지 않는 경우가 있다.

그렇다면 개들의 관점에서 한번 생각해보자. 개들은 유년기를 지나 청년기를 보내고 성견으로 커가는 동안 우리 주변의 수많은 냄새를 감지하고, 만나는 개마다 놀고 싶어 하고, 주변에서 일어나는 일을 모두 알고 싶어 한다. 이렇게 호기심 많은 개들에게는 보이는 모든 것이 즐거움이기 때문에 주인이 불러도 오지 않는다. 개의 관심사 가운데 주인은 가장 마지막에 자리 잡고 있어서,

마치 전혀 훈련받지 않은 개처럼 행동한다.

산책하다 멀리 간 개를 불렀을 때 주인에게 오게 하려면 개 주변에 있는 것보다 더 재미있는 뭔가가 주인에게 있어야 한다. 바로 이것이 문제의 발단이다.

대부분의 주인은 자신의 개를 공원에서 마음껏 뛰어놀게 하며 많은 친구도 만나게 해주고 싶어 한다. 개들에게는 이런 경험이 매우 중요하다. 이런 만남을 통해서 개는 사회적 능력을 배우고 다른 개들과의 의사소통 방법도 배운다.

하지만 다른 개와 만나거나 주변을 탐색하는 일도 주인의 명령보다 더 중요하지는 않다고 가르쳐야 한다. 개의 관심을 끌어 주인이 부르면 오게 하는 것은 주인의 몫이다. 쉬운 일은 아니지만 특히 산책하면서 움직이기 싫어하는 사람들에게는 더하다.

만일 여러분의 개가 욕심이 많아 눈에 보이는 모든 개에게 자신의

산책할 때 오라고 부르면 이런 행동을 보이는가? 이런 개들은 주인의 명령보다 더 흥미로운 개나 냄새를 찾으면 주인의 명령은 안중에도 없다.

존재를 알리고 싶어 한다면 문제는 더욱 심각해진다. 이런 개들은 온 공원을 돌아다니며 자신의 존재를 드러내 보이려고 배설물로 영역을 표시하며 다닌다. 또 다른 이유가 있기는 하지만, 그런 버릇을 고치는 방법은 같은 훈련 과정을 반복해 밟는 것이다.

같이 놀자

강아지든 다 자란 성견이든 개를 키우게 되면 함께 놀 수 있는 재미있는 놀이를 개발해 개의 관심을 끌어야 한다.

가장 쉽고 효과적인 놀이는 공이나 장난감 가져오기다. 공으로 놀이를 함으로써 개는 주인이 리더이자 자기 세계의 중심임을 깨닫게 된다. 이렇게 6개월 동안 계속하면 개는 여러분을 주인으로 인정하고 어딜 가더라도 주인이 부르면 복종하여 돌아온다. 다른 개들과 노는 것도 재미있지만 주인과 노는 것이 더 재미있기 때문에 부르면 즉시 돌아온다.

이런 기본적인 훈련이 되어 있지 않은 개들은 주인이 불러도 무시한다. 이런 개들은 주인이 불러서 오는 것이 아니라 자신이 와야겠다고 느끼면 알아서 돌아온다.

모두가 주인이 부르면 이렇게 순순히 복종하길 바란다. 어렸을 때부터 가족의 리더는 주인이라는 것을 확실히 해둔다. 산책할 때 장난감이나 공을 이용해 같이 있는 것이 즐겁게 해준다.

내 개의 성격은?

이제 이런 버릇을 고치기 위한 과정을 살펴보기로 하자. 주인이 불러도 개가 오지 않는다고 벌을 주면(사람의 자연스러운 반응이긴 하지만) 오히려 상황을 악화시킬 뿐이다. 벌을 받으면 더욱 주인에게 오고 싶지 않을 것이다. 그리고 개가 돌아온 다음 또는 개를 붙잡은 다음에 혼을 내면,

개는 자기가 명령에 불복종한 것과 벌받는 것을 연관시키지 못한다.

어떤 방법을 택할 것인지는 여러분이 키우는 개의 성격을 파악해 결정해야 한다. 훈련 목적으로 보면 개를 두 부류로 나눌 수 있다. 욕심 많고 고집 센 부류와 예민하거나 어린 부류로 나눈다. 아래 나오는 방법은 두 부류 모두에게 적합하다.

여러분의 개가 어느 부류에 속하는지 확실히 모르겠다면, 먼저 예민하거나 어린 부류에 사용하는 훈련방법을 적용해 본다. 그 결과를 보고 훈련법을 다시 결정한다.

이리와!

목줄과 리드줄을 사용하는 것은 주인에게 돌아오게 하는 훈련의 기본이다. 훈련을 시켰음에도 줄을 풀었을 때 복종하지 않는다면 기본 훈련을 처음부터 다시 시작한다. 리드줄을 묶고 "앉아.", "기다려.", "이리와." 같은 명령부터 다시 시작해야 한다.

2m 정도 되는 리드줄을 목줄에 묶고 개에게 앉아서 기다리라는 명령을 한다. 그리고 1.5m 정도 물러선다. 뒤돌아서서 개를 보고 몇 초 뒤에, 개의 이름을 명확하게 부른다(주의를 끌기 위해). 그런 다음 "이리와."라는 명령을 한다. 무릎으로 앉아 명령하고 개가 다가오면 칭찬을 아끼지 않는다. 이것을 반복해서 연습한 다음 "앉아."라는 명령으로 마무리한다.

이 단계까지 왔으면 훈련이 성공했다고 할 수도 있지만, 줄을 풀어주면 문제는 더 어려워진다. 적어도 이 과정을 무리없이 해낸 개라면 우리가 다음 단계에서 무엇을 원하는지도 알고 있을 것이다.

개들은 칭찬을 들으면 좋아한다. 좋은 버릇을 들이기 위해서는 칭찬을 많이 한다.

소리와 먹이로 부르기

개는 대개 청각이 좋고 먹는 것을 좋아한다. 이 두 가지를 이용해 개를 훈련시킨다. 개가 먹이에 관심을 보이지 않는다면 훈련시키기가 힘들 수도 있

Tip: 주인의 명령에 복종하지 않는 이유

- 주인이 어릴 때부터 혼자 놀게 했다.
- 주인이 리더 역할을 하지 않는다.
- 오라고 부르지도 않고 훈련도 시키지 않는다.
- 기본 훈련을 너무 늦게 시작했다.
- 어떤 상황에서도 오라는 명령을 하지 않는다.
- 개를 키워 본 경험도 없으면서 키우기 너무 까다로운 종류를 골랐다.

만, 일반 사료가 아닌 개가 좋아하는 맛있는 간식을 이용하면 그럴 염려는 없다.

개 호각과 먹이가 필요하다. 먹이는 자연식으로 하되, 주로 고기가 주원료인 먹이를 택한다. 이 훈련을 시작하기 전에는 며칠 동안 산책 나가서 같이 놀아주는 등 준비시기를 가진다. 그렇게 해서 주인과 있는 것을 재미있어 하는 상태에서 훈련을 시작하면 더 수월하다. 부르기 훈련은 매일 15분씩 하루에 두 번 시킨다. 될 수 있으면 주위가 산만하지 않고 조용한 곳이 더 좋다. 주인이 자신 있고 개가 이 훈련을 즐기기 시작하면 사람이 많은 장소를 택해도 좋다.

산책하다가 집에 갈 때만 부르지 말고 중간중간 가끔씩 불러준다.

개를 하루 굶기고 다음날 조용한 장소에 나가서 훈련을 시작한다. 집에 개를 훈련시킬 수 있는 정원이 있다면 더욱 좋다. 매일 먹는 식사량의 반을 열 번 줄 수 있는 양으로 나눈다. 손에 먹이가 있다는 것을 개에게 확인시킨 다음 뒤로 물러선다. 뒤로 가면서 "이리와!" 하며 흥분된 목소리로 부르고 호각을 한 번 분다. 개가 오자마자 먹이를 주며 칭찬해준다. 이때는 개를 앉히지 않는다. 이것을 열 번 반복한 다음 "앉아."라고 명령한다. 훈련이 끝나면 칭찬해주는데, 먹이가 남았으면 마지막 훈련이 끝

Good Dog Training

1 소리와 음식을 이용한 훈련에서는 "이리와." 라고 명령하면서 동시에 호각을 분다.

2 여러분에게 먹이가 있다는 사실을 알기 때문에 먹으려는 욕심에 부르면 지체하지 않고 온다. 먹이를 주며 칭찬한다.

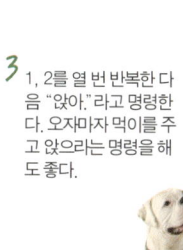

3 1, 2를 열 번 반복한 다음 "앉아." 라고 명령한다. 오자마자 먹이를 주고 앉으라는 명령을 해도 좋다.

4 훈련이 끝나면 칭찬한다. 먹이가 남았으면 리드줄을 묶고 모두 준다.

Tip

훈련 요점

- 산책 나가면 맛있는 것을 먹을 수 있다고 생각하게 한다.
- 호각 소리와 먹이를 연결시킨다.
- "앉아."라는 명령에 복종하면 또 다른 보상을 해준다.

난 뒤 리드줄을 묶고 모두 준다.

자, 이제 개가 여러분에게 올 확실한 이유가 생겼다. 왜냐하면 배가 고프면 온갖 정신이 먹이에 팔리기 때문이다. 개가 하루에 먹어야 할 식사량의 나머지 반은 두 번째 훈련 때 주어도 되고 집에 돌아와서 먹여도 좋다. 3일 동안 이런 식으로 반복해 훈련시킨다. 개의 이름을 부르거나 호각을 불 경우 복종하여 주인에게 돌아올 때까지 반복해야 한다. 처음 2주간은 배고픈 상태에서 훈련을 시킨다.

2, 3, 4주째는 산책할 때마다 하루 식사량을 반으로 나누어주고, 부르는 즉시 오는 단계에 이르면 그 다음 단계로 명령은 하지 않고 호각만으로 불러본다. 강아지가 호각 소리를 듣자마자 주인에게 오면 칭찬을 아끼지 않는다. 앉으라고 명령하며 마무리한다. 한 달이 지나면 훈련할 때 먹이 사용을 서서히 줄여나간다.

개가 먹어야 할 하루 식사량의 나머지 절반은 저녁 때 준다(남아 있을 경우). 저녁 산책을 할 때는 먹이를 조금 가져간다. 부르기 연습은 수시로 해야 한다. 1주일에 한두 번만 먹이를 주면 강아지는 주인이 언제 먹이를 줄지 모르기 때문에 부를 때마다 잘 돌아온다.

대부분의 개들은 먹는 것을 좋아하므로 먹이로 보상해주면 좋은 습관을 들이는 데 매우 효과적이다.

돌아올 때마다 많은 칭찬을 해준다.

긴 줄로 부르기

고집이 세거나 통제 불가능한 개

이 방법은 훈련시키는 사람이 노련하고 일관성 있어야 하며 타이밍 또한 중요하다. 먼저 긴 줄을 준비한다. 가늘고 질긴 것으로 약 9m 정도 준비하는 것이 좋다. 손에 목장갑을 끼어 혹시 개가 갑자기 움직여 입을지도 모르는 상처를 미리 예방한다. 끈의 한쪽 끝에 15cm 정도의 고리를 만들어 손잡이로 사용하고 다른 한쪽을 목줄에 걸면 준비 완료!

줄을 잘 살피면서 먼 곳에서 오라는 명령을 해 개의 관심을 끈다.

　훈련을 시작할 때는 집 근처의 조용한 장소를 택한다. 집에 있는 정원이나 사람이 많이 다니지 않는 넓고 조용한 곳이면 된다. 만일 정원에서 훈련을 한다면 줄의 길이는 3~4m 정도면 된다.

　훈련을 시작하기 전에 중간에 끈이 엉킬 만한 장애물이 있는지 잘 살핀다. 장소가 공원일 경우에는 특히 나무나 전봇대 등 줄이 걸릴 만한 것이 있는지 잘 살펴 그런 곳은 피하는 것이 좋다. 넓은 풀밭이 훈련하기에 가장 좋은 장소다.

 **Tip**

훈련 요점

- 집에 가기 위해 리드줄을 채울 때만 부르지 말고 중간 중간 불러준다.
- 산책할 때마다 적어도 열 번 이상 불러서 오게 한다(오면 항상 앉힌다).
- 산책할 때마다 재미있는 놀이를 생각해내 함께 한다.
- 오지 않는 개는 하루 정도 더 굶겼다가 다음날 먹이로 불러본다.

1 이름을 부르며 오라고 한다. 오지 않으면 줄을 날카롭게 당긴다.

2 개가 명령에 복종하여 따라오면 앉으라고 명령하고 칭찬한다.

긴 줄을 이용한 훈련은 장애물이 없는 넓은 장소에서 하는 것이 좋다.
정원에서 한다면 더 짧은 줄로도 가능하다.

미리 봐둔 장소에 가서 개를 놓아준다. 개가 뛰면 같이 뛴다. 그러다가 나무나 다른 개를 보고 서면 그때 줄을 잡고 개를 눈여겨본다. 그리고 이름을 부르며 오라고 한다. 불렀는데도 오지 않으면 줄을 날카롭게 당겨 주의를 끈다. 그러고는 줄을 잡은 채 뒤로 물러선다. 개가 명령에 복종하여 따라오면 칭찬을 아끼지 않는다. 그렇게 해도 오지 않으면 올 때까지 계속 오라고 명령한다. 오면 앉으라고 명령하고 칭찬해준다.

반복하기

처음 몇 주 동안은 조용한 장소에서 계속 연습하면서 개가 어느 정도의 반응을 보일 때까지 멈추지 않고 훈련을 시킨다. 어떠한 반항도 하지 않고 명령에 복종할 때까지 계속 반복한다.
다음 단계는 장소를 바꿔 연습한다.

강아지들은 다른 성견들과 만나서 사회성을 키워야 한다. 하지만 훈련하는데 방해가 될 수도 있고, 훈련 초기에는 산만해질 수도 있다.

처음에는 개가 산만한 것 같아 보이지만, 이것은 자연스러운 현상이다. 이제부터는 더욱더 열심히 훈련시켜야 한다. 줄을 묶은 채 마음껏 달리게 한 다음 이름을 부르며 오라고 한다. 아무런 반응이 없으면 줄을 당긴다. 개가 알아채고 주인을 돌아보면 몸을 낮추고 흥분된 목소리로 "잘했어."라고 칭찬해준다. 이렇게 하면 대부분의 개들은 주인에게 온다. 개가 바로 앞에 올 때까지 기다리지 말고 칭찬해준다. 만일 반 정도 오다가 다른 곳으로 가버리면 다시 줄을 당기며 오라고 명령한다. 다시 돌아오면 칭찬해준다.

개가 손에 닿는 곳에 있으면 줄을 1m 정도만 남기고 앉으라고 명령한다. 그 다음부터는 리드줄을 사용한다. 개가 앉으면 칭찬해주고 30초 정도 지난 다음 "쉬어."라고 하면서 줄을 길게 풀어준다.

이 훈련은 많이 할수록 좋다. 산책할 때 몇 번이고 개를 불러들여 이 훈련을 시킨다. 그러면 개는 산책하는 동안 주인이 여러 번 부른다는 사실을 알 수 있게 된다. 또한 줄을 리드줄로 바꾸면 집에 간다는 것도 알게 된다. 그래서 주인이 부를 때마다 복종하게 된다.

개는 거리 감각이 없으므로 줄을 50~90m 정도로 길게 해도 좋다. 그러면 상황에 따라서 줄을 길게 또는 짧게 사용할 수 있다.

개가 더 멀리 가고 싶어 하면 줄을 놓아 팽팽해지는 것을 막는다. 개가 너무 멀리 가지 못하도록 줄의 길이를 잘 조절한다. 줄을 잡고 조용히 개를 부른다. 부르는 소리에 복종해 오면 칭찬해주고 다시 개에게서 멀리 떨어진다. 만일 개가 주인에게 관심이 없으면 줄을 당겨 주의를 끈다.

Good Dog Training

1. 공공장소에서 훈련시키면 다른 개들이 있어 당연히 산만해진다. 그럴 때는 긴 줄을 풀고 보통 줄로 바꾸어 끼운다.

2. 친구가 있으니까 다른 개들이 좋아서 온다. 이 상황에서 개가 훈련에 집중한다는 것은 사실상 불가능하다.

3. 이럴 때 가장 좋은 방법은 개를 데리고 조용한 곳으로 가는 것이다.

산만한 개 길들이기

개는 호기심이 많기 때문에 주인보다도 더 궁금해하고 흥미로워한다. 사람들은 여기서 많이 포기한다. 개가 다시 옛날로 돌아간처럼 보이기 때문이다. 하지만 그렇지 않다. 자신의 경험을 통해 어떤 경험이 더 좋았는지 생각하고 비교하여 선택하는 데 시간이 걸리는 것뿐이다.

개는 배운 것을 모두 잊지는 않는다. 단지 일시적으로 주인의 명령을 긍정적으로 받아들여 복종할 것인지, 아니면 옛날처럼 복종하지 않을 것인지를 생각한다.

여러분은 아마도 어떠한 상황에서도 개가 복종하길 원할 것이다. 절대 포기하면 안 된다. 계속 연습해야 한다! 며칠 더 강하게 훈련하면 다시 복종한다.

공공장소에서 훈련하면 주변의 다른 개들이 달려들 수도 있다. 이런 경우 달려든 개의 주인이 개를 통제할 수도 있고 그렇지 못할 수도 있다. 훈련 초기 단계에서는 이런 일이 있으면 개를 데리고 다른 장소로 옮기는 것이 좋다. 그렇게 하기가 어려운 상황이라면 줄을 놓고 기다려야 한다. 주위에 덤벼드는 개가 있는 한 훈련은 불가능하다. 그뿐만 아니라 개가 줄에 걸려 넘어질 수도 있기 때문에 위험하기도 하다.

이 훈련 과정은 어느 개에게나 모두 효과적이다. 단지 큰 개들은 끈으로 당겨도 별 자극이 없으므로 아주 세게 당겨야 하는 어려움이 있다. 따라서 이것은 큰 개에게 권장할 만한 방법은 아니다.

개를 부르는 방법

- 명령을 어기면 줄을 당긴다.
- 오라고 부르면서 뒤로 뛰는 것은 좋은 방법이다.
- 개가 오면 칭찬해주고 앉으라고 한다. 앉으면 또 칭찬해준다.
- 개가 뛰어오기 시작하면 관심을 갖고 밝은 표정을 짓는다.

Good Dog Training

1 개가 좋아하는 장난감을 사용해 훈련시키는 방법이다. 먼저 개와 함께 산책 나가서 장난감을 멀리 던진다.

2 개가 장난감을 물어오게 시킨다. 모든 개들은 이런 장난감 놀이를 즐긴다.

3 개가 장난감을 입에 물면 다시 오라고 명령한다.

4 오라는 명령에 복종하면 칭찬해주고 재미있게 놀아준다. 한 번 산책 나갈 때마다 같은 동작을 열 번씩 반복한다. 그리고 집에 오기 전에는 마음껏 놀게 해준다.

소리와 장난감으로 부르기

개들은 청각이 좋고 좋아하는 장난감을 갖고 놀기를 좋아한다. 이번에는 이 두 가지를 모두 활용하는 훈련에 대해 알아보자. 만일 여러분의 개가 장난감에 별 관심을 보이지 않는다면, 먼저 앞에서 배웠던 긴 줄을 이용하는 훈련방법을 익혀야 한다.

이때는 호각과 장난감이 필요하다. 장난감은 공이나 소리 나는 것 모두 좋다. 일단 집에 있는 장난감을 모두 치운다. 그중 개가 가장 좋아하는 장난감을 가지고 미리 봐둔 조용한 장소로 산책을 나간다.

뒤로 물러나면서 개의 이름을 부르고 흥분된 몸짓으로 장난감을 흔들어 보이며 "이리와." 라고 명령한다. 그리고 장난감을 던졌을 때 개가 물어오면 칭찬해준다(장난감을 돌려주려고 하지 않으면 긴 끈을 이용한다). 이것을 열 번 반복하고 훈련을 끝낸다. 마지막에는 개에게 장난감을 던져주고 리드줄을 묶어 집으로 돌아온다.

주인에게 재미있는 장난감이 있으므로 개가 주인에게 돌아오지 않을 이유가 없다. 일반적으로 개들은 주인과 함께 하는 놀이가 재미있으면 다른 관심거리가 눈에 띄어도 주인과의 놀이를 우선시한다. 이 훈련 중에는 집에서 장난감이 눈에 띄어서는 절대 안 된다. 그래야 산책 나가는 것을 더 좋아하게 된다.

장난감을 활용하는 이런 훈련을 3일 동안 계속하면 개가 주인의 명령에 따르게 된다. 한 달 동안 산책할 때마다 이 훈련을 반복한다. 주인의 부름에 즉각적인 반응을 보이면 장난감

훈련 요점

- 산책을 나가야만 장난감을 갖고 놀 수 있다.
- 오라는 명령에 복종하면 재미있는 놀이를 할 수 있다.
- 서서히 장난감 사용을 자제하고 칭찬을 많이 해준다.
- 개가 좋아하는 물건이면 그 어떤 것도 충분히 관심을 끌 수 있다.

Good Dog Training

1 개가 가장 좋아하는 장난감을 던져 물어오도록 명령한다.

2 주인의 명령에 따라 장난감을 물어온다.

3 장난감 놀이로 주인의 명령에 따르게 되면, 서서히 장난감 없이도 할 수 있도록 훈련시켜야 한다. 장난감을 사용하지 않았는데도 복종하면 칭찬을 아끼지 않는다.

을 눈에 띄지 않도록 숨기고 불러보고, 또 호각만 사용해서 불러보기도 한다. 복종하면 칭찬해준다.

   한 달이 지나면 서서히 장난감 사용을 줄인다. 1주일에 한두 번만 장난감을 던져서 물어오는 놀이를 하면, 개는 언제 장난감 놀이를 할지 모르기 때문에 주인이 부를 때마다 달려올 것이다. 어떤 경우든 명령에 복종할 때마다 개를 칭찬해주는 것을 잊지 않는다.

숨바꼭질 놀이로 부르기

개들은 무리를 지어 사는 동물이기 때문에 주인의 명령에 복종하지 않고 돌아오지 않더라도 멀리서 주인을 눈여겨보고 있다. 개의 이런 본능을 자극해본다.

개를 데리고 숨을 곳이 많은 넓은 공원으로 간다. 다른 개들이 많지 않은 곳을 골라 개를 풀어준다. 그러고는 빨리 뛰어가서 개가 보이는 곳에 숨는다. 주인이 숨으면 개들은 대부분 불안해하고 주인을 찾으러 돌아온다. 호기심이 많고 무리 생활의 습성이 남아 있기 때문이다. 점차적으로 찾기 힘든 곳에 숨는다. 개가 주인을 찾아내면 먹을 것을 주고 칭찬을 많이 해준다.

이런 식으로 계속 하다 보면 별다른 훈련을 하지 않더라도 대부분의 개들은 주인이 어디에 있는지 항상 신경을 쓴다. 또한 주인의 명령을 듣고 곧 따르게 된다.

부르면 언제든지 주인에게 돌아오는 개와 같이 산책하면 주인도 즐겁다. 훈련기간 동안은 인내심을 갖고 기다려야 한다.

향기 분사식 목줄로 부르기

고집이 세고 통제 불가능한 개에게 사용

이 목줄은 리모컨으로 작동된다. 작동법을 제대로 알고 사용하면 평소에 통제할 수 없었던 개에게는 더할 나위 없이 좋은 도구이다. 긴 줄을 사용해 훈련하는 방법과 같다.

리모컨의 스위치를 누르면 턱밑에서 향이 강한 시트로넬라 액체가 분사되어 개의 코를

Good Dog Training

1 향기 분사식 목줄은 리모컨으로 작동하며, 개의 목 부분에서 향이 뿜어져 나온다.

2 향기 분사식 목줄에서는 개를 자극하는 시트로넬라 향이 분사된다.

3 이 향을 맡은 개들은 대부분 놀라서 하던 일을 멈추고 주인에게 돌아온다.

1 아이들은 버릇이 좋은 개들과 놀면서 많은 것을 얻는다. 하지만 개와 마찬가지로 아이들도 규칙을 배워야 한다.

2 개들은 아이들을 두려워하지 않는다. 복종훈련을 통해서 아이들도 주인임을 가르쳐야 한다.

자극하는데, 이 액체는 개에게 무해하다. 이것을 사용하면 두 가지 이점이 있다.

1. 갑자기 나는 냄새에 놀라는 순간 주인이 부르면 돌아온다.
2. 하고 있던 일을 갑자기 방해받은 개는 주인이 부르는 소리를 듣는다.

주인의 명령에 복종하지 않았을 때, 강한 향이 코를 자극하는 것은 개에게 그다지 즐거운 경험이 아니다. 대부분의 개들은 그럴 때 주인의 관심을 끌기 위해, 또는 도움을 청하기 위해 주인에게 돌아온다.

이때 훈련을 다시 시작한다. 주인은 멀리 떨어져 있었기 때문에 나쁜 냄새와 주인을 전혀 연관시키지 못한다. 어쨌든 주인에게 왔을 때 먹이를 주고 칭찬해주면 명령에 빠르게 복종하게 된다. 향기 분사식 목줄을 사용하여 개의 버릇을 교정하는 것도 중요하지만 그 전에 개

훈련 요점

- 간식은 닭고기나 햄이 좋다.
- 좋아하는 장난감, 공 등을 사용한다. 훈련시간 외 다른 시간에는 장난감을 절대 주지 않는다. 집에 있는 장난감을 눈에 띄지 않는 곳에 모두 치운다.
- 주인과 노는 재미를 느끼게 한다.
- 매일 먹는 먹이를 보상으로 준다.

의 훈련시기를 놓치지 않는 것이 더더욱 중요하다.

명령을 했는데도 오지 않을 것 같으면 아예 명령하지 않는 것이 더 좋다. 개가 가고 있는 방향이 주인이 원하는 곳이 아니더라도. 그렇게 해서 주인의 명령은 반드시 예외없이 복종해야 한다는 사실을 개가 깨닫게 해주어야 한다. 한 번의 불복종으로 나쁜 버릇이 다시 살아날 수도 있기 때문이다.

PART 5

나도 겁 많거든!

겁 많은 우리 강아지

개나 사람이나 혼자 있기보다는 누군가와 같이 있기를 좋아한다. 많은 사람이 개를 키우는 것도 이런 이유 때문이다. 애완견들은 우리 생활에서 우리가 알고 있는 것보다 훨씬 더 많은 부분을 차지하고 있다. 개의 사촌인 늑대처럼 개들도 야생에서는 무리를 이루고 산다. 그래서 사람과 잘 지내는지도 모른다. 개들은 사람을 가족의 무리로 생각하기 때문에 가족이 많든 적든 사람과 함께 있는 것을 즐기고 또 사람이 필요하다. 개를 오랜 시간 집에 혼자 두는 것은 좋지 않을 뿐만 아니라, 개를 키우는 사람으로서 책임감이 없는 짓이다. 그러나 개들도 나름대로 혼자 시간을 보낼 수는 있다.

"제발, 절 혼자 두지 마세요."

적응을 잘하는 개들은 혼자 있는 것을 두려워하지 않는다. 그러나 어떤 개들은 짧은 시간이라도 혼자 두면 예상치 못한 일을 벌이기도 한다. 여기서는 이런 문제를 해결하려 한다.

혼자 있을 때 보이는 개들의 반응은 여러 가지다. 짖기도 하고, 울기도

Good Dog Training

1 개와 인간은 서로 잘 맞는다. 그렇기 때문에 개들은 사람과 한 집에서 사이좋게 지낼 수 있다.

2 주인이 나가려고 하면 개들은 예민해진다. 열쇠를 들거나 코트를 입으면 주인이 나간다는 사실을 개들은 알고 있다. 이 강아지는 이제 혼자 있어야 한다.

3 파괴적인 행동은 혼자 있는 것에 대한 두려움을 이겨내려는 노력이다. 이런 개들은 아직 자제력을 배우지 못했기 때문에 버려졌다는 느낌을 받을 수도 있다.

하고, 자기를 학대하기도 하고, 주인이 돌아왔을 때 과도하게 흥분하기도 하고, 파괴적인 행동을 하기도 한다. 심지어 주인이 집을 나서려고 하면 주인을 무는 경우도 있다. 이런 행동은 혼자 있어야 하는 두려움과 스트레스가 원인이다.

개의 이런 행동은 심각한 문제가 될 수 있다. 내가 치료한 골든 레트리버는 아침에 가족이 집을 나서려고 하면 가족을 하나씩 물었다고 한다(혼자 있어야 하는 두려움이 사나운 행동으로 표출되는 경우다).

또 어떤 래브라도는 아무도 없을 때 주인집 아들의 방에 들어가 고급 가죽 슬리퍼를 다 씹어놓았다. 특히 가죽은 불안한 개들이 씹기 좋아하는 물건이다. 사람들이 우울할 때 초콜릿을 먹는 것처럼 개는 가죽을 물어뜯으면서 안정감을 느끼는 것이다.

어린 개가 물어뜯고 씹는 것은 당연한 일이다. 그러나 자기가 아끼는 물건이 망가지면 화가 나는 것 또한 당연한 일이다. 주인에게도 감정이 있기 때문이다. 개의 주인인 우리가 먼저 개가 무엇을 원하는지 그리고 개가 왜 그런 행동을 했는지 이해한다면 이런 불쾌한 일은 일어나지 않을 수도 있다.

두려워할 때 보이는 반응

나가려고 준비할 때
- 안절부절못한다.
- 침을 많이 흘린다.
- 짖는다.
- 옷을 문다.
- 흥분한다.

외출했다 돌아왔을 때
- 대소변을 가리지 못한다.
- 상처가 날 정도로 씹거나 핥는다.
- 없는 동안 계속 짖는다.
- 파괴적인 행동을 한다.

나 홀로 집에

이 문제는 강아지 때 버릇을 얼마나 잘 들이느냐에 따라 달라진다. 강아지 때는 주인이 자신의 침실에서 같이 데리고 자기도 하고 온 가족의 관심을 받을 것이다. 또 귀여운 외모 때문에 많은 사람이 만져주고 귀여워하는 등 온갖 관심 속에서 자라기도 한다. 이러한 행동은 과도한 관심을 받으며 자란 개들에게서 흔히 나타난다. 이런 개들은 자신이 버릇없게 행동하는 것이 당연하다고 생각하고 응석 부리고 싶을 때면 언제든지 응석을 부릴 권한이 있다고 생각한다.

주인은 자신이 원할 때 언제든지 관심을 보여야 한다고 생각한다. 그래서 수심에 잠긴 듯한 눈을 볼 때마다 주인이 관심을 보여주면 혼자 있는 것을 더욱 두려워하게 되는 결과를 초래한다. 혼자 있으면 아무것도 할 수 없게 되는데 이는 과잉 관심이 그 원인이다.

낮이든 밤이든 항상 주인과 함께 다니는 개들은 주인이 없으면 아무것도 할 수 없다. 이러한 현상은 특히 혼자 사는 노인들이 키우는 개일수록 더욱 심하다. 노인들은 개와 서로 의지해서 사므로 대부분의 시간을 같이 보내기 때문이다. 개하고 단둘이 지낸다면 집에서도 당연히 둘이 같이 지내는 시간이 많을 것이다. 하지만 혼자 있는 것도 훈련시키면 가능하다.

불안해하고 관심을 독차지하려는 개들은 어렸을 때 주인에게 극진한 보살핌을 받은 개들이다. 이러한 개들은 주인과 유난히 가깝게 지냈기 때문에 독립심이 없다.

개에게 기울였던 관심을 갑자기 줄이면 개는 당황해한다. 예를 들어, 아파서 극진한 보살핌을 받아오던 개를 다 나았다고 보살피지 않는다면 갑작스러운 주인의 무

개와 단둘이 사는 사람들은 개와 관계가 더 밀접하다. 과도한 사랑은 주인과 떨어지게 되면 심한 불안감으로 남는다.

관심으로 개가 더 힘들어한다. 어떤 개들은 문제없이 지나가지만 그렇지 못한 개들도 있다. 아이들이 아프고 나면 어리광이 더 많아지는 것과 같은 이치다. 물론 개의 성격도 변한다. 그러나 만일 주인의 생활이 완전히 바뀐다면 어떨까.

예를 들어, 하루 종일 집에 있던 주인이 취직을 해서 하루 종일 나가 있다면, 개에게 미치는 영향이 매우 클 것이다. 주인에게만 의지하던 개는 아무도 없는 집에 혼자 있어야 한다는 사실이 힘든 것이다.

아이들은 사랑스러운 강아지의 관심을 끌기에 충분하다. 하지만 아이들이 하루 종일 학교에 가고 없으면 강아지는 자기에게 쏟아지던 관심이 갑자기 사라져 불안해한다.

모든 게 주인 잘못

개에게는 아무런 잘못이 없다. 주인이 버릇을 잘못 들인 것이다. 수년간 개와 그 주인을 만

Tip

혼자 있을 때 두려워하는 이유

- 어려서부터 혼자 있는 훈련을 받지 못했다.
- 사람들이 자신의 욕구를 채우기 위해 개를 훈련시키지도 않고 독립심도 키워주지 않는다.
- 어떤 개들은 자신이 개가 아니고, 사람이라고 착각한다.
- 소형견 종은 사람의 관심을 독차지한다. 그래서 혼자 있는 두려움을 더 심하게 느낀다.

나본 결과 사람과 개의 관계가 얼마나 복잡한지 깨닫게 되었다. 사람들은 대부분 정신적인 안정을 위해 개에게 여러 규칙을 지킬 것을 요구하면서도 그 사실을 깨닫지 못하고 살아간다. 개가 혼자 있는 것을 너무 두려워하다 보면 건강에 영향을 미칠 수도 있다. 만일 혼자 살던 주인에게 배우자가 생긴다든지 직업을 얻는다든지 해서 더 이상 개의 존재가 무의미해질 때, 개는 이상한 행동으로 자신을 표현하기도 하고 혼자 있는 것을 두려워하기도 한다.

불안한 개들은 주인의 관심을 원한다. 그러나 개가 원하는 것을 모두 들어주다 보면 버릇도 나빠지고 리더십도 사라지고 교정도 힘들어진다.

개는 주인이 관심을 보이지 않고 외출했을 때 두려워하고 불안해한다. 그래서 주인이 집을 나서려 하면 너무 흥분하거나 덜덜 떨기도 한다. 이런 개들은 주인이 일단 집에서 나가고 나면 짖거나 파괴적인 행동을 한다. 혼자 있는 것을 두려워하는 개들은 주로 많이 짖는다. 짖음으로써 자신의 두려움을 표현한다.

두려움 예방하기

개가 혼자 있는 두려움을 느끼지 않게 하는 가장 좋은 방법은 미리 예방하는 것이다. 만일 강아지를 막 데려왔다면 처음부터 하루에 여러 번 혼자 있는 연습을 시키는 것이 좋다. 밤에는 시간을 더 길게 잡아 훈련시킨다. 처음에는 5분부터 시작해 점차적으로 시간을 늘려 간다. 성견보다는 강아지가 훈련하기 훨씬 수월하다.

강아지에게 자기만의 영역(개장 또는 개 운동장)이 있다는 것을 가르쳐준다.

어릴 때부터 혼자 지내는 시간을 자연스럽게 받아들여야 한다. 개장은 혼자 있는 훈련을 하는데 많은 도움이 된다.

Good Dog Training

1. "우리 주인이 날 예뻐해 줄까?"

2. 조금만 만져줘도 개에게는 작은 승리다. 초연해야 한다.

3. 개가 여러분에게 의존하지 못하게 하려면 개가 원할 때마다 예뻐해주면 안 된다. 무시하는 것으로 일관해야 한다.

주인은 그곳을 방문하는 것이다. 처음에는 강아지가 온 집 안을 돌아다니지 못하게 한다. 강아지를 개장에 넣은 뒤 낑낑거리더라도 조용해질 때까지 두었다가 조용해지면 가까이 다가가 흥분한 목소리로 칭찬한다. 지나친 칭찬은 오히려 혼자 있는 것을 더 두려워하게 할 수도 있으니 주의한다. 주인이 올 때마다 꺼내줄 거라는 기대를 줘서는 안 된다. 주인 마음대로 꺼내주기도 하고, 개장 안에 그대로 두기도 한다는 것을 개가 알게 한다.

많은 사람들이 관심을 끌려는 개에게 넘어가 쓰다듬거나 아는 척하고, 그 정도면 충분할 거라는 생각을 한다. 그러나 개가 그런 주인의 마음을 알아줄 리 없다. 개에게 충분하다는 것은 없다. 개는 오로지 자기가 고집을 피우면 주인이 관심을 갖는다는 사실만 알 뿐이다.

장난감을 갖고 오는 것은 주인의 관심을 끌기 위해서이다. 쉽지 않은 일이겠지만 이때도 무시해야 한다.

독립심 키우기

가능하면 이 훈련은 주말에 시간여유가 많을 때 시작하는 것이 좋다. 개에게 주는 관심을 24시간에 한 번씩 약 25% 정도 줄여본다. 관심을 끌려고 긁거나 장난감을 가져오거나, 또는 안아달라고 애원하는 표정으로 쳐다봐도 무시한다. 처음엔 무시하기 힘들겠지만 본인뿐만 아니라 가족과 방문하는 손님 모두가 하나가 되어 같은 반응을 보여야 한다.

집에 있을 때 5분 정도 방에 혼자 두는 것부터 시작한다. 낑낑대거나 짖기 시작해도 방에 들어가지 않는다. 짖는 소리가 약간 뜸해지고 약 30초간 조용해졌다면 방에 들어가 몇 분 동안 다른 일을 하며 꾸물거린다. 절대 흥분하여 말하지 않는다. 그런 다음 개를 개장에서 꺼내주고 방에서 나가게 한다. 그러면 혼자 있을 수 있는 능력이 생긴다.

이 훈련에 제대로 적응했다면 강아지는 주인이 있으나 없으나 항상 안정감을 보이고 크게 다를 게 없음을 깨닫는다. 하루에 대여섯 번 5분씩 혼자 있는 연습을 시킨다. 이 과정을 무리

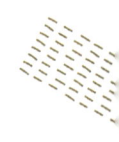

없이 소화하면 시간을 점차적으로 늘려, 주인의 생활에 맞게 주인이 원하는 시간까지 늘려나간다.

이 과정을 몇 주 동안 점진적으로 계속하면 분명히 성공할 수 있다. 꾸준히 훈련시키는 것이 중요하다. 다음 단계로 이 훈련과 병행해서 맛있는 먹이가 든 장난감이나 개가 좋아하는 먹이를 같이 주어 훈련하는 방법도 좋다. 주인이 없을 때 혼자 있는 것이 보상을 받은 것과 같은 효과를 주기 위해서, 주인이 외출할 때만 먹이 장난감을 주고 같이 있을 때는 아무런 보상도 하지 않는다.

다시 말해, 같이 있을 때는 개가 따분해할 정도로 아무것도 주지 않는다. 그러면 개는 주인이 나가면 맛있는 것을 먹을 수 있기 때문에 오히려 혼자 있는 것을 즐기게 된다. 두 가지 방법을 병행하여 훈련시킨다면 성공률은 95%에 달한다.

주인에게 의지하는 마음이 줄어들면 혼자서도 시간을 보낼 수 있다.

주인이 외출했을 때 먹이를 주면 혼자 있다는 느낌이 줄어든다.

먹이 이용하기

먹을 것을 이용한 훈련은 주인이 없을 때 적응할 수 있게 해준다. 먹이 장난감은 단단한 고무 재질을 이용해, 안쪽에 먹이를 채워 넣어 개가 먹이를 조금씩 빼먹을 수 있게 만든 장난감이다. 밥그릇에 담긴 먹이를 먹는 것이 아니기 때문에 시간은 오래 걸리지만 개는 새로운 소일거리가 생겨 즐겁다.

- 나갈 때, 가능하면 개를 부엌에 두고 나간다.

먹이를 밥그릇에 주는 대신 장난감 안에 채워 넣어 부엌 바닥에 놓아준다.

- 화학첨가물이 없는 자연식으로만 준다(마른 사료는 쓰지 않는다).
- 먹이를 밥그릇에 담아 주지 않고 장난감만 사용해 먹인다.
- 하루에 세 번 정도 외출한다면 먹이를 세 번에 나누어 준다.
- 나가기 전에 미리 장난감에 먹이를 채워 넣어 준비한다.
- 먹이로 채워진 장난감을 부엌 바닥에 놓고 빼먹는 재미를 느낄 수 있도록 한다.
- 외출하지 않을 때 사용해도 좋다. 하루 세 번, 한 번에 15분씩 부엌에 혼자 있게 훈련한다. 매번 먹이 장난감을 바닥에 놓아두면 주인이 없을 때마다 맛있는 먹이를 먹는다는 생각을 갖게 된다. 굳이 외출하지 않더라도 개 눈에 띄지 않으면 된다.
- 그 시간 이외에는 다른 먹이나 간식을 절대 주지 않는다. 먹이 장난감만 사용해 먹이를 준다.
- 만일 그 시간에 개가 먹으려 하지 않으면 장난감을 비닐 봉지에 담아 냉장고에 보관한다. 하루 굶고 그 다음날 다시 훈련할 때 먹을 것을 마다할 개는 없을 것이다.

외출할 때 친구를 만들어 주면 혼자 있다는 두려움에서 벗어날 수 있다.

1. 이 개는 먹이를 빼먹느라 두려워할 사이가 없다.
2. 장난감 안에 들어가는 먹이는 축축한 고기여야 한다. 마른 사료는 효과가 없다. 고기를 장난감 안에 꽉 채워 넣어 강아지가 집중하도록 한다.
3. 이 장난감의 장점은 개가 먹이를 먹기 위해서는 장난감에 집중해야 한다는 것이다.
4. 그러다 보면 주인이 있는지 없는지도 전혀 신경쓰지 않는다.

친구 만들어 주기

그 외에 이웃에 잘 어울리는 개가 있다면 주인이 외출한 사이에 두 마리를 같이 두는 것도 혼자 있다는 두려움을 없애는 방법이다. 우선 둘이 성격이 잘 맞아야 하며 둘이 있을 때 싸우거나 파괴 행동을 하지 않는 상대여야 한다. 주로 수놈과 암놈이 잘 어울린다.

하지만 개가 주인에게만 의존하려 하고 다른 개와는 놀기 싫어하는 사회성이 떨어지는 개라면 이 방법은 좋지 않다.

Good Dog Training

1 정말 나가시는 건가요, 아닌가요? 개는 주인이 나갈지 안 나갈지 잘 모르겠다는 표정이다.

2 주인이 집을 나서려고 준비하면 그때부터 개는 불안해한다.

3 하루에도 몇 번씩 준비하고 나가는 행동을 반복하면 혼란스러워 두려움도 줄어든다.

4 개는 주인이 곧 올 것으로 생각한다. 그러니 무슨 걱정인가?

Good Dog Training

1. 주인에게 쓰다듬어 달라, 놀아 달라 보채는 모습이다.

2. 쓰다듬어 달라고 졸라도 눈을 마주치지 않고 무시한다.

3. 개가 무릎에 기어오르지 않고 바닥에 네 발을 딛고 설 수 있게 의자에서 일어난다. 훈련이 잘 되어 두려움이 없어지면 그때는 다시 쓰다듬어 주고 관심을 보여도 좋다.

운동량 늘리기

개를 혼자 두고 외출하기 전에 운동 시간을 늘려 피곤하게 만드는 것도 좋은 방법이다. 공놀이를 하면서 뛰어다니게 하거나, 같이 달리거나 또는 다른 개와 같이 놀게 한다. 그러면 주인이 외출한 뒤 혼자 있어도 피곤하기 때문에 쉽게 잠이 든다. 앞에서 배운 대로 혼자 두는 시간을 점차 늘려 주인이 원하는 시간까지 늘려나간다.

산책할 때나 운동할 때는 얼마든지 칭찬해주고 쓰다듬어 주어도 좋다. 복종훈련을 한다면 말할 것도 없이 칭찬을 많이 해준다. 혼자 있는 두려움을 없애는 훈련을 하는 중이라면 집에서나 공원에서 주인의 명령에 복종을 더 잘한다는 사실을 알 수 있다.

훈련할 때 주의할 점

- 개에게 주도권을 빼앗기면 안 된다. 주인이 관심을 보이고 싶을 때 보이고, 그것으로 충분하다는 생각이 들면 된다. 개가 먼저 요구하면 무조건 무시한다.
- 주인이 외출한 뒤 혼자 있는 것을 두려워하는 개라면, 몇 달 동안은 하루에도 몇 번씩 나가는 시늉을 한다. 옷을 입고 차가 있는 곳까지 갔다가 돌아온다. 이렇게 여러 번 반복하면 주인이 옷을 입어도 나가지 않는다는 것을 알고 불안해하지 않는다. 나중에는 주인이 진짜 외출해도 두려워하지 않게 된다.
- 집에 돌아왔을 때나 다른 방에 혼자 있을 때도 개를 너무 반갑게 대하지 않는다. 특히 들어와서 처음 5분 동안은 아예 무시해 버리는 것도 좋다.
- 주인의 관심을 끌려고 노력하는 개는 주인이 손으로 비키라고 밀치는 것조차 자신에게 관심을 보이는 것이라고 생각한다. 안아달라고 무릎에 뛰어올라도 절대 만지지 않는다.

자리에서 일어났다 잠시 후 다시 앉는다. 강아지가 포기할 때까지 계속한다. 이때 절대 눈을 마주쳐서는 안 된다.

훈련 결과

이와 같은 훈련방법은 거의 모든 개에게 성공적으로 적용할 수 있다. 두려움이 완전히 사라졌다고 생각되면 다시 관심을 보여도 좋다. 그러나 어떤 개들은 주인이 관심을 보이고 칭찬을 하면 두려움이 다시 살아나는 경우도 더러 있다.

두려움을 없애는 방법

- 혼자 있는 연습을 시킨다. 처음에는 짧게 시작하여 점차 시간을 늘려간다.
- 하루 식사량을 먹이 장난감에 넣어주면 개는 주인과 헤어지는 두려움을 먹는 것으로 이겨낸다.
- 다른 시간대에는 간식이나 먹이를 주지 않는다.
- 어떤 개들은 혼자 있을 때 물어뜯는 것을 좋아한다.
- 평소에는 놀아주지도 않는다. 단, 산책 나갔을 때만 놀아준다.

PART 6
기차 화통을 삶아 먹었니?

목청 좋은 우리 강아지

초인종이 울리면 개가 짖는 것은 당연한 일이다. 그러나 사람들에게는 공포의 대상이 될 수도 있다. 계속해서 짖으면 통제할 수 없을 정도로 버릇이 될 수 있다.

개가 짖는 것은 의사소통의 방법으로 지극히 자연스러운 현상이다. 개가 짖는 이유는 매우 다양하다. 전혀 짖지 않는다면 그것은 개가 아닐 것이다. 그렇지만 계속해서 심하게 짖으면 문제가 될 수 있다. 이상하게도 개의 조상인 늑대는 거의 짖지 않고 울부짖어서 의사소통을 한다.

너무 심하게 짖거나 울 때에는 분명히 이유가 있다. 어떤 사람들은 개의 경비 능력을 키우려고 일부러 짖는 훈련을 시키기도 하고, 어떤 사람은 자신도 모르게 어릴 때부터 짖는 것을 부추긴 경우도 있다. 개가 짖을 때마다 주인이 짖지 말라고 하며 관심을 보인 경우다. 개는 주인의 관심을 끌기 위해 점점 더 자주 짖게 된다. 강아지일 경우 더더욱 그렇다.

이 강아지는 이유 없이 이리저리 방황하고 있다. 보기에도 무척 무료해 보인다. 어떤 개들은 이런 무료함을 달래기 위해서 짖기도 한다.

어떤 개들은 주인과 떨어져 혼자 있을 때 스트레스를 받아 짖기도 하고, 심심해서 짖기도 한다. 그리고 주인이 평소와 같이 행동하지 않고 같이 놀아주지 않으면 흥분해서 같이 놀자고 심하게 짖을 때도 있고 문제가 되는 행동을 할 때도 있다.

어릴 때부터 혼자 두기

짖는 것을 막는 가장 좋은 방법은 예방이다. 강아지를 새로 분양받았다면 혼자 있는 시간도 자연스러운 것임을 알 수 있게 훈련시킨다.

하루에 여러 번 30분에서 한 시간 정도 혼자 있는 연습을 시킨다. 밤 시간에는 조금 더 길게 연습시켜 혼자 있는 것이 당연하다는 것을 가르쳐야 한다. 처음에는 5~10분 정도로 시작해서 점차 시간을 늘려나간다. 그리고 강아지에게 자기만의 공간(개장)에 있다는 사실을 알려주고 주인이 개를 방문하는 형식으로 훈련시킨다. 처음부터 집 전체를 장악하지 못하게 한다.

강아지를 개장에 혼자 두면 낑낑거리거나 울 것이다. 조용해지기 전까지는 관심을 보이

Good Dog Training

1 개는 혼자 있는 버릇을 들여야 한다.

2 개장에 갇혀 지내는 것에 익숙하게 한다.

3 어릴 때부터 주인과 시간을 많이 보낸 개는 커서도 혼자 있으면 짖는 경우가 있다. 이런 일을 예방하기 위해서는 어려서부터 가족과 떨어져 개장에 혼자 있는 연습을 하면 괜찮다.

지 말고, 방에 들어가지도 않는다. 조용해지면 말로 칭찬 한마디만 한다. 말을 너무 많이 하다 보면 개가 짖을 수도 있기 때문이다.

　누군가 찾아와서 초인종을 누르면 개가 짖는 것은 자연스러운 현상이어서 대부분의 주인은 그리 크게 신경쓰지 않는다. 개가 자신의 영역을 지키는 일은 지극히 자연스러운 현상이다. 그러나 지나치게 짖는다면 심하게 짖는 것이 버릇이 되어 사나워질 수 있다. 심하게 짖는 개들은 언제 짖기 시작해야 하는지는 배웠어도 언제 멈추어야 하는지는 배우지 못한 경우가 많다.

심하게 짖는 개

어떤 개들은 주인이 나가는 그 순간부터 집에 돌아올 때까지 짖기도 한다. 이런 개는 주인에게서 사람 대접을 받는다는 사실을 알 수 있다. 개 입장에서 보면 큰 보상이 아닐 수 없다. 그러니 개가 짖는 것은 당연하다. 이런 개라면 29~32쪽과 52~53쪽에 나와 있는 지배 본능을 감소시키는 과정과 무시하는 훈련 과정을 밟게 한다. 참고로 94~97쪽에 나와 있는 혼자 있을 때의 두려움 때문에 짖는 개들에 대한 훈련방법도 다시 한 번 참고한다.

짖어도 모른 척하기

이 훈련은 가능한 한 시간이 많은 주말에 시작하는 것이 좋다. 24시간 동안 개에게 관심을 줄이는 것부터 시작한다. 개가 어떠한 행동을 하든 모두 무시한다. 주의를 끌려는 행동을 하거나 장난감으로 놀자고 조르거나 혹은 만져달라고 애원하는 눈빛을 보여도 모두 무시한다. 처음엔 힘들겠지만 온 가족이 일관되게 행동을 해야 한다. 그런 다음 일정한 간격으로 5분 정도 혼자 있는 연습을 시킨다. 방이나

한 번에 5~15분씩 혼자 둔다. 혼자 있을 때 계속 짖는 강아지는 하루에 여러 번 짧은 시간 동안 혼자 있는 훈련을 반복적으로 한다.

이 훈련의 성패는 여러분에게 달려 있다. 강아지에게 보이던 관심을 줄여야 한다.

주의사항
아주 특별한 경우가 아니라면 개를 하루 종일 혼자 두지 말아야 한다.

개장에 가두면 짖기 시작한다. 그렇더라도 절대 가까이 가지 않는다. 짖다가 침묵이 흐르고 약 30초 정도 지난 후에야 관심을 보인다. 칭찬도 낮은 목소리로 한다. 절대 개가 흥분하게 해서는 안 된다.

그런 다음 주위에서 잠시 서성이다 개장에서 꺼내주거나, 방에 들여놓았다면 방에서 나갈 수 있게 해준다. 아무리 졸라대도 그 누구도 쓰다듬어 주지 않아야 한다. 개가 주인과 함께 있거나 주인이 쓰다듬어 주는 것을 당연한 권리라고 생각하게 해서는 안 된다.

이 과정을 진행하면 주인과 같이 있어도, 또 주인이 없어도 별다른 감정의 기복을 보이지 않게 된다. 하루에 다섯 번, 한 번에 5~15분 동안 혼자 두고 외출하는 연습을 한다. 이 과정을 한번도 짖지 않고 해냈다면 그 다음에는 주인이 원하는 시간만큼 꾸준히 늘려나간다. 훈련기간을 오래 지속하면 할수록 성공률은 높아진다. 그리고 주인과 떨어져도 먹이 장난감에 들어 있는 먹이를 먹을 수 있다는 기대를 하게 된다.

불안감 없애기

많은 개들이 주인에게 너무 의존하고 있어 혼자 있을 수 없을 것처럼 보인다. 그런 개들에게는 다음과 같은 방법을 써보는 것이 좋다. 개가 혼자 있다는 것에 대한 생각을 바꾸도록 도와주는 것이다. 개와 마찬가지로 사람도 집단을 이루어 생활하는 동물인데도 혼자 생활하는 경우가 많다. 늑대들 또한 무리를 지어 생활하는 동물이다. 그러나 늑대도 혼자 생활할 수 있고 개 또한 혼자 있을 수 있다.

개가 짖는 동안에는 방에 들어가지도 말고 어떠한 관심도 보이지 않는다. 조용히 있을 때 관심을 보인다.

먹이로 길들이기

개들은 항상 먹을 것을 생각한다. 그렇지 않다 하더라도 그렇게 생각을 바꾸는 것이 어려운 일은 아니다. 항상 자연식 음식을 먹이고 개를 자극할 수 있는 화학첨가물을 함유한 먹이는 피하는 것이 좋다.

여기서도 먹이 장난감을 다시 사용한다. 앞으로 훈련할 5주간은 주인이 없을 때는 먹이를 이 장난감을 통해서만 준다. 하루 먹을 먹이를 5등분하여 장난감 안에 채워넣는다. 먹이에 관심을 보이지 않으면 냉장고에 보관했다가 다음 훈련 시간에 꺼내어 준다.

주인이 외출하고 없을 때, 개는 장난감에 든 먹이를 아무런 반항 없이 먹는다. 그렇게 되면 주인이 외출하는 시간은 맛있는 먹이를 먹는 즐거운 시간이 되고, 먹이를 빼먹는 데 온갖 신경을 쏟기 때문에 주인이 없다는 사실에 불안해하지 않는다.

앞에서 설명한 바와 같이 먹이를 넣은 장난감을 개에게 준다. 혼자 있을 때 짖는 대신 먹이를 상으로 받게 된다.

짖거나 관심을 끌려 해도 무시한다. 조용해졌을 때만 관심을 보인다. 관심을 보이는 동시에 다시 짖어대면 또다시 무시한다. 그래서 짖으면 관심을 보이지 않음을 가르친다. 그리고 다른 시간에는 그 어떤 먹이도 주지 않는다.

까다로운 식성

강아지가 먹지 않는다고 더 맛있는 것을 해준다면 당연히 식성이 까다로워질 수밖에 없다. 이런 개들은 훈련을 시작하기 전 하루 동안 굶긴다. 배가 고프면 효과가 있다. 개들은 매일 먹지 않아도 된다. 매일 규칙적으로 먹이를 주는 것은 단지 사람의 습성일 뿐이다. 초소형견은 먹는 양이 적기 때문에 더 까다로워질 수도 있지만 기본은 같다. 강아지나 너무 늙어 건강이 좋지 않은 개에게는 바람직하지 않은 방법이다.

또 다른 방법

어떤 전문가는 외출할 때 라디오를 켜놓고 나가면, 마치 누군가와 같이 있는 것 같은 효과가 있어 개를 안심시킨다고 한다. 이 방법은 간혹 효과가 있다. 더욱 효과적인 것은 주인의 목소리를 녹음한 테이프를 계속 켜놓는 것이다.

혼자 있을 때 심하게 짖는 개들에게는 맛있는 먹이나 좋아하는 장난감 등 개의 주의를 끌어 주인이 올 때까지 집중할 것을 준다. 평소에 장난감을 안 보이게 치워놓으면 개는 장난감 주는 것을 아주 특별한 일로 생각한다. 만일 주인이 집에 있을 때도 장난감을 갖고 논다면, 주인이 외출하면서 장난감을 줘도 큰 관심을 끌지 못한다. 개의 관심사는 주인이기 때문이다.

우리 주인님 목소리? 라디오 소리나 주인의 목소리가 들리면 혼자 있는 버릇을 들이는 데 도움이 될 수도 있다.

주인이 외출했을 때 개껌은 개의 관심을 몇 시간씩 끌 수도 있다.

관심을 끌기 위해 짖는 개

개가 너무 심하게 짖어대면 이웃에 피해를 준다. 이런 개들에게는 반대조건을 부여한다. 예를 들어, 사람들이 식사할 때 먹을 것을 달라고 짖으면 음식을 손으로 집어 주지 말고, 식사가 모두 끝난 뒤 그릇에 담아 준다. 짖으면 절대 주지 않는다. 그럴 때는 29~32쪽에 있는 무시하는 방법을 이용한다. 최선의 방법은 강아지가 보지 않을 때 식사하는 것이 가장 좋다.

장난감은 혼자 있는 개가 느끼는 무료함에서 벗어나게 해준다. 스케이트보드를 탈 수 있는 개는 몇 마리 안 된다.

외출하려고 차 열쇠나 목줄 또는 코트를 들었을 때 심하게 짖는 개들이 있다. 이런 경우, 하루에 5~10회 정도 외출 준비를 한다. 준비가 완료되면 코트를 입고 나갔다가 다시 돌아오기를 여러 번 반복한다. 개는 예상한 결과가 나오지 않기 때문에 짖는 것을 멈춘다.

개가 짖을 때 조용히 하라고 소리 지르면 안 된다. 그러면 개는 주인이 같이 놀아준다고 생각하고 흥분

산책 나가려고 코트를 입자마자 짖으면 현관까지 갔다 다시 돌아오기를 여러 번 반복한다.

주인이 먹는 것만 보면 달라고 짖는다. 이런 개들에게는 먹을 것을 손으로 주지 않는다. 반드시 밥그릇에 담아 준다.

하여 더 짖는다. 개는 이렇게 생각한다. '우리 주인이 리드줄을 들면, 나는 짖어댄다. 그러면 우리 주인은 내게 소리치고, 그 소리에 맞추어 나는 주인에게 뛰어오르고, 그러면 우리 주인은 또 내가 뛰는 것에 맞추어 손을 막 흔들어댄다. 야! 너무 재밌다!'

이런 개들에게는 훈련용 디스크가 가장 효과적이다. 짖을 때 디스크나 열쇠 꾸러미를 던지면 그 소리에 놀라서 조용해진다. 개가 조용히 하더라도 과도하게 칭찬해주면 안 된다. 잠시 침묵이 흐른 후에 부드러운 목소리고 차분하게 "착하다."라고 말한다.

차에서 짖는 개

대부분의 개들은 차 타고 외출하는 것을 좋아한다. 주인과 함께 있기 때문에 즐겁고, 또 공원에 가서 다른 친구들을 만날 것을 생각하며 즐거워한다. 그러나 즐겁다고 계속 짖어대면, 운전자에게 위험하다. 운전자들이 짖는 개를 조용히 시키려다 사고를 내는 경우가 종종 있다.

짖지 못하게 하는 방법

- 버릇없이 굴면 보상하지 않는다.
- 개가 짖는 목적을 제거한다.
- 아무 말 하지 않고 무시한다. 소리 지르면 더 흥분할 뿐이다.
- 개가 짖는 것은 자연스러운 현상이다. 하지만 주인이 어떻게 버릇을 들이느냐에 따라서 더 많이 짖을 수도 있다.
- 훈련용 디스크를 던져 짖지 못하게 한다.

도구 사용하기

예민하거나 짖는 버릇이 막 생긴 개에게는 스프레이가 효과가 있을 수 있다. 개와 함께 외출할 때 작은 물총(분무기)을 준비한다. 개가 짖기 시작하면 얼굴에 물을 분사한다. 스프레이를 분사하면서 "안 돼!" 하며 낮고 단호한 목소리로 명령한다. 목소리를 높이면 개는 주인이 즐거워한다고 생각하여 오히려 더 많이 짖는 결과를 초래한다.

시중에서 파는 짖음 방지 스프레이는 아무런 해가 없으면서 냄새만 고약하기 때문에 사용해도 좋다. 그 냄새를 맡으며 짖기는 힘들다. 향기 분사식 목줄도 있다. 개가 짖으려 할 때 리모컨으로 작동하면 시트로넬라 향이 분사된다.

그러나 예민한 개들은 스프레이에 무척 약할 수도 있고 분사되는 소리에 민감할 수도 있으므로 전문가의 조언에 따라 사용해야 한다. 훈련용 디스크를 사용해도 좋다. 운전할 때

먹이 장난감은 차에서 짖는 개들에게 소일거리를 줌으로써 조용히 시키는 효과가 있다(왼쪽). 개가 차에 타서 무엇인가 물어뜯는 파괴적인 행동을 한다면 뒤쪽 트렁크 부분에 칸막이를 설치하고 뒤쪽에 태운다(오른쪽).

사진에서 보는 바와 같이 직접 운전을 한다면 훈련을 시킬 수가 없다. 다른 사람이 동승하여 옆에서 훈련 과정을 도와주면 더욱 안전하고 좋다.

가장 안전한 방법은 누군가 옆에 같이 타 운전하는 주인을 대신해주는 것이다.

이 방법을 일관성 있게 이용하면 대부분의 개들은 그 경험을 불쾌하게 기억한다. 약 30초 정도 조용히 있으면 그때 낮은 목소리로 칭찬한다. 쓰다듬어 주거나 같이 흥분하지 않는다. 다시 짖을 수 있기 때문이다. 조용히 앉아 있으면 칭찬을 듣고, 짖으면 불쾌한 경험만 하게 된다는 것을 배우게 된다. 먹이 장난감을 주는 것도 괜찮다.

이동장에 넣기

어떤 개들은 차에 혼자 있는 것을 두려워하기도 한다. 자동차 내장을 물어뜯는 행동으로 불안감을 표출할 수도 있다. 아니면 차에서 나가려고 내부 여기저기를 씹어놓거나 발톱으로 긁어놓는 등 더 심각한 피해를 입힐 수도 있다.

여행용 이동장을 차에 두는 것은 개의 안전에만 좋은 것이 아니라 차의 내부를 깨끗하게 보존하는 데도 좋다. 그리고 그 전에 52~57쪽을 보고 지배 본능을 감소시키는 훈련을 먼저 한다.

짖음 방지 도구 사용법

- 훈련용 디스크는 개 옆에 던진다.
- 물총으로 개의 얼굴에 물을 분사한다.
- 짖음 방지 스프레이는 머리 가까이에 분사한다.
- 향기 분사식 목줄은 전문가의 조언에 따라 사용한다.

차 안에 묶어 두기

머리줄을 하면 개가 조용해지는 효과가 있기 때문에 거의 모든 개에게 좋다. 머리줄은 크기가 다양해 개의 종류별로 모두 맞게 되어 있다. 하지만 대부분의 개들은 머리줄을 싫어하므로 집에서 가끔 머리줄로 묶어두는 연습을 해서 익숙해지게 만들어야 한다.

개가 짖는 것은 자연스러운 현상이다. 그러나 그것이 버릇이 되면 안 된다.

 개를 앉히고 머리줄을 채운 다음 곧바로 칭찬해주고 간식을 준다. 하루에 여러 번 1주일 정도 반복하여 훈련시킨다. 둘째 주에는 머리줄을 채운 다음 집 안을 걷거나 정원이 있으면 걷기 연습을 한다. 그리고 셋째 주에는 차까지 왔다 갔다 하면서 먹이로 보상을 주며 훈련시킨다. 마지막으로 머리줄과 리드줄로 차에 고정한다. 리드줄은 약 1.2m 정도가 적합하고 나일론이나 가죽끈이 좋다. 개가 차에서 엎드리거나 앉을 수 있을 만큼의 여유를 남기고 고정한다. 뛰어오를 수 있는 여유가 없기 때문에 조용해지고 덜 짖게 된다.

 자동차용 강아지 끈도 차 안에서 뛰어오르지 못하게 하는 효과가 있어 안전하다.

Tip 차 안에서 짖을 때 대처법

- 짖는 버릇은 애초에 고쳐야 한다.
- 짖을 때가 아니라 조용할 때 보상해준다.
- 차에 동승하여 도와줄 사람을 찾는다.
- 향기 분사식 목줄은 조용히 시키는 데 효과적이다.
- 여행용 이동장을 사용하는 것도 좋다.
- 목줄에 익숙하게 만든다.
- 소리 지르지 않는다.

PART 7 니가 무슨 연예인이니?

관심을 독차지하려는 우리 강아지

어린이는 강아지나 소형견에 매혹되기 쉬워 개가 원할 때마다 관심을 보이게 된다. 그러나 너무 많은 관심을 보이는 것이 그리 좋지만은 않다. 왜냐하면 개가 관심을 끄는 것이 자신의 특권이라고 생각하게 되기 때문이다.

관심 끌기란 도대체 무슨 뜻일까? 사실 개들은 사람의 관심을 끌기 위해 과시하기를 좋아한다. 그렇지 않다면 개가 아닐 것이다. 그렇게 사람의 관심을 끌고 싶어 하는 개들은 주인에게 항상 집중하고 있기 때문에 오히려 훈련시키기 좋다. 개 훈련 전문가들은 이런 개들의 복종훈련과 사회성을 훈련시킬 프로그램을 끊임없이 개발하고 있다. 이렇게 주인의 관심을 원하는 개 때문에 하는 일을 방해받거나 매일의 일과를 못하게 되는 경우가 없어야 한다. 개의 그런 행동은 반드시 교정되어야 할 것이다.

어릴 때부터 버릇없게 키운 개가 이런 행동을 보인다. 귀여운 강아지는 주인의 큰 관심을 끌기에 모자람이 없다. 강아지가 원하면 언제든 주인의 관심을 끌 수 있고 강아지는 자신에게 그럴 권한이 있다고 생각한다.

또한 주인과 밤낮으로 어디든 함께 가는 개들은 지나치게 관심을 끌려는 경향을 보인다. 이런 개일수록 혼자 있는 두려움이 크고, 버릇없는 행동을 하게 된다.

지나치게 관심을 끌려는 행위는 특히 통제하기 어려운데, 욕심 많은 개들에게서 두드러지게 나타난다(제3장 참조). 여기서는 이러한 행동을 간단하게 교정하는 방법을 제시한다.

어린아이를 키우는 엄마들은 할 일이 너무나도 많다. 그런 바쁜 일상생활을 방해하는 개는 귀찮게 여겨질 뿐이다.

관심 끌기는 본능

개는 태어나면서부터 살아남으려는 본능뿐만 아니라 무리의 리더가 되려는 본능을 타고난다. 그 방법 가운데 하나가 바로 관심을 끄는 것이다. 명령에 복종하면서, 슬픈 표정을 지어 보이며, 시의 적절하게 주인의 관심을 끄는 능력이 뛰어나다.

개가 관심을 끌려는 것이 잘못된 것일까? 문제가 되는 것은 개에게 관심을 보이는 주체가

 **Tip**

관심을 끌려는 행동

- 무릎 위로 뛰어오르기
- 품안으로 밀고 들어오기
- 발로 건드리기
- 짖기

어떤 개들은 관심을 끌기 위해 짖는다. 주인이 반응을 가장 잘 보이는 수단이기 때문이다. 짖으면 시끄럽기 때문에 주인은 당연히 조용히 시키려고 한다.

사람이 되어야 하는데, 그 반대로 개가 주체가 되어 주인이 개의 지배를 받는 경우가 많다는 데 있다.

그렇게 버릇이 든 개들은 자신이 필요할 때마다 주인의 관심을 끌고, 결국 주인을 리드하고, 또 주인의 시간과 생활을 지배한다. 수동적이지만 결국 주인을 지배하는 것이다.

아이들을 키워본 부모라면 모두 알 수 있을 것이다. 형제 간의 라이벌 의식과 부모의 관심을 끌고 싶어 하는 아이들의 행동을 말이다. 개도 사람과 마찬가지다. 관심을 끄는 일에는 오히려 아이들보다 개가 더 강하다.

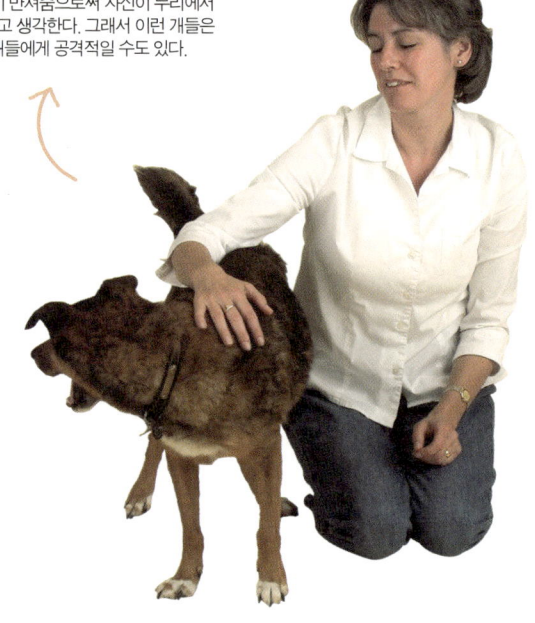

지배 본능이 강한 개들은 주인의 관심을 독차지하고 싶어 한다. 이렇게 주인이 만져줌으로써 자신이 무리에서 우위를 차지하고 있다고 생각한다. 그래서 이런 개들은 같은 집에 사는 다른 개들에게 공격적일 수도 있다.

개를 두 마리 키우면서 한 마리만 만져주면 다른 개는 상대적으로 기가 죽는다.

개가 상전?

관심을 끌려는 행동이 너무 심하다 보면 주인이 모두 받아줄 수 없는 상황까지 가게 된다. 집안일을 할 때에도 개가 항상 앞을 가로막는 걸림돌이 된다. 무릎에 앉아 일어나지 않는 개는 주인이 다른 일을 못하게 하는 방법을 이미 터득한 것이다.

물론 이런 상황은 여러분의 성격, 또 개의 성격에 따라서 기쁨이 될 수도 있고 귀찮은 일이 될 수도 있다. 개를 통해서 자신이 필요한 존재이자 사랑받는 존재임을 느끼게 된다는 사람도 있다. 이런 경우라면 사람과 개에게 모두 좋은 일이다. 그러나 다른 경우를 보면 관심을 끌기 위한 개의 행동이 나쁜 결과를 초래할 때가 더 많다. 특히 사생활까지 방해하면 개와 주인과의 관계가 점점 나빠질 것이다.

이렇게 지나치게 관심을 끌려고 해 훈련을 받은 개들 중에는 요크셔테리어나 페키니즈와 같은 소형견이 대부분이었다. 크기가 작아서 안아주기 쉽기 때문에 주인의 품안에 있는 시간이 길다. 결과적으로는 주인과 너무 붙어 있으려 하고 혼자서는 걸으려 하지도 않는다.

개들은 주면 줄수록 더 많은 것을 요구한다. 구조된 개들 중에도 이러한 경향을 보이는 개가 많다. 자신이 겪었던 힘든 일들을 보상받으

의자에 앉아 쉬고 싶을 때는 개가 이러면 귀찮을 수도 있다. 이럴 때 가장 좋은 방법은 개와 눈이 마주치지 않게 즉시 자리에서 일어나는 것이다.

개가 의자를 차지하고 있어 의자에 못 앉는 상황이라면 개가 주인보다 우위에 있다. 이런 버릇은 고쳐야 한다.

PART 7 관심을 독차지하려는 우리 강아지 119

소형견들은 주인이 안고 다니기 쉽기 때문에 어려서부터 주인과 함께 보내는 시간이 많다. 결과적으로 더 이상 받아줄 수 없는 지경에 이르게 된다.

려는 듯 관심을 끌려고 한다.

무관심이 최선

이것이 의미하는 것이 무엇인가? 결국 지배하려는 것이다. 이런 개들은 관심을 끄는 분야에서 자신이 최고가 되고 싶어 한다. 그들의 규칙은 간단하다. 원하는 것을 얻으려면, 또 원하는 시기에 뭔가를 얻으려면 머리를 써야 한다는 것. 이런 나쁜 버릇을 교정하기 위해서는 현명하고 확고해야 한다.

다시 말해서 여러분이 리더처럼 행동해야 하는 것이다. 그 결과 개는 길이 잘 든 친구가 될 수 있고, 여러분에게 더욱더 복종하고 따르게 된다. 왜냐하면 주인이 가장 완벽한 리더라고 생각하기 때문이다. 강한 리더는 앞에서 리드한다. 결코 무리에게 끌려가지 않는다.

개를 좋아하지 않는 사람은 개도 그 사람을 좋아하지 않는다. 개에게 전혀 신경을 쓰지 않으면 결과적으로 개도 주인을 무시한다. 개를 사랑하는 사람들이 그런 사람들에게서 배울 점도 있다. 어떻게 개의 관심을 따돌리는지 살펴서 그런 점을 버릇 들이는 데 유리하게 써먹을 수도 있기 때문이다.

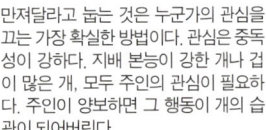

만져달라고 눕는 것은 누군가의 관심을 끄는 가장 확실한 방법이다. 관심은 중독성이 강하다. 지배 본능이 강한 개나 겁이 많은 개, 모두 주인의 관심이 필요하다. 주인이 양보하면 그 행동이 개의 습관이 되어버린다.

도가 지나치면 병

이런 행동이 문제가 된다는 것을 알더라도 도가 지나치다는 기준은 주관적이기 때문에 여러 가지 의견이 있다. 어떤 사람에 겐 참을 수 없는 행동이 다른 사람에겐 견딜 만한 것일 수도 있다. 그리고 가족 간의 의견 차이도 개가 한 행동에 대한 결과를 혼란스럽게 한다.

특히 집에 오는 손님 중에 어떤 사람은 개를 만져주고 먹을 것도 주지만 어떤 사람들은 옷에 개털이 묻을까 전전긍긍하기도 한다. 그렇다고 하더라도 가끔 보상을 받기 때문에, 개들은 집에 오는 모든 손님이 관심을 보일 때까지 더 많은 노력을 한다. 그래서 점점 정도가 심해져 문제가 심각해질 수도 있다. 그럴 때는 앞에서 제시한, 손님을 맞을 때 줄에 묶어 두는 방법으로 훈련을 시도해보도록 한다.

개들은 주인 모르게 꾀를 부린다. 특히 혼자 있으면 더하다. 많은 사람이 개의 요구대로 개가 원할 때마다 쓰다듬어 주고 있다. 충분한 관심을 보였다고 생각되면 개도 충분하다고 느껴주길 바란다. 그러나 그렇지 않다. 개는 점점 더 많은 것을 요구한다. 그렇기 때문에 개가 요구할 때가 아니라 내가 개를 만져주고 싶을 때 만져줘야 한다. 개를 쓰다듬어 주는 시기를 나 스스로 정해야 하는 것이다. 그 외에는 개가 어떻게 하든 무시한다. 어떤 개들은 장난감을 가져와 던져달라고 한다. 그러면 대부분의 사람은 이런 행동을 보고 영리하다고 감탄한다. 그렇다. 정말 영리한 개다.

그러나 이런 행동은 여러분의 관심을 끌기 위한 또 다른 계략에 지나지 않는다는 것을 알아야

이 책에서 제시한 여러 가지 문제점들은 일관성이 없으면 절대 교정이 불가능하다. 만약 손님 중에 한 사람이라도 개를 만져주면 개는 계속해서 관심을 끌려고 할 것이다. 그러면 훈련 효과는 없어진다.

집에 손님이 올 때마다 심하게 굴면 다른 방에 묶어 두는 수밖에 없다. 조용해지면 풀어준다.

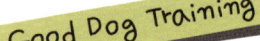

1 개가 가장 좋아하는 장난감을 물고 와서 던져달라고 하는 것은 주인의 관심을 끌기 위한 또 다른 방법이다. 순진하게 단순히 놀고 싶어서 그러는 것 같지만 여러분을 조종하고 싶은 것이다. 이럴 때는 무시한다.

2 기다리기 지루해서 포기하고 만다.

아기를 제대로 돌보고 싶다면 엄마는 개에게 먹이 장난감을 주어 개의 관심을 다른 곳으로 돌린다. 개에게도 기분 좋은 소일거리다.

한다. 장난감을 가져올 때마다 놀아주면 안 된다. 움직이지도 말고 말도 하지 말아야 한다. 그러면 개는 기다리다 지쳐 가버릴 것이다. 그런 다음 여러분이 먼저 개를 불러 장난감을 던져 가져오게 한다. 게임이 끝나면 장난감을 치운다.

다시 말하지만 이렇게 하면 여기서도 개는 여러분이 리더임을 인식하고 더욱 신뢰하게 된다. 결국 주인이 원할 때만 재미있는 놀이

를 할 수 있다는 것을 개가 깨닫게 해야 한다. 그러면 주인에게 요구하며 조르는 일도 없다.

무시하기

개에게 혼자 시간을 보내는 것은 당연한 일이라는 것을 가르쳐야 한다. 제5장에서 설명한 혼자 있을 때의 두려움을 극복하는 방법을 참고하면 어떻게 해야 할지 알 수 있다. 하루에

Good Dog Training

1 지나치게 관심을 끌려는 개에게는 복종훈련이 효과가 좋다. 자기 자리로 가서 기다리게 하는 훈련이 되어 있다면 말이다(이 훈련을 할 때는 먹이를 주는 것이 효과적이다).

2 복종하면 사랑스럽게 쓰다듬어 준다.

3 때때로 여러분이 혼자 있고 싶을 때 언제든지 가서 기다리라는 명령을 할 수 있다. 그러고 나서 명령에 복종하면 관심을 가져준다.

두 번씩, 5분에서 시작해 1시간이 될 때까지 몇 주 동안의 훈련계획을 짠다. 개가 아무리 불쌍한 눈으로 쳐다보면서 애원하더라도 무시한다. 기어올라 몸으로 비비더라도 손으로 밀치지 않는다. 개는 사람의 손이 닿는 것 자체를 보상으로 받아들이기 때문이다.

무시하는 것이 개를 훈련하는 데는 가장 좋은 방법이라는 것을 잊어서는 안 된다. 단기적으로 보면, 개가 너무나 버릇이 없고 무시하기 힘들다면 여러분 주변이나 앉아 있는 자리에 개가 싫어하는 시트로넬라 향 스프레이를 뿌려 가까이 오지 못하게 하는 방법도 있다.

오렌지나 레몬 껍질을 만져서 향을 손에 묻히는 것도 개를 멀리할 수 있는 방법 가운데 하나다. 힘센 대형견들에게는 훈련용 디스크를 사용하는 것도 좋다. 그러나 너무 예민한 개나 강아지에게는 사용하지 않는다.

훈련할 때 주의점

- 모든 관심의 시작은 여러분이 주도한다. 주인이 충분하다고 생각하면 충분한 것이다. 개가 먼저 요구하면 무조건 무시한다.
- 가족이나 집을 방문하는 친구들도 모두 일관성 있게 행동을 해야 한다. 일관성 있게 행동하는 것이 가장 중요하다.
- 주인과의 신체적인 접촉 자체를 칭찬으로 생각한다는 것을 잊으면 안 된다. 따라서 접촉이 없어야 한다. 개는 저지하려는 손짓을 더 많이 하라는 뜻으로 받아들인다.
- 앉아 있을 때 개가 무릎에 앉으려 하면 빨리 자리에서 일어난다. 개가 무릎에 앉아 편한 자세를 잡기 전에 일어나야 한다. 눈도 마주치지 말고 아무 소리도 내지 않는다. 개가 포기할 때까지 요요처럼 계속 일어났다 앉았다를 반복한다.
- 복종훈련을 철저히 시킨다. 이럴 때는 엎드려서 기다리라는 명령을 사용한다. 개의 침대에 가

여러분도 개를 무시하는 연습을 해야 한다. 개가 조를 때 무시함으로써 이러한 행동을 한다고 해서 보상을 받는 것은 아니라는 사실을 일깨워 주어야 한다.

서 있으라고 명령할 때 재미있는 놀이를 하듯 명령한다. 보상도 해준다. 열 번 정도 하고 나면 개도 긍정적으로 생각하게 된다.

대부분의 개들은 위의 훈련방법에 잘 적응한다. 당신의 개를 처음 훈련시킬 때를 상기한다면 이제 무엇을 하면 안 되는지 알게 될 것이다.

길들이는 방법

- 무관심하게 행동한다.
- 여러분이 앉는 의자에 시트로넬라 향 스프레이를 뿌린다.
- 오렌지나 레몬 껍질을 손에 문지른다.
- 훈련용 디스크나 향기 분사식 목줄은 전문가의 지시에 따라 사용한다.
- 가족 모두가 일관성 있게 행동한다.

PART 8

제발 그 구두만은 참아줘!

뭐든지 물어뜯는 우리 강아지

개들은 왜 물어뜯을까?

자기가 가장 좋아하는 슬리퍼를 개가 물어뜯는다면 좋아할 사람은 아무도 없다. 개의 관점에서 보면 맛있는 가죽이나 부드러운 물건을 물어뜯는 것은 전혀 잘못된 일이 아니다. 개가 냄새와 맛으로 모든 물체를 감지하는 것은 당연한 일이고, 또 재미도 있다. 우리는 그 상황을 이해는 하지만 막상 자신이 아끼는 물건을 물어뜯는다면 화가 난다. 개들은 우리가 아끼는 물건을 우리와 같은 가치로 보지 않음을 기억해야 한다. 개에게는 새 슬리퍼나 낡은 슬리퍼나 별다를 것이 없다. 또한 부드러운 장난감과 고급 천으로 만든 장식품을 구별할 수도 없다.

물어뜯는 행동의 세 가지 요인

- 본능이다 : 강아지가 새로운 세상을 탐색하는 것은 당연한 일이다. 될 수 있는 한 많이

물어뜯는다.

- 따분하다 : 충분한 활동량 없이 성견이 되면 집 안의 물건이 모두 개의 장난감에 불과하다.
- 혼자 있어 두렵다 : 물어뜯는 이유 가운데 가장 대표적인 것이다. 가족과 헤어져 혼자 있으면 스트레스를 받게 되고 물어뜯을 대상을 찾는다. 이럴 때는 대소변을 가리지 않거나 짖거나 낑낑거릴 수도 있다. 만일 이런 강아지를 키운다면 제5장에 나와 있는 두려움을 이기는 방법을 써보는 것이 좋다.

무엇보다 예방하는 것이 가장 좋은 약이다. 많은 사람이 이런 문제를 안고 있는데, 해결해야 할 때까지 방치하지 말고 미리 예방하는 것이 최선이다.

예방하기

강아지와 새로 온 강아지

보호받지 않고도 혼자 있을 수 있는 능력을 키워주어야 한다. 어려서부터 연습하면 가능하다. 강아지가 혼자 있는 것에 적응할 수 있도록 1시간까지 혼자 있는 연습을 시킨다. 항상 곁에 두기보다는 외출하면서 또는 집에 있더라도 정원이나 다른 방에 혼자 있게 한다. 이렇게 하면 주인과 떨어진다는 사실이 그리 무섭지 않은 일이라는 것을 깨달아 두려움을 미리 예

집에 돌아왔을 때 어떤 물건을 물어뜯어 놓은 것을 보고 야단치는 것은 의미가 없다. 주인이 아무리 화를 내도 일이 끝난 다음에는 자신이 방석을 물어뜯었던 것과 연결짓지 못하기 때문이다.

이런 종류의 파괴 행위는 혼자 버려졌다는 두려움 때문에 일어난다.

방할 수 있다. 특히 혼자 살면서 강아지를 키우는 사람이라면 이런 훈련이 더욱 필요하다.

강아지가 새로 오면 처음 몇 달 동안, 버릇 들일 때까지는 절대 집 안 전체를 자유롭게 다니게 해서는 안 된다. 대부분의 파괴 행위는 주인이 없을 때 일어난다. 강아지의 자유를 제한하면 장소가 국한되므로 버릇 들이기도 쉽다. 물어뜯을 수 있는 것과 물어뜯어서는 안 되는 것을 확실하게 가르쳐야 한다. 강아지가 구별할 수 있는 단계가 되면 그때 자유롭게 풀어준다.

재우기

외출하기 전에 운동을 시켜 힘을 빼는 것도 좋은 방법이다. 그러면 집 안을 돌아다니기보다는 웅크리고 자는 쪽을 택할 것이기 때문이다. 피곤하면 물어뜯지 않는다!

외출하기 전에 먹이를 주는 것도 한 방법이다. 그러나 먹이를 주기 전에 밥그릇을 깨끗이 비울 만큼 활동량이 많아야 한다. 배부른 개는 무엇인가 물어뜯기보다는 늘어져 잠을 잔다.

개장 이용

강아지를 집에 데리고 오면 첫날부터 개장에 익숙해질 수 있도록 배려한다. 개장에 좋아하는 뼈나 장난감 또는 껌을 넣어줌으로써 주인이 없는 동안 개장에 있는 것이 감옥처럼 느껴지는 것이 아니라 안식처가 되도록 해주어야 한다. 하지만 집에 돌아와서는 남은 껌을 수거해 다음 외출할 때 사용한다. 그렇지 않으면 껌에 대한 흥미를 잃게 된다.

하루에 한두 번쯤은 개장에다 먹이를 주어 개장과 친숙하게 만들어준다. 그래서 주인이 외출한 뒤 혼자 있어도 세상의 끝이 아님을 가르쳐줄 필요가 있다.

"누구요, 저요?" 집에 돌아와서 집이 어질러져 있다고 해서 화를 내면 개는 이런 반응을 보일 것이다. 개는 주인을 만나 반가울 뿐, 자신이 한 일과 주인의 반응을 연관짓지 못한다. 단지 반갑게 맞아주기를 바라는 개는 혼란스러울 뿐이다.

도구 이용

개가 어떤 물건을 물어뜯는 행위는 주로 집에 아무도 없을 때 일어나기 때문에 벌을 주기가 쉽지 않다.

Tip

물어뜯는 버릇 고치기

- 가족과 떨어져 지내는 연습을 시킨다.
- 어렸을 때, 버릇을 들일 때까지 다닐 수 있는 곳을 제한한다.
- 운동을 시켜 힘을 뺀 후 주인이 외출한 사이 개가 잠잘 수 있게 한다.
- 외출하기 전에 밥을 주면 배가 불러 잠을 자게 된다.
- 개장을 이용한다. 거부감이 생기지 않도록 내부를 흥미롭게 꾸며주어야 한다.

이런 행동은 주로 주인이 집을 비울 때 일어난다. 혼자 있다는 두려움 때문에 좌절하기 때문이다.

일이 모두 끝난 뒤 벌을 주는 것은 개에게는 아무런 의미가 없다. 외출했다가 집에 돌아왔을 때 잠든 강아지 옆에 물어뜯긴 물건들이 난장판이 되어 놓여 있다면 당장 화가 나는 것은 당연한 일이다. 그러나 주인이 오자마자 화를 내도 강아지는 주인이 왜 화를 내는지 전혀 모른다는 게 문제이다. 이럴 때 주인이 화를 내면 오히려 개를 혼란스럽게 할 뿐이다. 이 상황에서 여러분이 해야 할 일은 집 안 청소를 깨끗이 하고 기초 훈련을 다시 시작해 개의 문제점을 파악하고 해결하는 일이다. 만일 집에 있을 때 물어뜯는 행동을 목격했다면 다음과 같은 방법을 쓴다.

이렇게 물어뜯는 현장을 목격했다면 "안 돼." 하면서 물총이나 훈련용 디스크를 사용해 막는다.

물총이나 분무기를 여러 개 준비해서 집 안 곳곳에 둔다. 물건을 물어뜯는 현장을 보면 개의 머리에 물을 분사하면서 "안 돼!"라고 명령한다(명령하지 않고 물만 분사해도 좋다). 물건을 물어뜯은 결과로 싫어하는 물세례를 받는다면 그 행동이 조금씩 줄어들 것이다. 이 방법 또한 강아지나 버릇이 초기단계에 이른 개에게만 유용하다. 혼자 있는 두려움 때문에 물어뜯는 버릇을 가진 개에게는 그리 큰 효과를 보지 못한다.

더 확실하게 안 된다는 메시지를 전하고 싶다면 물어뜯는 현장을 봤을 때 훈련용 디스크나 열쇠 꾸러미를 개 가

까이에 던진다. 소리 때문에 놀라서 물어뜯던 행위를 그만둔다.

물총이나 훈련용 디스크를 사용할 때 기억해야 할 것은 개가 무엇인가를 물어뜯는 그 순간을 포착해야 즉각 교정이 가능하다는 점이다.

강아지를 손으로 때리거나 안고 소리를 지르는 것은 좋지 않은 방법이다. 이렇게 혼내는 것조차도 보상으로 착각해 더 많이 물어뜯는 경우가 생길 수 있다. 영리한 개들은 어떤 형태로든 주인의 관심만 끌면 된다고 생각한다.

스프레이 이용

개가 본능적으로 식탁 다리나 신발 등 특정한 물건만 물어뜯는다면 먼저 물기 방지 스프레이를 뿌려본다. 개에게 쓴맛이 나는 이런 물건들을 물어뜯는 일은 즐겁지 못한 경험이 되므로 그런 행동은 점차 줄어든다.

단호한 목소리로 "안 돼." 하고 명령은 해도 좋지만 절대 소리를 지르거나 때려서는 안 된다.

강아지를 분양받아 데리고 왔다면 약 2주간은 하루에 한두 번 부엌에 있는 가구 아랫부분에 물기 방지 스프레이를 뿌려둔다. 강아지가 집에 와서 무엇이든 물어뜯으려다 쓴맛을 보면 좋지 않았던 경험으로 남게 되어 그 행동을 반복하지 않는다.

다시 말하지만 개들은 좋지 않았던 경험을 한 행동을 자주 반복하지 않는다. 여기서 문제는 주인이다. 주인들이 스프레이 뿌리는 것을 잊기도 하고 가끔 한 번씩 뿌려도 된다고 생각

> **Tip**
>
> **개가 물어뜯을 때**
>
> - 물총이나 훈련용 디스크를 준비해 두었다가, 개가 물어뜯는 것을 보는 즉시 "안 돼." 하면서 야단친다.
> - 때리거나 소리 지르지 않는다.
> - 일이 끝나고 나서는 야단치지 않는다. 화가 나도 개 앞에선 참아야 한다.

가끔 먹을 것을 찾아 부엌에 있는 휴지통을 뒤지는 경우가 있다. 이런 경우에도 휴지통에 주기적으로 물기 방지 스프레이를 뿌려 개가 가까이 오지 못하게 한다.

하는데 그렇지 않다. 개의 머릿속에 이 물건들은 항상 쓴맛이 난다는 것을 각인시켜야 하기 때문이다.

스프레이는 개가 보지 않을 때 매일 뿌리는 것이 좋다. 스프레이를 뿌린 다음에는 창문을 열어 약 10분간 환기시킨 다음 개를 들어오게 한다. 이렇게 하면 방 전체에서 이 냄새가 나는 것이 아니라 물건에서 냄새가 난다고 알게 된다. 그와 동시에 개가 좋아하는 장난감이나 먹이 장난감을 주어 즐거운 시간을 보낼 수 있게 해준다. 그러면 개는 물어뜯어서는 안 될 물건을 피해 자신이 물어뜯을 수 있는 것만 골라서 물어뜯게 된다.

강아지가 물어뜯는 시기가 되면 전깃줄에도 매일 스프레이를 뿌려 위험을 미리 방지한다. 강아지가 있으면 모든 전깃줄

가구나 전깃줄, 슬리퍼와 구두, 바구니 또는 오븐용 장갑도 개가 물어뜯기 좋아하는 품목이다.

가죽구두와 같이 개가 물어뜯기 좋아하는 물건에는 잊지 말고 정기적으로 스프레이를 뿌려둔다. 하루 이틀 훈련시키고 그만두는 것은 아무런 효과가 없다.

을 보이지 않게 숨기든가 아니면 모든 플러그를 뽑아놓는다. 강아지가 씹기 좋아하는 다른 물건들도 손에 닿지 않게 치우는 것이 최선의 예방책이다.

아무리 훈련시켜도 고쳐지지 않는 심각한 경우라면 몇 달 동안이라도 버릇이 교정될 때까지 개집을 밖에 내놓는다. 아니면 집 안에 개 운동장을 설치해 개의 행동반경을 제한한다. 그러기 위해서는 한정된 공간을 이용하는 습관이 들어야 한다. 하루에 두세 번씩 약 5분간

고집 센 개들은 개집을 밖에 내놓고 한동안 집에 들어오지 못하게 하든지, 아니면 한쪽 구석에 개 운동장 등을 설치해 행동에 제한을 둔다.

이렇게 먹을 것을 찾아 휴지통을 뒤지기 좋아하는 개에게는 개껌이나 먹이 장난감을 준다. 그래서 휴지통보다 껌이나 장난감을 물어뜯는 것이 훨씬 더 재미있다는 느낌이 들게 한다.

혼자 있도록 훈련시킨다. 좋아하는 장난감을 주면서 시간을 조금씩 늘려 나가면 개도 안전하고 집 안도 아무 문제 없는 상태에서 편안하게 외출할 수가 있다.

유용한 정보

- 개는 영리한 동물이다. 재미있는 것으로 관심을 끌면 된다.
- 이미 저질러진 일에 대해서는 야단치면 안 된다. 효과가 없다.
- 파괴 정도가 너무 심하다 싶으면 개장을 이용한다. 그러나 개장에도 2시간 이상은 혼자 두지 않는 것이 좋다.
- 특정한 스프레이의 효과가 없다면 스프레이 종류를 바꿔보는 것도 좋은 방법이다.
- 모든 휴지통을 보이지 않게 치운다.

PART 9

이건 내 손가락이거든?

물기 좋아하는 우리 강아지

물기 놀이 습관이 도가 지나치면 공격적인 성격이 형성될 수도 있다.

강아지들을 데리고 놀다 보면 주인의 손가락을 씹듯이 무는 경우가 있다. 그러나 강아지가 너무 어리고 귀여워서, 또 손가락을 무는 행위가 너무 귀여워 대부분은 그냥 넘어간다. 물어서 손가락이 아픈데도 자기를 더 사랑스럽게 보이게 하는 것은 개의 능력이다. 그러나 강아지의 이빨은 작고 날카롭기 때문에 손가락에 작은 상처가 날 수도 있고 오히려 성견이 물 때보다 더 아플 때도 있다. 그러나 성견의 이빨과는 달리

과격한 놀이를 한다거나 장난감을 놓고 줄다리기 놀이를 하는 것은 모두 무리를 지배하고 싶어 하는 마음 때문이다. 강아지들도 같은 방식으로 배운다.

크게 다치지는 않는다.

개는 음식을 먹을 때나 형제들과 어울려 물기 놀이를 할 때 이빨을 쓴다. 그러면서 얼마나 세게 물어야 하는지 배운다. 형제들끼리 물기 놀이를 하면서 서로 얼마큼 세게 물어야 상대를 다치지 않게 하는지를 배운다. 너무 세게 물면 상대가 같이 놀아주지 않는다는 것도 알게 된다.

강아지들도 형제들 사이에서 자신이 리더가 되고 싶어 한다. 그럴 때는 이빨을 무기로 사용하기도 한다. 형제들끼리 놀면서 이빨을 언제, 어떻게 사용해야 하는지 배운다. 그것은 앞으로 살아가는 데 다른 개들과의 관계에 많은 영향을 미친다. 또한 물기 놀이를 통해서 자신의 위치를 굳히고 싶어 한다. 늑대나 가정에서 키우는 개 모두 상대의 힘을 알아보기 위해 몸을 부딪친다.

아이들도 같은 행동을 한다. 너무 과격한 아이는 다른 아이들이 가까이 하지 않으려 하는 것과 같은 이치다.

우리는 귀여운 강아지와 같이 놀다 물리면 용서해주는 경향이 있다. 물기 놀이를 할 때는 잘한다고 칭찬하면 안 된다.

무는 이유

강아지가 제 어미와 형제들을 떠나 분양되어 집에 올 때, 자기의 경험도 그대로 가져온다. 물기 놀이를 하거나 핥거나 으르렁대며 입으로 하는 모든 것들이 그 증거이다. 특히 강아지들은 입을 많이 사용하는데, 그 원인은 여러 가지이다. 같이 놀던 형제가 갑자기 사람으로 바뀌면 강아지는 무척 혼란스러워한다. 이때 제대로 훈련을 시키지 않는다면 물면서 노는 것이 습관이 되어버릴 수 있다. 보통 '놀이' 라고 표현하지만 사실 놀이가 아닐 수 있다. 사람을 아프게 무는 경우, 사태가 심각해질 수도 있기 때문이다.

이런 놀이조차 훈련을 시키지 않으면 무는 것이 습관이 되어버린다. 같이 놀아주다 보면 손이 아플 정도로 무는 경우가 종종 있다. 개는 놀고 싶으면 주인의 바지나 옷자락을 문다. 이때 주인이 밀치면 같이 놀아준다고 착각한다. 물론 같이 놀아주는 사람도 있다. 하지만 이 두 가지 경우 모두 개는 물기 놀이를 허락하는 것으로 생각한다. 그리 많지는 않지만 초기에 상대를 지배하려고 으르렁대거나 무는 경우도 있는데, 이 버릇은 빠른 시일 안에 고쳐야 한다.

영장류가 손을 사용하듯 개들은 입을 사용한다. 그 행위는 수없이 많은 뜻을 내포하고 있다. 개는 사랑한다거나 만지고 싶고 맛보고 싶다는 표현 모두를 입으로 한다.

개들이 노는 모습을 보면 물기 놀이를 하면서, 특히 목 주위를 물면서 노는 경우가 있다. 그런데 같이 놀다가 한쪽에서 갑자기 공격적인 행동을 할 때가 있다. 한 녀석이 너무 세게 물었

무는 버릇을 고치지 않으면 습관이 되어버리고 만다.

개에게 입은 먹거나 짖는 것 외에도 주변 환경, 다른 동물과 사람들을 알아보는 데 쓰이는 민감한 도구이다.

Tip

물기 놀이

- 물기 놀이는 성견이 되어서까지 습관이 될 수 있다. 성견의 경우 이빨이 크기 때문에 위험하다.
- 강아지들끼리의 물기 놀이는 오히려 무는 것을 방지한다. 상대를 다치지 않게 하는 방법을 터득하는 과정이다.
- 놀다 너무 세게 물면 상대가 놀아주지 않기 때문에, 개들은 놀이를 통해서 세게 물면 안 된다는 사실을 깨닫는다.

아이들은 강아지와 노는 것을 좋아한다. 그러나 아이들과 노는 개에게 물기 놀이를 허용해서는 안 된다. 아이가 놀랄 수도 있고 놀이가 점점 과격해질 수도 있기 때문이다.

기 때문에 다른 녀석이 화가 나서 똑같이 문 것이다. 결국 놀이는 계속될 수 없고 끝을 맺는다. 먼저 물린 개는 상대와 더 이상 같이 놀려 하지 않고 무시한다. 놀이가 계속되려면 이빨을 부드럽게 사용하는 방법을 배워야 한다.

개들은 다양한 의사소통 방식을 갖고 있다. 개들의 본능은 민감해서 의사소통의 속도와 타이밍을 본능적으로 느낀다. 그러나 사람은 그렇지 못하다. 그래서 개들의 물기 놀이에 동참하기보다는 개들의 심리를 파악해 물기 놀이를 방지하는 것이 최선이다.

습관이 되기 전에

어떤 개들은 주인의 손을 살살 물면서 입에 넣는 경우가 있다. 다들 이것이 문제가 될 거라고 생각하지는 않는다. 당장은 위험하지 않지만 평생 동안 안전한 동반자가 되기 위해서는 이러한 행동도 용납해서는 안 된다. 어린아이들은 개가 아무리 살살 물어도 놀랄 수 있기 때문이다. 또한 이런 버릇이 과격한 행동으로 발전할 가능성이 높기 때문이기도 하다. 만일 과격한 행동으로 발전되기를 원하지 않는다면 처음부터 막는 편이 좋다.

대부분의 사람들은 놀이를 하다 물리든 다른 이유로 물리든 간에 물리는 것 자체를 꺼린다. 물렸을 때 사람들의 반응은 개로 하여금 물어서는 안 된다는 것을 확실하게 보여주기에 충분하다.

바짓가랑이를 물고 늘어지면 처음엔 재미있지만 그럴 때마나 지적하지 않으면 나중에 가서는 버릇이 되어 고치기 힘들 수도 있다.

개가 물면 사람은 본능적으로 뒤로 물러선다. 특히 어린아이들은 더 심하게 반응을 하기 때문에 오히려 개의 흥미를 북돋아주는 꼴이 된다. 본능적으로 손을 빼는 행동을 개는 줄다리기와 같은 재미있는 놀이로 생각한다. 그래서 아이의 손을 따라가는 것이다.

강아지가 바짓가랑이를 물고 늘어지면서 작은 소리로 으르렁거리면 신기하고 귀엽기까지 하다. 주인은 다리를 조금씩 움직이면서 놀이를 한다. 강아지는 이런 주인의 반응에 재미를 붙인다. 그런 식으로 몇 주 놀아주다 보면, 강아지는 자라 있고 그것이 습관이 되어버린다. 그때는 하지 말라고 소리 지르거나 때리는 것이 아무런 의미가 없다.

강아지나 사춘기의 개는 놀이에서도 이기고 싶어 하는 본능이 있다. 개가 공격적이면 주인은 소리 지르며 야단치는데, 이러한 태도 때문에 개는 더욱 공격적으로 변한다.

개들은 자신이 공격적이면 주인을 지배할 수 있고 놀이에서도 이긴다고 생각한다. 이것이 바로 개의 본능이다.

만일 같이 놀아주고 싶다면 장난감으로 줄다리기 놀이를 한다. 반드시 주인이 이겨야 한다.

줄다리기 놀이

시중에 나와 있는 장난감들은 사람과 개가 같이 즐길 수 있는 디자인으로 고안되었다. 예를 들어, 줄다리기 놀이를 할 수 있는 단단한 로프 형태의 장난감은 몇 가지 규칙만 제대로 지켜 사용하면 안전하다. 놀이에서는 항상 주인이 이겨야 하고 그 사실을 개가 인정해야 한다. 주인이 놀이를 그만두고 싶으면 언제든지 장난감을 치울 수 있는 권한을 갖고 있어야 한다. 그러나 12세 미만의 어린이가 개와 줄다리기 놀이를 하는 것은 권장할 만한 일이 아니다. 만일 꼭 하고 싶다면 어른이 옆에서 지켜보거나 앞에서 말했던 몇 가지 규칙을 잘 지켜야 한다.

여러분이 보기에 개가 너무 흥분하여 공격적으로 변하면 바로 놀이를 그만두어야 한다. 그래야 안전하다. 제3장에 통제 불가능한 개를 어떻게 다루어야 하는지 그 방법이 나와 있으니 한 번 더 읽어보는 것이 좋다.

테리어 종류나 보호견 종류도 지배하려는 본성이 강하기 때문에 잘 감시해야 한다. 테리어 종류는 장난감을 마치 쥐를 물고 흔들듯이 흔들어대는데 그것이 테리어 견종의 본능이다. 물고 있는 것이 사람의 손이 아니라면 이런 행동은 안전하다. 내가 경찰견을 훈련시킬 때는 범인에게 덤벼 들어 무는 방법을 가르쳤다. 여기서 주로 사용했던 훈련도구는 로프 형태의 도구였다. 로프는 범인을 잡는 경찰견을 훈련시키는 도구이므로 우리가 이 장난감을 개와 함께 어떻게 잘 갖고 노느냐가 문제이다.

장난감을 마구 흔드는 것으로 보아 이 테리어 종이 본능적으로 사냥개라는 것을 말해주고 있다. 사냥개는 이런 식으로 쥐를 죽이기도 한다.

입으로 하는 놀이는 "안 돼."

이 훈련은 강아지에게 알맞다. 하지만 성견이라고 해도 새로 집에 데려온 개에게는 유용하게 쓰인다. 첫째 날부터 입으로 하는 놀이는 절대 피한다. 만일 개가 주의를 끌기 위해 물기 놀이를 하자고 하면 무시하고 자리에서 일어나거나 개의 목덜미를 잡고 눈을 약 2초 동안 바라보면서 단호하

"안 돼."라고 단호하게 명령하고 무시한다. 계속 조르면 일어나서 다른 곳으로 간다.

이렇게 크기가 다른 개들 사이에서는 물기 놀이가 문제가 된다.

게 "안 돼."라고 한다. 명령은 분명하고 단호하게 해야 한다. 그러고 나서 개를 놓아주고 무시한다. 6~18주 된 강아지에게 이런 식으로 하면 물기 놀이를 하지 않게 되고 "안 돼."라는 명령도 확실하게 알아들을 수 있게 된다. 강아지나 사춘기 개의 물기 놀이가 이미 어느 수준에 올라 과격해져 주인의 명령에도 아랑곳하지 않을 때 야단을 치면 오히려 더 과격해진다. 그러므로 "안 돼."라고 짧고 단호하게 명령하고 무시해 버린다.

성견의 경우 주인이 집에 같이 있을 때는 리드줄을 묶어둔다. 이것은 물기 놀이를 즐겨하는 개에게 효과가 좋다. 줄을 잡아당기면 무는 행동을 저지할 수 있기 때문이다. 리드줄을 고리에 걸어 행동을 제한하여 물기 놀이를 계속할 수 없게 만든다. 대형견의 경우(강아지는 제외하고) 줄을 자주 당겨서 조정한다. 여기서 주의할 점은 개의 목을 다치게 해서는 안 되고 개의 행동만 저지해야 한다.

물기 놀이를 할 때마다 목에 자극이 오기 때문에 개는 이 놀이에 관심을 잃어간다. 다시 놀이를 시작하려 하면 "안 돼."라고 명령하고 줄을 다시 당겨 자극을 준다. 그런 다음 하던 일을 계속한다. 개가 놀이를 또 하려 하면 이 과정을 다시 반복한다.

특히 어린아이가 있는 집에서는 무는 행위를 절대 용납해서는 안 된다.

리드줄을 이용하면 개의 몸을 만지지 않고도 통제할 수 있기 때문에 과격해지는 것을 예방할 수 있고, 또 그것이 보상이라는 오해도 없다. 절대 때리거나 소리 지르면 안 된다.

Good Dog Training

성견을 길들일 때는 집에서도 묶어두는 것이 좋다. 개가 물기 놀이를 시작하면 줄을 당겨서 못하게 하고 문고리에 걸어놓는다.

개들은 우리보다 본능적으로 운동신경이 발달해 있어 어설프게 때리려다 못 때리는 경우가 있다. 이렇게 되면 개들만 즐겁게 만든다.

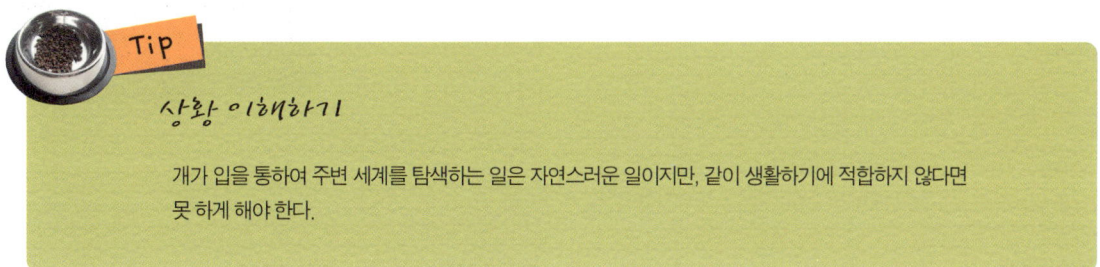

Tip

상황 이해하기

개가 입을 통하여 주변 세계를 탐색하는 일은 자연스러운 일이지만, 같이 생활하기에 적합하지 않다면 못 하게 해야 한다.

복종훈련

물지 못하게 하는 가장 고전적이면서도 효과적인 훈련방법은 역시 복종훈련을 시키는 것이다. 강아지가 생후 6주 정도 될 때부터 훈련을 시작해서 "엎드려.", "기다려."에 초점을 둔다. 이 훈련이 완벽하게 되면 개가 물려고 할 때 엎드리게 하면 된다. 물론 쉬운 일은 아니다. 그러나 개를 키운다는 것 자체가 쉽지 않고 시간을 투자해야 하는 일이다. 힘든 시기가 지나면 개와 같이 있는 것이 더욱 즐거워진다. 그리고 주인이 리더답게 행동하면 개는 주인을 더욱 존경하게 된다.

가족과 개 사이에 아무런 문제가 없으면 무척 행복하다. 관계가 제대로 성립되려면 개는 주인을 믿고, 주인은 개를 통제할 수 있어야 한다.

부드러운 장난감에 정신을 빼앗길 수도 있다. 물기 놀이보다 장난감이 더 재미있음을 깨닫게 해준다.

다른 놀이 하자

물기 놀이를 하려고 할 때 장난감이나 공을 던져서 개의 주의를 끈다. 이 놀이는 공원이나 정원 또는 집 안에서도 괜찮다. 소리나는 장난감이라면 더 좋다. 손을 물려고 할 때 장난감을 주어 관심을 다른 데로 돌리면

Tip

놀이 방향 바꾸기

- 물 때 반응을 보이지 말고 무시한다.
- 가장 좋아하는 장난감으로 주의를 끈다.
- 물기 방지 스프레이를 뿌려, 좋지 않은 경험을 하게 한다.

Good Dog Training

1 무는 습관을 고칠 수 있는 가장 효과적인 방법은 어린 시절 철저하게 복종훈련을 시키는 것이다.

2 "엎드려.", "기다려." 복종 훈련이 되어 있으면, 강아지가 원치 않는 행동을 할 때 제어할 수 있다.

3 명령에 복종했을 때 먹이를 주는 것은 좋은 버릇을 들이는 데 효과적이다.

개들은 쓴맛을 싫어한다. 산책 하면서도 손을 무는 개라면 산책 나가기 전에 리드줄과 손에 스프레이를 뿌린다.

물기 놀이를 점점 안 하게 되고 개에게 이빨의 용도를 알게 하는 효과도 있다.

어떤 개들은 산책을 하면서도 리드줄을 잡고 있는 주인의 손을 무는 경우가 있다. 그럴 때에는 줄을 잡아당기고 무시한 채 계속 걷는다. 절대 눈을 마주치지 않는다. 이런 일이 반복되면 주인의 손을 무는 일이 즐겁지 않다는 것을 알게 된다. 물기 방지 스프레이를 사용해도 좋다. 산책 나가기 전에 손과 끈에 스프레이를 뿌린다. 이 방법은 거의 모든 개들에게 효과가 있다. 확실한 훈련을 위해서는 몇 주 동안 계속 뿌리고 다니는 것이 좋다.

여러분이 집에서 소파나 바닥에 앉아 있을 때 개가 손을 물려고 하는 경우가 있다. 이때 역시 쓴맛이 나는 물기 방지 스프레이를 뿌리면 그런 행동이 없어진다.

무는 버릇 고치기

- 개가 물기 좋아하는 옷이나 아이들 팔에 스프레이를 뿌려, 무는 행동은 곧 쓴맛과 연결된다는 사실을 알게 한다. 스프레이는 개나 아이들 모두에게 해가 없다.
- 훈련용 디스크를 사용할 때는 사용방법을 잘 알아야 한다(제2장 참조).
- 원하지 않는 행동을 할 때는 무시한다. 아무 반응을 보이지 않는다.

PART 10

널 점프의 달인으로 인정하마!

자꾸 뛰어오르는 우리 강아지

개들은 얼굴과 얼굴을 맞대는 것에 집착한다. 얼굴과 입술을 핥고 씹기를 좋아한다. 개들 사이에서 이것은 중요한 사회적인 행동이다. 반갑다는 인사이기도 하고, 어미 개에게 먹이를 달라고 요청하는 것이기도 하고, 또 복종의 의미도 있다. 사람과 개는 높이가 다르기 때문에 뛰어올라서라도 얼굴에 접촉하고 싶어 한다. 작은 개들은 주인이 자리 잡고 앉으면 얼굴을 핥기 위해 온갖 수단을 다 쓴다. 하지만 대형견이 어린아이나 노인에게 뛰어오른다면 무척 위험할 것이다.

다른 버릇과 마찬가지로 이 버릇도 어릴 때부터 시작된다. 강아지는 작기 때문에 허리를 굽혀 보살피거나 안아주어, 얼굴을 핥을 수 있는 가장 좋은 조건을 만들어 준다. 개가 커가면서 얼굴을 향해 뛰어오르는 것은 당연한 일이다.

개들은 주인의 얼굴 가까이 다가가고 싶어 한다. 만일 크고 힘이 센 개들이 이런 식으로 행동하면 주인이 균형을 잃고 넘어질 수 있기 때문에 위험하다. 날카로운 발톱은 강아지가 긁을 때 아플 수 있으므로 바로 깎아준다.

강아지는 주인의 얼굴을 핥는 것을 좋아하고 코를 입에 대는 것을 좋아한다. 이런 행동은 늑대로부터 물려받았다. 늑대는 입에 있는 음식 조각을 달라고 청할 때 이런 행동을 한다.

행동 통일

여기서도 마찬가지로 훈련하는 동안 가족과 손님 모두가 행동을 통일해야 한다. 같은 명령어를 쓰고 반응도 같아야 한다. 그렇지 않으면 효과가 떨어진다. 그리고 아이들에게도 어른이 어떻게 행동하라고 반드시 가르쳐야 훈련이 가능하다.

네 발로 서게 하라

어릴 때부터 사람의 얼굴을 핥지 못하게 해야 한다. 특히 아이들이 있으면 더욱 그렇다. 위생적인 면에서도 그렇지만 위험할 수도 있기 때문이다. 큰 개들은 사람을 쉽게 넘어뜨릴 수도 있다.

개를 반길 때 "앉아."라고 명령한다. 그리고 네 발로 서 있을 때만 반겨주고 칭찬해준다. 뛰어오르면 아무 말도 하지 않고 움직이지도 않고 무시한다. 이런 주인의 태도는 강아지를 지루하게 하기 때문에 뛰어오르는 일은 재미없다고 느끼게 된다. 가족 모두, 그리고 집에 오는 손님까지 일심동체가 되어 같은 반응을 보이면 얼굴 핥는 버릇은 없어진다.

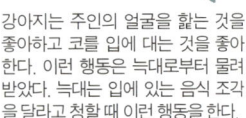

이렇게 네 발로 서 있는 개에게는 간식을 주어도 좋다.

개가 때와 장소, 사람을 가리지 않고 공공장소에서도 사람들에게 뛰어오른다면 통제하기 힘들어진다. 개를 좋아하는 사람들이 귀엽다고 만져주기 때문이다. 특히 아이들은 강아지를 보면 예뻐서 가만히 있지를 못한다. 그럴 때는 목줄과 리드줄을 이용하여 훈련시킨다.

개는 주인이 때리거나 밀치는 것조차 칭찬이나 놀이라고 생각하기 때문에 좋은 방법이 아니다. 이런 버릇을 초기에 고치지 못하면 날이 갈수록

Good Dog Training

1. 뛰어오르는 개를 훈련시킬 때는 가족 모두가 같은 명령어를 써야 한다.

2. 아이들이 "앉아." 같은 명령을 잘 하도록 부모가 옆에서 도와준다.

더 심해져 결국 포기하게 된다.

자주 안아주지 마라

우리가 보통 앉아 있을 때 개가 앞발을 무릎에 대면서 뛰어오르면 자연스럽게 몸을 구부려(자극 1) 만져주거나(자극 2), 더 나아가서는 무릎에 앉히기 위해 안아 올린다(자극 3). 이 세 가지 자극 때문에 개는 계속해서 뛰어오르려고 한다. 안아주었다가 금방 다시 내려놓는다고 해도 개는 중요한 사실을 깨닫는다. 뛰어오르면 보상이 따른다는 것을 알게 되는 것이다. 개는 사람과의 접촉을 좋아한다.

하지만 개는 어릴 때는 안아주지만 자라면 안아주기 어렵다는 것을 이해하지 못한다. 개들은 흑백 논리를 따른다. 상황에 따라서 되고 안 되는 것은 있을 수 없다. 어떤 사람에게는 안겨도 되고, 또 어떤 사람은 안 된다는 것도 절대 이해하지 못한다.

멀리 내다보고 우리가 진정 원하는 것이 무엇인지 잘 생각해서 개가 어렸을 때부터 훈련시켜야 한다. 지금 당장 예쁘다고 다 받아주면 안 된다는 이야기다.

개와 놀아줄 때는 바닥에 같이 앉아 노는 것이 좋다. 그러면 서로 간의 사이도 더 좋아지고 동시에 주인이 가까이 있기 때문에 뛰어오르는 것도 방지할 수 있다.

아이들이 바닥에 앉아 개와 놀아주는 것은 아주 좋다. 같은 눈높이에 있기 때문에 더 이상 뛰어오르지 않기 때문이다.

눈도 마주치지 마라

강아지를 뛰어오르게 하는 자극제를 될 수 있는 한 모두 제거한다. 예를 들어, 외출했다 돌아왔을 때 강아지가 뛰어오른다면 주인은 들어오면서 절대 반가워하지 않는다. 들어올 때마다 15분간 무시해 버린다. 될 수 있는 한 움직이지 말고 눈도 마주치지 않고 인사도 하지 않는다. 처음엔 쉽지 않을 것이다. 항상 반갑게 대해주던 주인의 태도가 갑자기 돌변하면 강아

Good Dog Training

의자에 앉았을 때 개가 뛰어오르면 접촉을 피하고 자리에서 일어난다. 그리고 개가 네 발로 설 때까지 무시한다.

지는 혼란스러워할 것이다. 주인이 저리가라고 손으로 밀치지도 않고 안아주지도 않는다면 강아지는 아무런 보상도 없기 때문에 뛰어오를 이유가 없다고 생각한다. 15분 정도 무시하다가 강아지를 불러 앉으라고 명령한 뒤 보상을 해준다. 이렇게 하면 강아지가 과도하게 흥분하는 일은 없다.

주인이 무시한다고 해서 개가 서운해하지는 않는다. 살아가면서 이 훈련방법은 여러모로 유용하게 쓰인다. 개가 갑자기 뛰어오르면 바로 뒤돌아 나간다. 눈도 마주치지 않고 명령도 하지 않는다. 조용해지면 불러 앉히고 칭찬해준다. 만일 다시 흥분하면 또 다시 무시한다. 그러면 개는 조용히 앉아 있을 때만 칭찬해준다는 사실을 깨닫게 된다.

앉아!

위에서 설명한 '무시' 하는 방법과 함께 복종훈련을 병행한다면 성공할 가능성이 아주 높다. 앉는 훈련이 되어 있다면, 뛰어오를 때마다 "앉아."라고 명령한다. 명령에 복종하면 칭찬해준다.

뛰어오른다고 보상이 따르는 것은 아님을 알려주어야 하고, 그렇게 하면 항상 무시당한다는 것을 알게 한다. 개는 자신이 원하는 것을 얻기 위해서는 조용히 앉아야 한다는 사실을 깨닫게 된다. 항상 주인이 확실하게 행동해야 이런 훈련이 성공한다는 사실을 절대 잊어서는 안 된다.

예방하기

- 개가 뛰어오르더라도 소리를 지르거나 때리거나 밀치지 않는다. 오히려 무시한다.
- 네 발로 서 있을 때만 칭찬해준다.
- 줄을 이용하여 공원에서 다른 사람들에게 뛰어오르는 것을 방지한다.

1 개는 반갑다고, 놀아달라고 주인에게 뛰어오른다.

2 "앉아."라는 명령에 복종했을 때만 칭찬해주고 보상한다.

장난감과 공으로 훈련시키기

개가 장난감이나 공을 던져 주워오는 놀이를 좋아한다면 산책 나갈 때 장난감이나 공을 가져간다. 그 대신 집에서는 장난감이나 공을 주지 않는다. 지나가는 사람들에게 원치 않는 행동을 하려 들면 불러서 장난감을 던져준다. 이때 무엇보다 타이밍이 중요하다. 누군가에게 뛰어오르기 전에 개의 관심을 돌려 놓아야 하기 때문이다. 신호로 호각을 불어도 좋다.

개를 제어하기 힘들면 공을 가져왔을 때 앉으라고 명령하고 줄을 맨다. 그런 다음 개의 목

표물(뛰어오르려고 한 사람)에서 멀리 떨어진다. 개를 데리고 가면서 공을 보여주어 흥미를 돋아준다. 약 50m 정도 가서 줄을 풀고 공을 가져오라고 던진다. 줄을 맨다고 해서 산책이 끝나는 것이 아님을 알게 되고 주인의 행동을 예측할 수 없는 상황이 되면, 그때부터 개가 주인에게 집중하기 때문에 통제할 수 있다.

너무 냉정해 보이지만, 이렇게 해야 개가 뛰어오르는 행동이 아무런 보상도 없다는 사실을 깨닫게 된다.

분무기와 알람 목줄로 훈련시키기
고집 세고 통제 불가능한 개에게만 사용

물총이나 분무기(스프레이), 알람 목줄은 오랫동안 뛰어오르는 버릇을 버리지 못하는 개, 또는 너무 커서 사람을 다치게 할 가능성이 있는 개에게 좋다. 만일 근본 원인을 파악할 수 있다면 그 원인을 제거하는 것이 가장 좋다.

집 안 여러 곳에 분무기를 비치해둔다. 외출했다 집에 들어올 때마다 개가 뛰어오른다면 들어오자마자 "안 돼."라고 하면서 현관에 둔 분무기로 얼굴에 물을 뿌린다. 이 과정을 반복하면 물세례가 싫어서 더 이상 뛰어오르지 않는다. 알람 목줄은 리모컨으로 작동 가능한데, 개가 뛰어오르려는 순간 작동시키면 소리에 놀라 행동을 멈춘다.

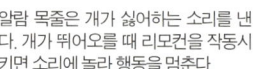

알람 목줄은 개가 싫어하는 소리를 낸다. 개가 뛰어오를 때 리모컨을 작동시키면 소리에 놀라 행동을 멈춘다.

1 산책 나갔을 때 지나가는 사람에게 뛰어올라 어려움을 겪는다면 공이나 좋아하는 장난감을 가져간다. 지나가는 사람에게 뛰어오르려고 하면 공이나 장난감을 던져 가져오는 놀이를 한다.

2 장난감을 가져오면 칭찬해 준다. 이 놀이를 하면 개가 지나가는 사람에게 관심을 갖지 않는다.

냄새와 맛으로 훈련시키기

고집 세고 통제 불가능한 개에게만 사용

물총이나 분무기뿐만 아니라 무독성의 쓴 사과 향 스프레이 또한 뛰어오르는 개에게 효과적이다. 이것은 아이들이나 어른 모두에게 안전하고 좋은 방법이다.

　아이들에게 처음부터 개가 뛰어오르지 못하게 훈련시켜야 한다고 일러주는 일도 중요하다. 아이들은 개를 훈련시키는 데 인내심과 시간을 가지고 대해야 한다는 사실을 이해하지 못하는 경우가 많다. 당신이 같이 있을 때 개가 아이에게 뛰어오르려 한다면 스프레이를 뿌린다(아이가 직접 스프레이를 분사할 수 있는 나이가 되었다면 주의사항을 일러주고 직접 하게 한다).

보상 대신 쓰디쓴 스프레이 맛을 본 개는 지금까지 해오던 행동에 제동이 걸린다. 대부분의 개들은 뛰어오르는 일이 유쾌하지 않다는 걸 느낀다. 확실한 효과를 얻으려면 여러 번 반복한다.

집 안에 묶어 두기

밖에 나갈 때는 당연히 리드줄을 사용한다고 생각하면서도 집 안에서 리드줄을 사용할 수 있다고는 미처 생각하지 못한다. 하지만 줄을 사용하는 데 익숙해진 개라면 줄을 묶으면 주인을 잘 따른다. 그래서 손님이 올 때 줄로 묶어 두면 손님에게 뛰어오르지 못하게 할 수 있다. 개가 손님이 오면 흥분해서 뛰어오른다고 해도 리드줄을 사용해서 통제할 수 있기 때문에 아주 유용하다.

물총이나 분무기는 무척 효과적이다. 당신이 원치 않는 행동의 희생자가 된다면 "안 돼."라고 명령하면서 분무기로 물을 뿌린다.

장난감이나 공을 이용해 훈련시키려면 집에서는 장난감이나 공을 절대 주지 않는다. 그래야 산책할 때 즐거워한다.

1. 먼저 개를 문에서 멀리 떨어져 앉게 한다. 손님을 향해 뛰어오르면 줄을 당기면서 "안 돼."라고 명령한다. 손님을 거실로 안내하면서 개를 뒤따르게 한다. 흥분이 가라앉더라도 리드줄은 풀지 않는다. 약 15분 정도 지났는데도 조용하면 그때 줄을 풀어준다. 손님에게도 개를 보고 너무 좋아하지 말라고 미리 귀띔한다. 그렇지 않으면 개가 다시 흥분하기 때문이다.
2. 통제할 수 없는 개라면, 벽에 준비해둔 고리나 문고리에 묶어 약 15분간 그대

로 둔다. 조용해지면 풀어주고 손님에게도 무시하라고 일러둔다.

어떤 방법이 좋을까?

훈련용 디스크에 익숙한 개라면 뛰어오르지 못하게 할 때도 디스크를 사용한다. 제2장을 보면 디스크 사용법이 나와 있으니 참고한다. 묶어두는 방법은 제3장에 나와 있다. 온 집 안을 지배하려 하고 손님이 오면 흥분하는 개들에게 이런 방법을 사용하면 좋다.

어떠한 방법을 택하든, 결국 개는 어떻게 키웠느냐에 따라 성격과 행동이 크게 달라진다. 개를 키우는 사람이라면 개의 본능을 이해하려고 노력해야 하고, 복종훈련 또한 제대로 시켜야 한다. 명령에 복종하는 개들은 동시에 다른 행동을 할 수 없기 때문이다. 엎드리라는 명령에 복종하는 개가 동시에 뛰어오른다는 것은 있을 수 없다.

또한 타고난 성격이나 종류에 따라서 개가 보이는 행동이 다르기 때문

리드줄은 집에서 훈련을 시킬 때도 유용하다.

뛰어오르기 방지법
— 방문객을 향해 뛰어오르지 못하게 하는 방법도 포함한다.

도구
- 물총 또는 분무기
- 알람 목줄
- 물기 방지 스프레이
- 훈련용 디스크

미리 예방하기
- 목줄과 리드줄을 고리에 묶어둔다.
- "안 돼."라는 명령을 하면서 줄을 당긴다.

Good Dog Training

1 개를 뛰어오르지 못하게 하는 데 훈련용 디스크가 효과적이다.

2 뒷다리로 서서 당신의 바지를 긁으면 디스크를 강아지 옆에 던지면서 "안 돼."라고 명령한다.

3 디스크의 요란한 소리 때문에 개는 다시 네 발로 서게 된다.

Good Dog Training

1 이런 버릇을 고치는 데는 무시하는 것이 가장 효과적이다. 개가 뒷다리로 서서 무엇인가 요구할 때 주인의 목소리나 손짓, 눈빛마저도 개에게는 보상이다. 그러나 보상받지 못하고 무시당한다면 이런 행동은 더 이상 하지 않게 된다.

2 개를 무시하는 방법은 팔짱을 끼고 눈을 마주치지 않는 것이다.

3 일관성 있게 행동해야 한다. 일관성이 없으면 개를 혼란스럽게 할 뿐이다.

에 주인인 여러분이 판단해 가장 알맞은 훈련방법을 선택하는 것이 최선이다. 예를 들어, 목줄과 리드줄을 사용하면서 동시에 훈련용 디스크를 사용하는 것도 좋다. 다른 사람의 도움을 받아도 좋다.

주인에게는 자기가 키우는 개가 어떠한 행동을 할 것인지 미리 예측하고 대비해야 할 의무가 있는 것이다. 리드만 잘하면 개는 주인을 믿고 따르며 복종하게 마련이다.

유용한 정보

- 명령에 복종해 칭찬해주고 싶다면 조용하고 차분한 목소리로 한다. 강아지를 흥분시키는 목소리는 내지 않는 것이 좋다. 무시하고 하던 일만 계속한다.
- 개가 뛰어오를 때 한 번이라도 만져주었다면, 다시 뛰어오르지 않기를 기대할 수 없다.
- 가족 모두가 일관성 있게 행동해야 한다.

PART 11

그만 좀 들이대!

아무에게나 공격적인 우리 강아지

■ 사람에게 공격적인 개

여기서는 사람들에게 공격적인 개들과 두려움 때문에 공격적인 개를 다루려고 한다. 개는 본능적으로 약탈자 기질이 있기 때문에, 사회성을 배우지 못하고 제대로 훈련을 받지 않았다면 자신의 성격을 어떠한 형태로든 표현한다. 여기서는 보편적인 상황을 다루고 있기 때문에 각자 자기 개에게 맞는 훈련방법을 선택해야 할 것이다. 개의 공격적인 행동을 유형별로 나누어 보면, 사람에게 공격적인 개, 가족에게 공격적인 개, 다른 개들에게 공격적인 개, 지역적인 공격성, 소유욕이 강한 공격성, 성적인 공격성, 먹이 때문에 공격적인 개, 또 빗질할 때 공격적인 개로 나눌 수 있다.

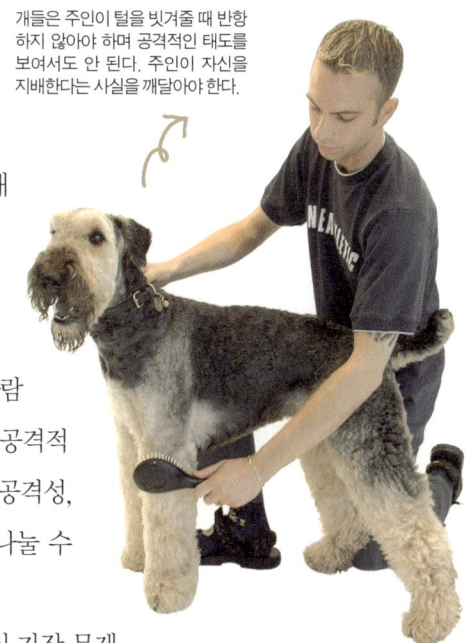

개들은 주인이 털을 빗겨줄 때 반항하지 않아야 하며 공격적인 태도를 보여서도 안 된다. 주인이 자신을 지배한다는 사실을 깨달아야 한다.

이 가운데 가족에게 공격적인 개가 가장 많은데, 이것이 가장 문제

Good Dog Training

1 힘이 좋은 개와 줄다리기 놀이를 하면 재미있다. 그러나 개는 놀이에서 꼭 이겨야 한다는 생각을 하기 때문에 위험할 수도 있다.

2 이 개는 주인이 리더임을 인정한다. 리더는 장난감을 치울 권한이 있다. 통제할 수 없는 개는 이런 상황에서 이기려 할 것이다.

가 크다. 당연히 주인들도 이 문제를 가장 심각하게 여긴다. 이런 유형의 개는 가족을 지배하려는 본능이 강하다. 그리고 그 다음으로 많이 나타나는 유형은 가족 이외의 사람을 보면 겁이 많아서 공격적으로 변하는 개다. 원인이 무엇인지 정확하게 파악하는 것도 쉬운 일은 아니다. 왜냐하면 개들은 일반적으로 다른 개를 보거나 가족 이외의 사람을 보면 약간은 공격적으로 변하기 때문이다.

> **주의사항**
> 개가 공격적인 태도를 보이면 개 조련사에게 상담하는 것이 좋다. 특히 어린아이들이 집에 있으면 더욱 그렇다.

과격한 놀이를 하지 마라

지금 키우고 있는 강아지가 통제 불가능한 개로 자라지 않게 하려면 앞에 나와 있는(52~57쪽 참조) 예방책을 따라 해야 한다. 통제 불가능한 개가 되기 전에 예방하는 것이 최선의 방법이므로 반드시 확실하게 훈련시켜야 한다. 대부분의 개는 주인을 자신이 속한 무리의 리더로서 인정하고 그 자리를 빼앗으려 하지 않는다.

강아지와 너무 과격하게 놀지 않는다. 과격한 놀이는 공격성을 키우기 때문에 강아지가 성견이 되면 돌이킬 수 없게 된다. 야생 개가 무엇을 원하는지 다시 생각해볼 필요가 있다. 바로 리더십과 확고한 위상이다. 리더는 서열이 낮은 개보다 스트레스를 덜 받을 뿐 아니라 음식이 모자라도 살아남을 확률이 높다.

복종훈련만이 개를 확실하게 통제할 수 있는 방법이다. 물기 놀이나 옷을 물고 늘어지는 행동은 절대 허용해서는 안 된다. 장난감을 갖고 놀 수 있게 해주되 치울 때는 반항하지 않게 한다. 장난감은 모두 주인이 보관하는 것임을 깨닫게 해준다.

한 가지 기억해야 할 것은 무슨 놀이를 하든 개에게 지면 안 된다. 그리고 모든 상황의 주도권은 주인에게 있음을 항상 상기시켜 준다. 놀이를 하거나 밥을 주는 것도 주인이 정하고, 주인이 털을 빗겨주고 싶을 때는 언제든지 빗겨준다. 빗질을 해줄 때도 개는 아무런 저항이 없어야 한다.

끈으로 된 장난감은 가장 널리 보급되어 있지만 이로 인하여 공격적인 개는 더욱 공격적으로 된다. 그렇지 않던 개들도 공격적인 성향을 나타낼 수 있기 때문에 특히 어린아이들이

아이들은 공격적인 개에게 다치기 쉽다. 그러나 강아지들은 무서움이 아주 극에 달하지 않는 한 공격적인 태도를 보이지 않는다.

있는 집에서는 사용하지 않는 것이 좋다. 어린아이가 힘이 없어 줄다리기 놀이에서 지면 개는 다른 가족까지 이기려 할 것이고 결국에는 공격적인 개가 될 가능성이 높기 때문이다.

같은 개라도 환경에 따라 다르다

개가 어떤 상황에서 어떻게 자기 자신을 표현하는지, 그 문제가 얼마나 심각한지 가장 잘 판단할 수 있는 사람은 바로 주인인 당신이다.

주인이나 손님을 보고 으르렁거리지만 물지 않는, 대체적으로 얌전한 개 역시 교정이 필요한 문제의 개다. 그러나 같은 개라도 어린아이가 있는 집에 데려다 놓으면 문제는 열 배로 심각해진다. 왜냐하면 아이들은 매우 과격하게 놀기도 하고 개의 입과 더 가까이 있기 때문이다. 개는 언제든지 아이들을 공격할 수 있다.

같은 개를 손님이 많지 않은 시골에서 혼자 사는 사람에게 데려다 놓으면 문제의 심각성은 훨씬 줄어든다. 같은 개라도 자극의 정도에 따라서 상황이 달라진다는 이야기다.

개를 자극하는 요소가 얼마나 있는지에 따라 또 개의 종류와 크기에 따라 문제가 달라질 수 있다. 요크셔테리어 같은 경우 잘 다루면 아무런 해가 없지만, 세인트 버나드와 같이 대형견의 경우에는 아무리 힘이 센 어른이라도 위험할 수 있기 때문이다.

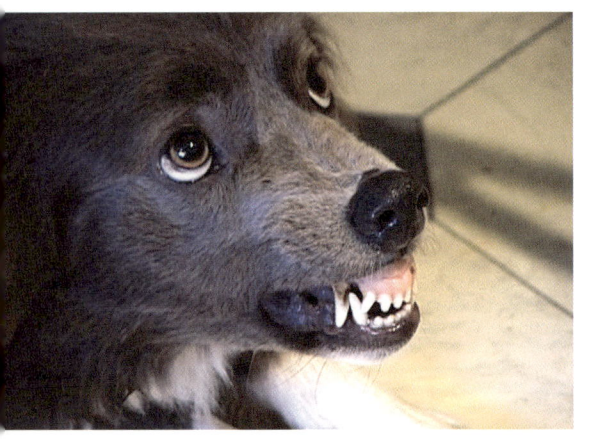

가족에게 으르렁대며 이빨을 내보이는 개를 기르고 싶진 않을 것이다. 대부분은 치유할 수 있지만 그렇지 않은 경우도 있다.

두려움 또는 지배 본능에 따른 공격성?

공격성의 종류는 개의 몸짓으로 알 수 있다. 특히 지배 본능이 강한 개의 공격성은 몸짓을 보고 확실히 알 수 있다(꼬리와 귀는 세우고, 다리는 될 수 있는 한 넓게 벌리고 서서 도전하듯 앞으로 다가오면서 눈을 떼지 않는다). 그리고 두려움이 많은 개는 보기에도 겁먹은 것처럼 보인다(머리와 몸체를 낮추고, 귀도 내리고, 꼬리는 다리 사이로 말려 들어간다. 눈을 마주치지 못하고 입을 자주 핥는 등 불안해한다). 어떤 개는 두 가지 유형을 모두 보이기도 한다. 다른 사람들에게는 두려움 때문에, 주인에게는 지배 본능 때문에 공격적이 된다.

머리를 낮추는 몸짓은 두려움 때문에 나타나는 특징이다.

지배 본능이 강한 개는 몸짓이 확실하다. "한번 덤벼 봐."라고 대드는 듯하다.

타고난 성격이다

모든 개는 기회주의자로 태어나, 틈만 나면 무리의 대장이 되고 싶어 한다. 통제 불가능한 개는 유전적으로 리더가 되고 싶은 욕구를 물려받았다.

   주인이 개를 대하는 방법, 주변 환경, 품종 등이 개의 성격을 결정하고 주인과의 관계도 결정짓는다. 즉 주인이 어떤 식으로 키웠느냐에 따라서 개의 성격이 결정된다.

   혈통 있는 개일수록 그 특성이 확연하게 나타난다. 예를 들어, 보더 콜리는 심하게 무엇인가를 따라 다니거나 쫓는 성격을 보이고, 경비견들은 자신의 영역에 누군가가 침입하면 거칠게 반응한다. 잘못 들어갔다가는 다리에 개 이빨자국이 남는 것은 안 봐도 뻔한 일이다. 작은 개들이 사나울 경우는 드물지만 두려움이 많은 개는 두려움을 사납게 표현할 수도 있다.

주인에게도 사나운 개

개들은 왜 자기를 키워주는 사람에게도 공격적으로 대할까? 사람과 같이 살면서도 늑대의 무리에서와 같이 자신의 역할과 위치를 확고히 하고 싶기 때문이다. 수놈이 암놈보다 지배 본능이 강한 것이 이를 증명해준다. 물론 그렇지 않은 경우도 있다. 지배 본능을 부모에게서 물려받은 개들은 자신의 무리를 무척 중요하게 생각하기 때문에 다른 사람들에게 사납게 군다. 하지만 여러분이 개를 어떻게 다루느냐에 따라서 정도가 달라지기도 한다.

개가 다른 사람들에게 이처럼 공격적인 태도를 보이면 큰 문제가 아닐 수 없다. 위험할 수 있기 때문이다.

갑자기 으르렁대는 개

지배 본능이 강해 사나워진 개를 키우는 주인들은 혼란스러울 때가 많다. 세상에서 가장 예쁘고 착하고 귀여운 녀석이 먹거나 쉴 때 공격적으로 변하기 때문이다. 이처럼 어떤 특수한 상황에서만 사나워지는 개는 어떤 면에서는 주인을 리더로 인정하지만 그 외의 상황에서는 리더로 인정하지 않는다. 예를 들면, 침대에서 쉬거나 먹이를 먹을 때 가까이 가면 으르렁대며 사나운 행동을 한다. 그때를 제외하고는 공격적인 태도를 전혀 보이지 않는다. 이런 개들은 지금까지 자라면서 그렇게 배웠고 긴 시간 그렇게 해왔다는 증거이다. 그러므로 죽을 때까지 그렇게 하겠다는 것이다. 개인적으로 주인을 싫어하거나 미워하지는 않는다. 단지 개는 본능적으로 행동을 하는 것뿐이다. 그러나 믿음이 바탕이 되는 조화롭고 평화로운 가족관계에서 이런 개의 행동은 있을 수 없는 일이다.

Good Dog Training

1 개의 몸짓을 보면 알 수 있다. 머리와 몸체를 낮추고 꼬리는 다리 사이로 말려 들어갔다. 두려워하는 개들의 전형적인 모습이다.

2 치유과정을 통해서 겁쟁이 개들도 다른 사람의 접근을 받아들일 수 있게 된다. 착한 행동을 했을 때 먹을 것을 주면 점차적으로 공격적인 태도는 사라지고 자기 영역 안에 다른 사람이 들어오는 것을 허용하기 시작한다.

PART 11 아무에게나 공격적인 우리 강아지 **167**

공공장소에서 사납게 덤비는 개

지배 본능이 강한 개들은 공공장소에서 낯선 사람이 가까이 다가와 쓰다듬어 주려고 하지 않는 한 공격적인 태도를 보이지는 않는다. 공원에서 격한 몸놀림을 한다거나 조깅을 하거나 어떤 놀이를 하는 사람들은 개를 충분히 자극할 수 있다. 또한 주인에게 너무 가까이 다가오는 사람도 공격 대상이 된다.

이런 상황에서 가장 좋은 방법은 복종명령을 하는 것이다. 개는 어떠한 상황에서도 혼자 알아서 판단하여 행동하지 못하도록 해야 한다.

겁쟁이 개

겁이 많아 공격적인 성향은 유전적인 요인에 영향을 받거나, 강아지였을 때 사회성을 충분히 기르지 못했거나 심하게 다친 경험이 있다거나 또는 큰 충격을 받은 경우에 나타난다. 겁이 많은 개들은 공격적인 개로 성장할 가능성이 크지만 모든 개들이 다 그런 것은 아니다.

두려움이 생기는 까닭

- 강아지가 태어난 지 5~12주쯤 된 민감한 시기에 사회성을 키우지 못했다.
- 어렸을 때 심하게 다친 경험이 있는 개, 특히 사람 때문에 다쳤을 경우 성견이 되어서까지도 두려움이 남아 있을 수 있다. 사람이 우연한 사고로 강아지를 다치게 했다면, 성견이 되어서도 그 두려움에서 완전히 벗어나지 못하는 경우가 많다.
- 유전적으로 겁이 많을 수도 있다. 어떤 견종은 두려움을 유발하는 요소를 더 많이 지니고 있다. 양치기견들이나 초소형견 중에 그런 개들이 더러 있다.

입마개를 씌워라

겁쟁이 개는 행동을 예측할 수 없기 때문에 무척 위험하다. 그런 개를 자극하는 요인은 여러 가지다. 일반적으로 다리를 저는 사람이나 뛰어노는 아이들, 공원에서 악의 없이 개를 만지고 싶어 하는 사람들이 개에게 자극을 준다. 특히 아이들은 모두 개를 보면 좋아하기 때문에 위험할 수 있다.

이럴 때는 입마개를 씌우라고 권하고 싶다. 만일 개가 사람을 물 가능성이 있거나 여러분이 완벽하게 통제할 수 없다면 입마개를 사용하는 것이 좋다. 입마개를 씌운 상태로 작은 먹이를 먹을 수 있는 새장형 입마개가 좋다. 공공장소에 나가기 1주일 전부터 집에서 입마개 채우는 훈련을 한다. 처음 입마개를 씌우는 방법은 36~38쪽을 참고한다.

안전거리를 유지하라

겁이 너무 많아 가끔 공격적인 태도로 변하는 개를 키우는 주인은 개가 무엇을 무서워하는지 알고 있어야 한다. 목표물이 3m 밖에 있을 때 반응을 보이지 않는다면 그 거리를 유지하면서 훈련을 시작한다.

탁 트인 넓은 장소에서 더욱더 안정을 찾는다면, 개와 함께 정원에 나가 있을 때 손님들을 집으로 초대한다. 이때 항상 리드줄로 개를 컨트롤할 수 있어야 한다. 넓은 정원에 있는 개는 자신이 도망칠 수 있는 공간이 확보되었다는 생각에 안심한다.

손님이 오면 모두 평소와 같이 행동하면서 개를 무시한다. 왜냐하면 개가 사람과 눈을 마주치거나 신체적으로 가까이 오는 것을 두려워하기 때문이다. 그래도 개가 얌전히 있으면 먹을 것을 슬쩍 던져준다. 방문객과 개 사이를 점점 좁혀나가면서 방

새장형 입마개를 썼다. 입마개 사이사이로 핥을 수도 있고 먹이를 먹을 수도 있다.

개를 너무 오랜 시간 바깥 세상과 격리시키면 친구를 사귈 수 있는 기회를 잃을 수도 있다. 그러므로 주인이 판단하여 적절한 시기에 바깥 세상에 익숙해질 기회를 만들어 주어야 한다.

문객이 손으로 직접 먹을 것을 주어도 괜찮을 정도로 훈련을 계속한다.

이 과정은 하루아침에 이루어지지 않는다. 꾸준히 하더라도 몇 달이라는 긴 시간이 필요한 훈련이다.

강요하지 마라

공격적인 개를 훈련시킬 때 가장 중요한 원칙은 천천히, 그리고 조용히 행동해야 한다는 것이다. 절대 강요하지 말고 다른 개들에게 하듯 친해지려고 다가가면 안 된다. 관심을 갖기보다는 무시하고 차분하게 행동하면 오히려 두려움이 감소된다.

손님이 집에 왔을 때 개가 공격적으로 대하면 손님이 무척 당황할 뿐 아니라 주인 역시 민망해진다. 특히 개를 좋아하는 사람들은 개의 호감을 사려고 안심시키는 몸짓과 말을 하며 다가간다. 물론 이 모든 행동은 개의 두려움을 증폭시

두려움을 없애는 훈련

두려움이 많은 개에게 가장 좋은 방법은 두려움이 생기지 않도록 알맞은 시기에 훈련을 통해 예방하는 것이다. 특히 태어난 지 5~12주 사이가 사회성을 길러주기에 가장 좋은 시기다. 이 시기가 지나면 두 번 다시 기회는 오지 않는다. 강아지가 태어난 지 6주가 되면 자동차로 간단한 외출을 한다. 그리고 차를 복잡한 곳에 세우고 강아지를 무릎에 앉히거나 개장에 넣어서 창문을 열고 바깥 세상을 보게 한다. 그래서 강아지가 소음, 냄새와 낯선 것에 익숙해지도록 한다. 다른 개들과는 접촉하지 않는다.

건강상의 문제가 있긴 하지만 개의 성격을 형성하는 데는 아주 중요하다. 이것은 여러분의 선택이다. 수의사와 상의하여 그 지역에 풍토병이 없는지 확인하고 외출계획을 세워본다. 그리고 사람들, 특히 아이들과 건강한 개를 같이 집으로 초대하여 그들과 어울릴 수 있게 해준다.

아이들을 초대하여 개와 같이 놀게 해주는 것은 좋은 방법이다. 개가 어릴 때 사회성을 길러주면 버릇도 좋아지고 착한 애완견으로 클 수 있다.

킬 뿐이다.

공격적인(두려움 때문이든 지배 본능 때문이든) 개가 있는 집을 방문하면 사람들은 어떤 마술이라도 걸어서 문제의 개를 조용히 시켜주기를 바란다. 이럴 때 가장 좋은 방법은 개를 철저하게 무시하는 것이다. 그러면 공격적인 개에게 물리지 않고 무사할 수 있다.

그리고 개가 흥분할 만한 행동은 절대 하지 않는다. 분위기가 차분해진 다음에는 주인과 개, 그리고 주변 환경을 살펴본다. 또 어떤 일이 주로 일어나는지도 알아본다. 어떤 개 주인은 평소에는 공격적인 자신의 개가 나와 함께 있으면 보통 때 같지 않게 안정감을 찾는다고 한다.

그 이유는 간단하다. 친해지려고 일부러 다가가는 등 개를 자극하는 행동을 전혀 안 하기 때문이다.

훈련목표
1. 끝없이 계속되는 명령 "그만 해."를 단호한 목소리로 "안 돼."라고 바꾼다.
2. 명령이 보다 확실하게 전달되도록 조용하면서도 단호하게 말한다.
3. 주인이 흥분하는 모습을 보이지 않는다.
4. 모든 상황을 제어할 수 있어야 한다.
5. 개가 여러분을 주인으로 인정할 때까지 훈련시킨다.

공격적인 태도를 고쳐라

개들이 공격적인 태도를 보이는 이유와 그 유형을 알았다면, 관심과 시간을 투자해 빠른 시일 안에 고쳐야 한다. 여기서부터는 여러분이 리드해야 한다.

앞에서 설명한 규칙을 따라 훈련하되, 조금 좋아졌다고 그만두면 다시 되돌아갈 수도 있다.

리더가 누구인지 알려줘라

모든 버릇을 고치고 싶다면 심리적인 위축훈련이 매우 중요하다. 어떤 유형의 공격성이든 간에 이 과정은 본격적으로 그 부류를 나누어 훈련하기 1주일 전부터 실천해야 한다. 교정 훈련방법은 모두 안전하므로 마음 놓고 실행한다. 실패하지 않고 버릇을 고치려면 가족 모두가 일관성 있게 행동하는 것이 중요하다. 그러면 실패하지 않을 뿐 아니라 그 효과도 매우 빠르게 나타난다. 어른은 물론이고 아이들까지도 개를 리드하는 위치

개는 가족구성원 가운데 가장 낮은 위치를 차지해야 한다. 특히 공격적인 개는 훈련을 통해 정신적인 위축이 필요하다.

에 있어야 한다. 가족 중에서도 개가 가장 믿고 잘 따르는 사람이 훈련을 시작하여 온 가족이 점차적으로 참여한다.

여러분이 태도를 바꾸기 시작하면 어떤 개들은 버릇이 더 나빠지기도 하고 더욱 공격적인 태도를 보이기도 한다. 그러나 이것은 일시적인 현상이다. 몇 주간 훈련이 계속되면 개의 태도도 조금씩 변한다. 어떤 주인은 개가 슬퍼 보이거나 비참하리만큼 불쌍해 보인다고 한다. 그러나 슬퍼 보이는 모습에 속으면 안 된다.

장난감 놀이를 허용하는 것도 주인이 결정해야 한다. 이것 또한 정신적인 위축훈련의 하나다.

심리적 위축훈련을 시켜라

이 훈련은 개에게 벌을 주는 것이 아니다. 개에게 여러분이 리더임을 확실하게 심어주고, 주인을 따라야 하고 어떻게 행동해야 하는지 알려줄 새로운 상황을 만들어 가는 첫 단계이다. 겁쟁이 개도 이 과정을 착실하게 따라 하면 공격적인 태도도 없어지고 복종도 잘하게 된다.

먼저 제대로 된 복종훈련을 시키는 것부터 시작한다. 될 수 있는 한 전문가의 손에 맡기면 더욱 좋다. 아니면 이웃에 사는 사람에게 부탁하여 일 대 일로 복종훈련을 시킨다.

> **주의사항**
> 집에 어린아이가 있을 경우에는 전문가에게 훈련을 맡기는 것이 좋다.

누가 이 집의 리더인지를 개에게 확실하게 심어줄 수 있는 아주 중요한 과정이다. 그런 다음 가족 모두가 훈련에 참여해 이유 없이 쓰다듬어 주거나 장난감과 먹이를 주지 않아야 한다. 제3장에 나오는 심리적 위축훈련을 참고한다.

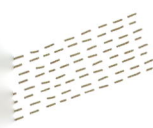

Good Dog Training

1 누가 리더인지 확실하게 인식시킨다. 발로 긁어 대면 무시한다.

2 주인이 원하는 행동을 했을 때만 보상을 받을 수 있다.

복종부터 가르쳐라

앞에서 설명한 바와 같이 첫 단계는 어떠한 상황에서도 "앉아.", "엎드려.", "이리와.", "기다려." 등의 복종훈련부터 시작하는 것이다. 지배 본능이 강한 개에게 "엎드려."는 문제가 될 수 있다. 왜냐하면 이것은 복종하는 자세이기 때문이다. 이럴 때는 급하게 강요하지 말고 시간을 가지고 서서히 진행한다. 심리적 위축훈련을 하고 있다면, 사소한 칭찬이라도 받고 싶어 할 것이다. 이런 점을 훈련할 때 이용하면 점차적으로 주인의 지시에 따르게 된다.

집에서 하는 복종훈련

복종훈련은 목줄과 리드줄을 사용해서 하는 훈련으로 집에서는 할 수 없다고 생각한다. 그래서 문제는 주로 집에서 발생하는데도 전문 훈련기관을 찾아가거나 공원에 나가서 훈련을 시킨다. 집에서 복종훈련을 시키는 사람은 거의 없다.

집에서 복종훈련을 할 때도 목줄과 리드줄을 이용하면 좋다. 항상 리드줄을 사용해 하루에 세 번씩 훈련을 시킨다. 그러면

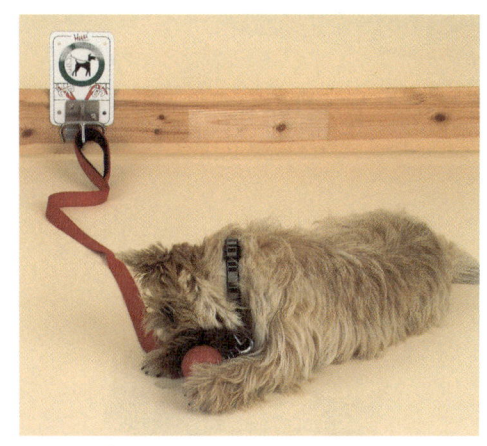

 고기밥이 들어 있는 먹이 장난감을 주고 고리에 묶어두는 훈련을 함께 시키면 개는 오히려 이 시간을 즐기게 된다.

> **Tip**
>
> ### 심리적 위축훈련
>
> - 침실 출입을 금한다.
> - 개 주위를 맴돌지 않는다.
> - 이유 없는 보상은 절대 하지 않는다.
> - 장난감과 공을 모두 치운다. 주인이 허락하는 시간에만 준다.
> - 아무런 이유 없이 쓰다듬지 않는다. 착한 행동을 했을 때만 쓰다듬어 준다.
> - 개가 자신의 영역이라고 생각하는 장소의 출입을 금한다.
> - 여러분보다 먼저 문 밖으로 나가지 못하게 한다.
> - 먹이는 주인이 준비되었을 때만 준다는 것을 알게 한다.
> - 책을 읽거나 텔레비전을 볼 때 개가 어떠한 몸짓으로 요구를 해도 무시한다.
> - 거실에는 주인의 허락이 있어야만 들어오게 하고 또 명령을 받으면 바로 나가도록 훈련시킨다.

자기가 지배하려 했던 집에서조차 주인이 더 강하다는 것을 알게 되어 복종하게 된다.

기본적인 복종훈련이 마무리되면 그 기세를 몰아 나쁜 버릇까지도 교정할 수 있게 훈련을 계속한다. 예를 들어, 소파에서 내려오라고 해도 꼼짝하지 않거나 밥그릇을 치우려고 할 때 으르렁댄다면 "이리와.", "엎드려." 한 다음 "기다려."라고 명령한다.

복종훈련이 제대로 되었다면 이 명령에 복종할 것이다. 그러나 단시일 안에 되는 것이 아니기 때문에 시간과 노력을 투자해야 한다. 인내심을 가지고 일관성 있게 훈련을 계속한다면 분명히 원하는 결과를 얻을 수 있다.

조용히 할 때만 풀어줘라

맨 먼저 집 안에서 개가 자유롭게 돌아다니지 못하게 한다. 여러분이 개가 돌아다닐 시간과 장소를 정해준다. 개는 규칙을 새롭게 배워나가는 것이다. 처음 5일간은 인내심을 갖고 지켜본다. 화내지 말고, 소리 지르지도 말고, 개를 심하게 다뤄서도 안 된다.

필요한 도구는 통제 불가능한 개를 훈련시킬 때 쓰는 것과 동일하다(57~60쪽). 여기서도 고리에 묶어두는 연습을 같이 한다.

주인이 집에 있을 때는 하루에 세 번, 각각 15분씩 줄에 묶어둔다. 그리고 개가 조용히 할 때만 풀어준다는 규칙을 세운다. 만일 풀어주려 할 때 짖거나 뛰어오르는 등 개가 흥분하면 풀어주지 않고 무시한다. 계속 짖거나, 어떠한 행동을 해도 무시한다. 몇 주 동안 계속해서 연습하면 개는 자기가 조용히 있을 때만 풀어준다는 사실을 깨닫는다.

먹이로 보상하라

개를 줄에 묶어두는 일은 쉽지 않다. 하지만 먹이 장난감에 고기를 넣어주면 이보다 더 좋은 보상은 없을 것이다. 장난감 안에 하루 먹을 양을 넣어준다. 이렇게 되면 개는 고기를 먹는 즐거움에 묶여 있는 것을 오히려 좋아하게 된다.

장난감 안에 들어가는 먹이의 종류는 자연식이어야 한다. 화학첨가물이 들어간 먹이는 개의 행동에 영향을 미칠 수 있기 때문이다. 마른 사료도 알맞지 않다. 장난감 안에 잘 붙어 있도록 끈적끈적하고 질 좋은 고기를 사용한다.

훈련이 계속되는 동안에는 하루 식사를 이 장난감을 사용해준다. 두 번이든 세 번이든 간에 묶어두는 횟수만큼 식사량을 나누어준다. 몇 달 동안 개는 이 장난감을 통해서만 밥을 먹을 수 있다. 물을 줄 때 이외에는 개 밥그릇을 보이지 않는 곳에 둔다.

고리에 묶어둘 때마다 바닥에 먹이 장난감을 놓아준다. 장난감 안에 먹이가 많으면 많을수록 오랫동안 집중할 수 있다. 먹이를 빼먹는 데 힘을 쓰고, 정신을 온통 먹는 데에만 쏟기 때문에 조용할 수밖에 없다.

훈련을 반복함으로써 개는 묶여 있을 때 맛있는 고기를 먹을 수 있다고 생각하게 된다. 몇 주가 지나면 대부분의 개들은 이 훈련을 기꺼이 받아들이고 주인도 개를 제어할 수 있게 된다.

하지만 개가 처음에는 가만히 있지 않기 때문에 목이 조일 수도 있다. 개의 목이 아프지 않도록 두꺼운 목줄을 사용한다. 짖으면 철저하게 무시한다. 이렇게 묶어두는 방법은 주인이 집에 있을 때만 해야 한다. 묶어둔 채로 외출해서는 안 된다. 주인이 없는 사이에 묶여 있는 개에게 문제가 생길 수도 있기 때문이다. 묶여 있는 것에 익숙해지면 손님이 왔을 때 덤비는 개의 버릇을 고칠 수 있다.

겁이 많아 주인 뒤로 숨는 개는 가까이 가지 않는 한 공격적인 태도를 보이지 않는다.

손님에게 덤비는 개

손님에게 공격적인 개는 방문하는 사람으로 하여금 공포심을 느끼게 한다. 이런 개는 손님을 자신의 영역을 침입한 적으로 보는 경우가 많다. 지배 본능이 강한 개들은 손님을 살피기 위해 앞으로 다가서

잘못된 생각
— 다른 사람이 다음과 같은 충고를 한다면 무시해도 좋다.

- 단순히 지나가는 과정일 뿐이다.
- 개도 자기 장난감을 지킬 권리가 있다.
- 당신을 보호하려는 것이다.
- 기분이 언짢을 뿐이다.
- 개는 원래 그렇다.

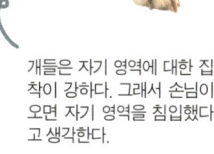

개들은 자기 영역에 대한 집착이 강하다. 그래서 손님이 오면 자기 영역을 침입했다고 생각한다.

거나 물기도 한다. 그리고 겁쟁이 개들은 속으로는 무서워서 떨고 있지만 겉으로는 무척 사나운 척 으르렁거리고 또 어떤 개들은 주인 뒤에 숨기도 한다.

공격적인 개를 키울 때 집에서 개를 완벽하게 제어한다는 것이 그리 쉬운 일은 아니다. 그런 개라고 하더라도 일부러 주인을 화나게 하려고 공격적인 행동을 하지는 않는다. 개에게 나쁜 감정은 전혀 없다. 단지 반응하는 방법을 그렇게 배웠을 뿐이다. 그런 개의 치유 방법은 제3장에 나와 있는데 여기서 다시 한 번 정리해본다.

일정기간이 지나면 개는 줄에 묶여 있는 것이나 방문객이 가까이 오는 것에 익숙해지고 쓰다듬어 주는 것도 좋아하게 된다. 개가 흥분하지 않고 조용히 있을 때 간식을 주며 칭찬하는 것도 좋은 방법이다.

1. 개가 현관에서 공격적인 태도를 보이면 손님이 오기 10분 전쯤 묶어둔다.
2. 손님이 찾아오면 문을 열어주면서 개를 완전히 무시하라고 일러둔다.
3. 개가 짖기 시작하더라도 무시한다. 아무 일도 없다는 듯이 태연하게 행

동한다.

4. 하루 식사량을 나누어 먹이 장난감에 넣은 다음 묶여 있는 개에게 준다. 손님에게 장난감을 개에게 굴려주도록 부탁한다. 개가 먹이에 관심을 보이지 않으면 배가 고프지 않다는 증거다. 손님이 가더라도 먹이를 다시 수거하지 않는다.

5. 손님이 개를 향해 걸어가거나 가까이 가서 개를 만지지 않도록 주의시킨다. 아이들이나 어른들 모두 자리에 앉아 있고, 개가 사람을 보고 있을 때는 될 수 있으면 빠르게 행동하지 않는다. 많은 친구를 초대해서 연습하면 효과가 더 좋다. 반복훈련을 통해 개는 조용해지고, 점차 안정을 되찾게 된다.

6. 손님을 향해 으르렁대거나 짖어도 개를 안정시키기 위해 개에게 손을 대서는 안 된다. 절대 쓰다듬어 주지 말고 칭찬하는 듯한 어조로 이야기하지 않는다. 그리고 "착하다."라는 말은 절대 하지 않는다. 그렇지 않으면 공격적인 성격이 더 심해질 수 있기 때문이다.

이 장난감 안에 먹이가 들어 있다.

고기를 채운 먹이 장난감이 개의 관심을 끄는 데는 최고다. 장난감은 손님이 직접 굴려준다. 개가 조용해지면 방해받지 않고 대화를 나눌 수 있다.

훈련용 디스크가 바닥에 떨어지면서 내는 시끄러운 소리와 함께 "안 돼."라는 명령을 사용하면 더 효과적이다.

"안 돼." 하며 디스크를 던져라

제2장에서 설명한 바와 같이 훈련용 디스크는 다음과 같은 목적으로 사용한다.

- 개는 디스크 소리와 함께 자기가 하는 행동이 나쁘다는 것을 배운다.
- "안 돼."라는 명령과 함께 사용한다.
- "안 돼."라는 명령에 복종하게 된다.

훈련용 디스크를 던지는 타이밍과 함께 명령하는 것이 중요하다. 그러다 보면 디스크를 사용하지 않고도 "안 돼."라고만 하면 디스크를 던지는 것과 같은 효과를 낼 수 있다.

낯선 사람을 보고 물거나 으르렁댈 때 충격요법을 쓰면 안 된다고 하는 사람도 있지만 사실은 그렇지 않다. "안 돼."라는 명령과 함께 디스크로 훈련받은 강아지들은 디스크의 충격적인 소리를 확실히 기억하기 때문에 효과가 있다.

"안 돼."라는 명령과 소리가 요란한 디스크는 공격적인 행동을 하려고 할 때 가장 효과적인 도구이다. 개가 조용해지면 옆에 있는 다른 사람에게 바닥에 간식을 던져달라고 부탁한다. 개는 영리한 동물이기 때문에 주인이 자신의 공격적인 태도 때문에 기분이 상했다는 것을 안다. 그리고 낯선 사람이 간식을 줌으로써 낯선 사람을 만나는 것도 즐거운 일이라는 것을 깨닫는다.

개가 집에 오는 손님이나 산책 중에 만난 낯선 사람들에게 아무런 저항 없이 다가가면 풀어주는 단계로 넘어간다. 약 15분간 묶어두었다가 풀어준다. 그때 역시 주인이 아닌 다른 사람이 먹이를 주는 것이 좋다.

그래도 확신이 없다면, 그리고 입마개에 익숙한 개라면 묶었다 풀어줄 때 입마개를 한다. 손님이 입마개 틈새로 고기 간식을 조금씩 넣어 주는 것도 좋다. 개를 데리고 산책을 나갈 때도 입마개를 하는데, 누군가 훈련을 도와줄 사람이 있다면 주인 대신 개에게 간식을 주도록 부탁한다. 공원에서 처음 만난 낯선 사람이 간식을 주면

훈련용 디스크는 개를 주눅 들게 해 착한 행동마저 못 하게 할 수 있지만 그 정도는 감수해야 한다. 그러나 착한 행동을 할 때마다 간식을 주면서 칭찬하면 개는 어떤 것이 나쁘고 어떤 것이 착한지 구분할 수 있게 된다.

전에 누군가를 문 경험이 있거나 물 가능성이 있는 개라면 줄을 풀어줄 때 입마개를 해서 만일의 사고에 미리 예방하는 것이 좋다.

안락사

개 주인들은 안락사를 금기사항으로 여긴다. 그러나 어떤 개와 같이 사는 것은 평범한 일상생활을 할 수 없을 정도로 너무나 큰 영향을 주는 경우가 있다. 개들은 천성적으로 성격이 좋기 때문에 이렇게 된 것은 분명 개의 잘못만은 아니다. 물론 본능 때문에 사람의 의도와는 정반대의 행동을 할 수도 있지만, 대부분은 개를 키우는 사람에게 책임이 있다. 우리는 개를 키우기로 마음먹었고 실제로 분양받아 키웠다. 그렇기 때문에 개가 어떻게 자랐든 우리의 책임이 크다고 할 수 있다.

안락사는 가족을 죽이는 것과 같은 느낌이 들기 때문에 많은 사람이 꺼린다. 개 때문에 생활에 지장을 받을 정도로 고통스럽다면 안락사를 떠올릴 수도 있지만 실제로 그렇게 하기는 힘든 일이다. 그래서 개를 보호시설에 맡기는데, 그곳에서 개의 삶은 즐거움이란 전혀 없다. 사람들은 개를 죽이는 것이 마음에 걸려 되도록 안락사는 피하려 한다. 그 대신 키우는 책임을 남에게 떠맡긴다. 만일 두 명의 개 조련사에 의해서 버릇을 치유할 수 없고 위험하다는 판정을 받는다면 안락사를 심각하게 생각해봐야 한다. 수의사와 논의해 현명한 결정을 내려야 한다.

효과는 더욱 크다. 새장형 입마개는 개가 사람을 물까 봐 불안할 때 개에게 씌운다. 어떤 전문가들은 입마개가 개를 더 사납고 불안하게 만든다고 하지만 절대 그렇지 않다. 물론 보기에 좋지는 않다. 입마개를 한 개는 사납다는 인식이 있기 때문이다. 그러나 개를 위하고 사람의 안전을 위한다면 그 정도의 대가는 치러야 한다.

강아지들 사이에 나타나는 공격성은 두려움 또는 무리에서 리더가 되고자 하는 강한 지배 본능 때문에 나타난다. 이것을 정확히 구분하기는 어렵다.

달라진 개의 태도

이 과정이 끝나면 개는 다음과 같은 사실을 깨닫는다.

- 집 안에서나 밖에서나 주인이 리더이다.
- 주인 허락 없이 마음대로 행동하면 안 된다. 리더의 명령에 따라 행동해야 한다.
- 새로운 훈련용어를 사용하는 주인의 말만 잘 들으면 칭찬받고 그렇지 않으면 불쾌한 경험을 하게 된다.
- 사람들에게 덤비거나 짖으면 안 되고 낯선 사람이라도 맛있는 것을 많이 준다.

시간이 지나면서 개의 행동은 많이 변하게 되어 있다. 개가 달라지는 모습을 보면 더욱 믿음이 간다. 훈련을 통해 개는 주인을 더욱 믿고 리더로서 인정하게 된다. 훈련용어는 정확하고 단호해야 한다. 잡아끌고 화내고 소리 지르는 대신 정확한 칭찬과 보상을 해주면 개는 자연스럽게 주인을 따른다. 이렇게 해서 주인과 개 사이의 부정확했던 관계도 말끔히 해소될 수 있다. 완벽하지는 않더라도 버릇 좋은 개로 교정할 수 있는 것이다.

언제 행동해야 하나

사나운 개를 키우는 사람들은 어떤 조치를 취해야 하는지 모르는 경우가 많다. 그리고 개를 길들일 수 있다는 믿음이 없기 때문에 어떤 적절한 조치를 취할지 몰라 망설이는 경우도 있다. 대부분의 주인들은 지쳐 있든지 아니면 개의 훈련을 포기한 상태다. 훈련을 포기한다는 것은 개를 포기하는 것과 마찬가지이며 사람들에게까지 피해를 주는 행위다. 될 수 있는 한 빠른 시일 안에 전문가와 상의하는 것이 바람직하다. 전문가와 상담하다 보면 좋은 해결책이 나올 수 있고, 나쁜 버릇을 고칠 수 있다는 믿음을 줄 수도 있다.

자기가 기르는 개가 공격적이라는 사실을 인정하고 전문가에게 도움을 요청하는 것은 아무나 할 수 없다. 이렇게 문제를 제대로 직시하는 주인들은 정말 존경스럽다. 사실을 인정하는 데도 용기가 필요하기 때문이다. 만일 적절한 훈련을 시키지 않고 포기한다면 개를 가족의 리더로 인정하는 것과 마찬가지다. 개를 통제할 능력이 없다고 생각해 스스로 주인이기를 포기하는 것과 마찬가지다. 이렇게 되면 개는 서슴지 않고 가족들에게도 공격적인 태도를 보이게 될 것이다.

■ 다른 개들에게 공격적인 개

개의 성별이나 크기, 종류와는 상관없이 다른 개만 보면 공격적으로 변하는 개는 주로 두려움 때문에 그런다. 또한 이성에게 공격적인 개는 지배하려는 본능이 강하고 무리의 리더가 되고 싶은 욕구가 크다. 두 종류 모두 어릴 때 사회성을 기르지 못한데 그 이유가 있다. 그렇지 않으면 심하게 다친 경험이 있는 경우 그때의 공포심으로 인한 공격성이 나타나기도 한다. 그리고 선천적으로 어미에게서 물려받은 유전적인 측면도 있다. 이런 강아지들은 사회성을 길러주기 위해 더 많은 시간을 할애해야 한다.

특정한 개 종류만 무서워하는 개도 있고, 특정한 장소에서 공격적으로 변하는 개도 있다. 또 어떤 개들은 리드줄을 묶었을 경우나 차 안에서 공격적으로 변하기도 한다.

겁이 많은 개

다른 개에게 덤볐을 때 상대 개가 도망치면 자신이 이겼다고 생각하기 때문에 공격적인 성격이 더욱 심해진다. 두려움 때문에 공격적인 개들은 아주 좁은 공간에 갇혀 있거나 줄에 묶여 있을 때 증세가 더 심해진다. 도망칠 수 있는 공간이 없다고 느끼면 공포심이 더욱 심해지기 때문이다.

그 반대로 어떤 개들은 묶여 있어서 다른 개를 공격하지 못하기 때문에 두려움이 더 심해지는 경우도 있다.

겁이 많은 개를 풀어주면 자신이 줄에서 해방됐다는 사실에 놀라 오히려 공격적인 태도가 사라지는 경우가 있다. 하지만 보통 개가 왜 공격적인지 그 이유를 알 수 없기 때문에 풀어주는 방법은 권하지 않는다. 만약 풀어주더라도 안전을 위해서는 입마개를 사용하는 것이 좋다. 여기서도 전문가와 상의해서 훈련시키는 것이 좋다.

겁이 많아서 상대를 무는 개들 중에는 지배 본능이 강한 개와 비슷하게 행동하는 유형도 있기 때문에 그 이유가 정확히 무엇인지는 구분하기 힘들다. 이런 개들은 상대보다 먼저 공격하면 두려움이 사라지는 경험을 한 경우가 많다. 겉으로는 강해 보이지만 사실 속으로는 무서워 떨고 있다. 전문가들에게 이런 개를 맡기면 그 개에 맞는 훈련 과정으로 교육시키기 때문에 안심해도 된다.

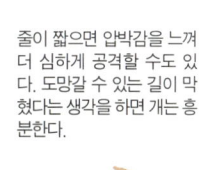

줄이 짧으면 압박감을 느껴 더 심하게 공격할 수도 있다. 도망갈 수 있는 길이 막혔다는 생각을 하면 개는 흥분한다.

산책하면서 공격적인 개를 만났을 때는 맨먼저 안전을 생각해야 한다.

사납고 공격적인 개

지배 본능이 강해 공격적인 태도를 보이는 개들 중에는 주변 환경도 좋고 사회성 연습도 충분히 한 개들이 많다. 이런 개들은 어렸을 때 다른 개에게 덤비거나 나이 많은 개에게 덤볐는데도 주인이 대수롭지 않게 생각하여 벌하지 않고 그냥 넘어간 경우가 대부분이다. 이런 개들은 공원을 돌아다니며 힘을 과시하는 것을 무척 좋아한다.

먼저 지배 본능이 강한 개의 교정훈련 과정을 적용하고 기본적인 복종훈련을 시킨다. 겁이 많은 개에 대한 교정훈련 과정을 함께 적용하면 많은 도움이 될 것이다. 공격적인 개를 더욱 흥분하게 만드는 요인들을 알아본다.

사회성 결여가 원인

사람이나 다른 동물에게 공격적인 행동을 하는 개들을 자세히 살펴보면 공통점이 있는데, 대부분 사회성이 결여되어 있다. 강아지는 태어난 지 5~12주 사이에 사회성을 배워야 한다. 이 시기가 다른 개들이나 사람과의 관계를 배우는 데 아주 중요한 시기이므로, 이때 경험하지 못하면 제대로 된 의사소통 방법을 배우지 못하게 된다. 어렸을 때 사회성을 길러주지 못한 개들의 버릇을 교정하는 것이 가장 힘들다. 아이들과 마찬가지로 개들도 놀이와 사람 및 다른 개들과의 접촉을 통해서 해야 할 것과 하지 말아야 할 것을 배운다.

사회성은 어렸을 때 길러주는 것이 가장 좋다. 다른 개들과 같이 놀거나 아니면 낯선 사람과 같이 놀이를 하는 것은 어린 강아지에게 좋은 경험이 된다.

치유할 수 없는 상처

강아지나 청년기의 개가 싸우거나 공격을 받으면 지울 수 없는 큰 상처로

지배 본능이 강한 개는 동료에게도 공격적이다. 이런 식으로 공격을 하면 강아지들은 심한 충격을 받는다. 충격을 받은 개들은 자라면서 공격적으로 변한다.

남는다. 다른 개들과의 첫 접촉이 기분 좋았다면 이런 상처도 쉽게 잊을 수 있겠지만, 강아지가 다른 개와의 첫 접촉에서 공격을 받았다면 지울 수 없는 상처로 남을 수밖에 없다.

    우리가 보기에는 아주 사소한 일도 개들에게는 큰 충격이 될 수 있다. 어떤 안 좋은 경험을 한 후 같은 일에 맞닥뜨리면 그 일에 대해 큰 거부감을 나타낸다. 이런 경험 이후 강아지는 다른 개들은 모두 공격적이고 무섭다는 생각을 한다. 그리고 충격을 받은 강아지는 결국 병적인 두려움을 나타낸다. 두려움은 당장 나타나지 않고 2~3년 지나서 나타나기도 한다.

하지만 한번 나타나기 시작하면 걷잡을 수 없이 공격적으로 변한다. 자신이 공격받기보다는 자기가 먼저 공격하는 것이 이기는 방법이고 두려움도 줄이는 방법이라고 생각하는 것이다.

주기적으로 공격하는 개

다른 개의 공격을 받은 경험이 있는 개라면 앞으로 공격적인 성격이 나타날 가능성이 높다. 자신이 키우는 개가 공격적인 걸 알면서도 다른 개와 쉽게 만날 수 있는 공원 같은 장소에서 산책을 즐기는 사람들을 보면 정말 화가 난다.

공격적인 개의 대부분이 어렸을 때 다른 개에게 공격받은 경험이 있다. 그런데도 그 개의 주인은 같은 장소에 와서 다른 개를 공격해도 별다른 반응을 보이지 않는다. 개들끼리의 싸움을 심각하게 생각하지 않는 것이다. 여러분의 개가 만일 공격적이라면 당장 입마개를 씌우고 전문가의 상담을 받도록 해야 한다.

병적인 공포심 때문에 공격적인 개

- 어릴 때 사회성 훈련을 받지 못했다.
- 다른 개들로부터 충격적인 공격을 받은 경험이 있다.
- 유전적인 성향이다.

사회성을 길러라

그러면 이 문제를 어떻게 해결해야 할까? 내가 운영하는 교육센터에서는 원인이 무엇이든 공격적인 개의 사회성을 길러주는 과정을 진행하고 있다. 교육센터 안에는 넓은 정원과 낮은 담이 있고 작은 나무들이 곳곳에 심어져 있다. 개들을 풀어주었을 때 불안하면 나무 뒤에 숨을 수 있게 했다. 이곳에 온 개들은 편안한 분위기에서 상담받는다. 또는 완전히 분리된 정원에 앉아 상담하기도 하는데, 이는 개들에게 조용한 환경을 만들어주기 위해서다.

훈련 중 다른 개의 공격을 받았다면 당장 그곳을 떠난다. 한 번의 나쁜 경험이 지금까지 쌓아온 모든 것을 무너뜨릴 수 있다.

상담을 받을 때는 나와 개 훈련 전문가가 함께 한다. 주인이 상담 장소에 개를 데리고 들어와 약 10분간 앉아 있는다. 우리 모두 교육 과정에 대해 의논한다. 더 차분한 분위기를 원한다면 따로 상담하기도 한다.

첫 단계로 어떤 성격의 개와도 잘 어울리는 개 한 마리를 고른다. 이 개는 아무리 사나운 개와 함께 있어도 그 개를 무시하는 개여야 한다. 두 마리를 같은 공간에 풀어주고 공격적인 개가 어떻게 반응하는지 본다. 별다른 반응 없이 조용하게 있으면 개에게 입마개를 씌우고 어느 정도 안정을 찾을 때까지 산책을 한다. 주인에게 자기 개가 아닌 다른 개에게 복종훈련을 시키라고 요구하면 오히려 효과가 있다.

문제의 개가 아주 크고 공격성이 심하면 훈련을 시키는 사람이 위험할 수도 있기 때문에 처음 열 번 정도는 입마개와 리드줄을 이용한다. 그런 다음 앞서 한 훈련을 한다. 시간이 지나서 분위기에 익숙해지고 태도가 좋아지면 줄을 묶지 않고 들판에 나가서 산책을 시킨다. 아니면 두 마리의 개와 함께 같은 공간에 앉아 훈련 과정에 대해 의논하기도 한다. 이럴 때 문제의 개는 휴식을 취하거나 지겨워하는 모습을 보인다.

시간이 지나 이제 둘이 어울릴 수 있는 단계에 왔다면 문제의 개는 다른 개가 자신을 공격하지 않는다는 사실을 깨닫고 다른 개들에 대한 생각이

Good Dog Training

1 이 개는 겁이 많아 보인다. 그러나 자기 영역에 다른 개가 침입했다고 생각하면 공격적으로 변할 수도 있다.

2 조용한 친구를 만들어 주면 차츰 공격성을 잃고 사회성도 좋아진다.

긍정적으로 바뀌게 된다. 그리고 다른 개에게 다가가는 시기도 주인이 정한다는 사실을 깨닫는다. 또한 주인이 리더이고, 주인에게 복종해야 한다는 사실도 깨닫게 되는 것이다.

시간 투자와 반복적인 연습만 꾸준히 한다면 충분히 가능한 일이다. 무엇이든 빠른 결과를 기대하는 요즘 세상이지만, 공격적인 개를 훈련시킬 때는 절대 조급해서는 안된다. 하지만 사람 같이 빠르지는 않아도 차츰 훈련 효과가 나타나는 것을 알 수 있다.

여기에서 제시하는 충고에 따라 꾸준히 노력한다면 분명 좋은 결과가 나올 것이다. 특별한 경우를 제외하고는 훈련은 모두 성공적이었다.

1. 개가 공격적이라면 그 사실을 인정하고 받아들여 그에 걸맞게 훈련시킨다. 그러나 다른 개들과 친해지기는 어렵다.
2. 평상시와 같이 행동하면 개의 성격도 좋아질 것이다. 그러나 항상 주의 깊게 살펴야 한다. 공격적인 태도를 다시 보이면 상황 수습이 가능해야 한다. 줄에 묶여 있을 때는 절대 다른 개를 공격하지 못하게 한다.
3. 다른 개들과 뛰어놀고 싶은 본능을 채워줄 수 없다.
4. 더 답답한 경우는 이웃에 살고 있는 개들이 많고, 다른 개들에게 피해를 줄 수도 있다는 것이다. 이때는 주인과 함께 조용히 살 수 있는 곳으로 가든지, 다른 개들에게 피해가 갈 수 있다면 아예 개에게 새로운 주인을 찾아주는 편이 더 나을 것이다.

인내심과 세심한 배려로 문제의 개를 좋게 할 수는 있지만 시간이 많이 걸린다.

공격적인 개들의 문제는 쉽게 고쳐지지 않는다. 또한 교정훈련하는 데 빠르고 간단한 방법은 없다. 오랜 시간이 걸리고 사랑과 인내심이 필요하다.

공격적인 버릇 고치기

- 사회성을 길러주기 위해서 개가 많이 모여 있는 개 카페나 동호인들을 자주 만난다. 그러나 사나운 개는 오히려 신경만 더 날카로워진다.
- 겁 많은 개에게 신체적으로 벌을 가하면 가르치는 효과보다는 공포심만 더 가중시킬 뿐이다(공격적인 행동을 막기 위해 물총이나 훈련용 디스크를 사용한다).
- 두려움에 떨고 있는 개를 팔로 감싸안으면 공포심만 더 증폭된다. 혼자 두는 편이 낫다.
- 평소에 알고 지내는 개가 있다면 같이 놀게 하여 사회성을 길러준다. 훈련하는 동안 그 개와 놀게 하고 거부반응이 완전히 없어지면 낯선 장소로 이동해 개의 반응을 살핀다. 또 새로운 친구도 만들어 준다.
- 산책할 때 공격하는 개가 있다면 장소를 옮긴다. 지금까지의 훈련이 물거품이 될 수도 있기 때문이다.

이제야 친구가 되었다! 두려움이 강한 개들도 친구를 만들 수 있다.

친구를 만들어라

개의 공격성에는 그 바탕에 두려움이 깔려 있다는 사실을 알았다. 이제 다른 개들에 대한 두려움을 제거하는 단계이다. 이 과정은 쉽지 않다. 사랑과 인내심으로 이 훈련 과정을 따라 해야 한다.

주인의 말에 복종을 잘하는 작고 이성인 개를 찾아 그 주인과 넓은 공원에서 만난다. 이것은 쉽지는 않지만 다른 개와 친해지게 하는 유일한 방법이다. 여러분의 개가 상대를 공격할 수 없는 거리를 유지하면서 함께 공원을 산책한다. 이렇게 여러 번 반복한다. 산책하는 동안 한번도 짖지 않았다면, 거리를 조금씩 좁혀나간다.

여기서 안정되어 보인다고 줄을 풀어주면 안 된다. 다른 개와 함께 나란히 산책해도 공격적인 태도를 보이지 않을 때까지 계속 훈련시킨다.

다음 단계는 다른 공원이나 친구의 집 정원 등 낯선 곳에서 만난다. 바핀 장소에서도 상대의 개와 나란히 걸을 수 있을 때까지 훈련을 계속 반복한다. 훈련시키는 장소가 너무 좁지 않은지 잘 살핀다. 좁다고 생각되면 공격적인 성격이 다시 살아날 수 있다. 이렇게 몇 주 동안 훈련시킨다.

  그 다음 단계로는 줄을 풀어준다. 불안하면 입마개를 채우면 되는데, 개의 반응이 어떨지 모르므로 입마개를 따로 준비한다. 그러면 주인이 안심하기 때문에 상대적으로 개도 안정이 된다. 먼저 줄을 묶은 상태에서 약 200m 정도 걷고 난 다음 줄을 풀어주고 두 마리가 서로 인사할 기회를 준다. 이 상태에서 아무런 문제가 없다면 둘 사이가 친해질 때까지 계속 반복한다.

다른 개와 같이 산책하면서 둘 사이의 거리를 점차적으로 좁혀나가면 치유될 수 있다.

  이제 여러분의 개는 다른 개와 노는 방법도 알고 의사소통 방법도 배웠다. 그래서 자신감도 찾게 되었다. 이제 두려움에서 벗어나는 첫발을 내디딘 것이다. 여기서 끝내면 안 되고 앞으로 더 많은 개들과의 만남을 주선해야 한다. 다른 개들만 보면 공격적이었던 개가 이제 다른 개와 자유롭고 편안하게 놀 수 있게 되었다. 다시 말해, 다른 개와 노는 것이 얼마나 즐거운 일인가를 느끼게 된 것이다. 하지만 어떤 상황에서 다시 공격성이 살아난다면 아직 다음 단계로 넘어갈 준비가 되지 않았다는 뜻이다.

  만일 개가 너무 사나워 공원에서 환영받지 못한다면 어떻게 해야 할까. 그럴 때는 개가 많지 않은 시간을 골라 산책을 하고 안면줄을 채운다.

복종시켜라

"앉아.", "엎드려.", "이리와.", "기다려."와 같은 명령으로 복종훈련을 시키고 여러 장소를

기본 훈련에 순순히 복종하면 어떠한 상황에서도 개의 행동을 제어할 수 있다.

다니며 산책한 결과, 이제 여러분도 자기 개를 완벽하게 조종할 수 있게 되었고 서로 간의 믿음도 두터워졌다.

공격적인 태도를 보일 때 복종하게 하면 초기에 나쁜 습관을 바로잡을 수 있다. 복종하는 동안에는 공격 준비를 하지 못하기 때문이다.

낯선 개를 초대하라

겁이 많은 개들은 자기 영역에 집착하는 경우가 많으므로 다른 개가 집에 오는 것을 싫어한다. 산책하는 과정에서 다른 개와 어울리는 방법을 터득한 다음에는 먹이 보상과 복종훈련을 함께 시킨다.

다른 개가 집에 올 때마다 먹을 것을 주어 좋은 느낌이 들도록 유도한다. 이렇게 하면 다른 개를 봐도 먹이를 떠올리기 때문에 공격하지 않는다. 반응을 예측할 수 없다면 입마개를 해주는 것도 위험한 상황을 피할 수 있는 방법이다.

공공장소에서 우리 개가 공격당했을 때

공공장소인 공원에서는 사람이나 개 모두 사나운 개에게 방해받지 않고 산책할 권리가 있다. 여러분에게 달려오는 개는 사실 반가워서 인사하러 오는 것일 수도 있지만, 이 같은 상

먹이로 친해지기

착한 행동을 했다거나 공격적인 태도를 보이지 않았을 때 개가 좋아하는 간식을 준다. 먹을 것을 좋아하지 않는 개라면 하루 정도 굶기고, 그 다음날 맛있는 닭고기나 햄을 가지고 공원에 나가서 착한 행동을 할 때마다 준다. 이렇게 한다고 해서 다른 개에 대한 두려움이 완벽하게 없어지거나 다른 개를 좋아하게 만들지는 못한다. 하지만 먹는 것으로 두려움을 이겨내게 할 수는 있다. 친구의 개와 같이 산책훈련을 할 때도 먹이를 준다면 더욱 효과가 크다. 특히 줄은 느슨하게 묶는다. 다른 훈련과 마찬가지로 오랜 기간 반복하는 것이 중요하다.

착한 행동을 했을 때만 먹이를 준다.

황에서 겁이 나는 건 당연하다. 게다가 일부러 공격하려는 사나운 개도 있다.

극단적인 예이긴 하지만 어떤 사람들은 산책하는 일을 병적으로 두려워하는 사람들도 있다. 이렇게 버릇없는 개들 때문에 나머지 착한 개들까지 오해받는 경우가 많다. 그러나 어떤 상황이 벌어질지 모르는 일이기 때문에 개가 정말 공격할 때의 대처방법을 알아보자.

개가 다른 동물을 공격할 때에는 주로 3단계로 이루어진다.

- 1단계 : 상대 파악. 공격 대상을 정한다.
- 2단계 : 상대 공격. 공격 대상을 향해 갑자기 전속력으로 질주한다.
- 3단계 : 상대 죽이기. 공격은 이제부터다. 늑대의 본능을 볼 수 있다.

개들이 서로 만나면 만남의 의식이 이루어진다. 천천히 그리고 아주 섬세하게 다른 개의 냄새를 맡으며 서로를 탐색한다. 공격적인 태도를 취하지 않고도 서로의 정보를 교환하며 관계를 정립해가는 과정이다.

섣불리 나서지 마라

만일 당신의 개가 공격을 받는다면 그 상황에서 어떻게 방어해야 하고, 또 최악의 사태를 막으려면 어떻게 해야 하는지 알아보자.

크고 무서워 보이는 개라고 모두 공격적인 의도로 다가서지는 않는다. 오히려 큰 개들의 성격이 온순할 수도 있다.

한 가지 분명하게 알아두어야 할 사항은 다른 개가 공격적인 태도로 다가온다고 해서 자기 개를 보호해주려 하면 오히려 개 사이에 싸움을 유발시킬 수 있다는 사실이다. 왜냐하면 다가오는 개가 공격적인 개인지 아닌지도 모르고, 당신의 개가 그 개를 무서워하지 않을 수도 있기 때문이다. 놀라서 갑자기 움직이거나 소리를 지르면 개의 공격성을 한층 더 가열시킨다.

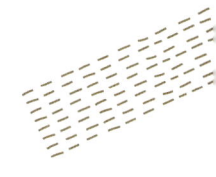

개와 개 사이를 가로막아라

여러분이 개를 데리고 공원에서 산책하고 있을 때, 갑자기 나타난 다른 개가 공격을 한다면 무서운 경험이 아닐 수 없다. 특히 공격하는 개는 대형견이고 공격받는 쪽이 소형견인 경우에 그 두려움은 한층 더할 것이다. 그러나 이런 때일수록 여러분의 용기가 필요하다. 침착하게 개에게 앉으라고 명령하고, 개와 개 사이를 막아주는 것이 상황을 악화시키지 않는 길이다. 공격하는 개는 자신이 목표로 하는 상대가 있다고 하더라도 사람 가까이는 가지 않는다.

그러나 여러분의 개가 같이 짖어댄다면 이 방법도 효과가 없다. 공격하는 개는 아마도 여러분의 개가 달아나길 바랄 것이다. 그래야 쫓아갈 수 있으니까. 하지만 당신의 개를 조용히 시킴으로써 쫓고 쫓기는 상황을 예방할 수 있다. 공격하는 개를 오히려 실망시킬 수 있다.

공원에서 공격받은 경험이 있는 개를 키우고 있다면 개를 조용히 시키는 것이 최상이다. 여러분이 옆에 있는 것만으로도 다른 개의 공격을 막을 수 있다.

Tip

거세

지배 본능이 강하고 공격적인 개가 수놈이라면 거세수술을 해주면 상황이 좋아질 수도 있다. 어떻게 하는 것이 좋은지는 수의사와 상의한 후 결정한다. 거세한 다음에는 복종훈련과 사회성 훈련이 훨씬 쉽게 이루어지기도 하고, 주인이 개를 다루기도 한결 쉬워지는 것이 사실이다.

물건으로 방어하라

공격하는 개가 정말 사납고 그 기세로 보아 금방이라도 물 것같이 덤벼들면 막대기나 가방 등으로 앞을 가린다. 이때 겁을 주거나 물건을 흔들지 말아야 한다. 침착하게 대처해야 한다. 일단 물건 때문에 공격하는 개의 주의가 산만해진다. 또한 개가 물더라도 앞에 놓인 물건을 물 것이다.

그러나 몸에 어떤 위협을 느낄 정도로 위급한 상황이라면 개를 놓아주어야 한다. 그래도 사람이 다치는 것보다는 개를 놓아주는 것이 낫다. 그러면 그 개는 당신의 개에게 관심을 쏟을 것이다. 이 상황에서 어떻게 행동하는 것이 좋은지는 전적으로 여러분의 선택에 맡긴다.

앞서 말한 방법은 아이들이 개를 산책시킬 경우는 예외이다. 만일 아이들이 공격을 받는다면 누군가에게 도움을 요청해야 한다. 아이와 개가 함께 나갈 때는 비상시 알람을 휴대하는 것이 좋다.

이런 식으로 이빨을 드러내면서 공격해오면 누구라도 위협을 느낄 수밖에 없다.

자동우산을 펴라

공격해오는 개를 막는 방법 가운데 가장 효과가 좋은 것은 접이식 자동우산이다. 자동우산을 들고 다니면 완벽한 방어

Good Dog Training

2 대부분의 개는 우산 앞에 서서 짖기만 한다. 이렇게 우산을 돌아서 다시 공격하려는 개는 거의 없다.

1 개가 공격을 하면 우산을 활짝 편다. 우산을 갑자기 펴지면서 여러분과 여러분의 개를 보호해줄 뿐 아니라 공격하던 개가 놀라서 멈추거나 제 주인에게로 돌아가게 한다.

3 우산을 돌아서 공격하려 하면 개가 움직이는 방향으로 우산을 계속 굴린다.

접이식 자동우산은 개의 공격으로부터 방어할 수 있는 최고의 무기이다. 단추만 누르면 갑자기 확 펴지기 때문에 공격적인 개도 그 펴지는 속도와 크기에 놀랄 수밖에 없다.

무기를 준비한 셈인데, 확대 방어라고 말할 수 있겠다. 이것은 훈련 전문가들이 가장 보편적으로 권장하는 방어방법이다.

공격적인 개는 보기와는 달리 자신 없고 겁이 많은 경우가 많다. 만일 어떤 개가 무섭게 달려온다면 개가 달려오는 방향에 대고 자동우산을 활짝 편다. 갑자기 펴지는 우산 때문에 공격하던 개가 놀라서 멈출 것이다. 그리고 여러분의 개를 우산 뒤에 숨기거나 팔로 안는다.

여러 상황에서 300번이 넘는 실험을 통해 살펴본 결과, 단 두 마리만이 우산을 펴도 달아나지 않거나 주인이 올 때까지 계속 짖어댔고 또 다른 두 마리는 우산을 건드려보기만 할 뿐 더 이상 공격하진 않았다. 그 나머지 개들에게는 모두 효과가 있었다. 자동우산은 가장 빠르고 확실한 방어무기인 셈이다.

공격하는 개가 짖기 시작하면 가만히 서서 우산을 땅에 대고 개가 움직이는 방향으로 우산을 돌린다. 아무리 공격적인 개도 그런 방어벽을 넘기란 쉬운 일이 아니다. 동물 세계에서 흔히 볼 수 있는 방어방법이다.

예를 들어, 도마뱀이 천적을 만났을 때 목을 부풀려서 자신보다 커 보이는 효과를 내듯이 우산도 공격적인 개에게 그러한 효과를 주는 것이다.

■ 같이 사는 개에게 공격적인 개

개를 키우는 사람들 중에는 두 마리 이상 키우는 경우가 많다. 만일 한 집에서 개를 두 마리 키운다면, 두 마리가 경쟁자가 되어 서열 싸움을 하게 마련이다. 개의 무리는 절대 민주적이지 않다. 확실한 계급사회다. 두 마리 이상 개를 키우는 집에서는 적지 않은 문제가 있게 마련이지만 평생 싸우면서 지내진 않는다. 서로 놀이도 즐기고 서로 의지하며 살아간다.

두 마리 이상의 개를 키우는 많은 사람에게서 한 마리가 다른 한 마리를 느닷없이 공격했다는 이야기를 듣는다. 위험해질 수도 있는 상황이다. 잘못하면 한쪽이 다칠 수 있다. 그렇다면 개들은 왜 서로 공격할까?

개들도 위아래가 있다

먼저 한 마리가 다른 한 마리를 갑자기 공격했다는 것은 그동안 감정이 쌓여왔다는 것을 뜻한다. 주인이 눈치 채지 못했을 뿐이다. 주인은 실질적으로 서로 으르렁대거나 심하게 짖을

사나운 개에게 적용되는 법은?

영국에서는 1871년 개에 대한 법이 공표되었고, 1991년에 위험한 개에 대한 법이 제정되어 위험한 개를 소유하거나 공공장소에 데리고 다니는 일은 불법이 되었다. 그래서 위험한 개들은 입마개를 해야 하고, 반드시 줄에 묶어두어야 하며, 공공장소에 데리고 나올 수 없는 등 행동에 제한을 받는다. 나라마다 법이 다르기 때문에 만일 개를 데리고 여행할 계획이 있다면 그 나라의 법을 미리 알아보아야 할 것이다.

때가 되어서야 눈치를 챈다. 특히 주인 옆에 있을 때는 더하다. 이런 경우 주인 때문에 싸운다. 왜냐하면 주인이 개들을 너무 평등하게 대해주기 때문이다. 서로 리더가 되고 싶어하는데 너무 똑같이 대해주면 견제하게 된다. 쉽게 말해서 질투심 때문이라고 할 수 있지만 정확한 표현은 아니다. 같은 대우를 받았다는 생각이 들 때 비로소 평온해지는 아이들과는 달리 개의 경우는 그 반대다.

개에게는 공평한 대우가 오히려 싸움의 발단이 된다. 평화로운 분위기가 되려면 서열이 높은 개가 당연히 더 많은 관심을 받아야 하고 서열이 낮은 개는 이 사실을 알고 받아들여야 한다.

개들은 사람이 생각하는 공평한 것에는 관심이 없다. 확실한 계급사회이기 때문이다. 무리를 지어 사는 본능이 있기 때문에 그 무리 안에서 자신에게 맞는 위치가 있다. 집 안에서도 마찬가지다. 우리의 눈에는 보이지 않지만 개들은 명확하게 그들 나름대로의 서열이 있다. 예를 들어, 서열이 낮은 개가 방에서 자고 있는데 서열이 높은 개가 들어오면 서열이 낮은 개는 조용히 자리를 피해준다.

서열 정하기

개들이 싸우는 이유 가운데 가장 보편적인 것은 갑자기 집에 새로운 강아지가 오게 될 경우다. 아무런 준비 과정 없이 새로운 강아지를 집에 데려오는 것은 문제가 있

장난감을 소유하는 것으로 서열을 정한다. 싸워서 이기면 장난감 주인이 바뀐다.

이런 줄다리기 놀이는 힘을 겨루는 시험이다.

Good Dog Training

1 개 두 마리가 나란히 주인 앞에 앉아 있다.

2 주인은 두 마리 가운데 서열이 높은 개에게 더 많은 관심을 보여야 한다.

Tip

같이 사는 개에게 공격적인 이유

- 서열이 높은 개는 주인이 자신보다 서열이 낮은 개에게 잘해주면 질투심을 느껴 싸운다.
- 강아지가 새로 오면 개들 사이의 경쟁심을 유발시켜 서열 싸움을 한다.
- 강아지가 커가면서 서열이 높은 개에게 도전할 수도 있다.

Good Dog Training

1 새로 온 개가 오히려 공격하는 경우가 많다.

2 한 마리는 뒤로 물러서야만 한다.

다. 특히 성견이면 더 큰 문제가 될 수 있고 집에서 키우던 개와 성(性)이 다른 경우도 마찬가지다. 이렇게 두 마리 이상이 한집에 살게 되면 놀이나 힘겨루기를 통해서 서열을 정한다.

두 마리 이상이 함께 살면 미묘한 긴장감이 흐른다. 사람들은 알 수 없는 몸짓과 소리로 의사소통을 한다.

강아지가 크면서 힘이 생기면 나이가 많은 개에게 도전하는데, 이는 12개월에서 3년 안에 자주 있는 일이다. 만일 도전받는 개가 도전해오는 개를 이겨야 한다고 생각하면 싸움이 일어난다.

강아지들도 나이 많은 개에게 덤비는 경우가 있긴 하지만 심각한 싸움은 일어나지 않는다. 나이 많은 개가 어린아이 장난으로 여기고 받아주기 때문이다.

주인이 없을 때는 잘 지내다가도 주인이 오면 싸우는 이유는 주인의 관심을 독차지하고 싶기 때문이다.

Tip
새 식구 들일 때

새로 오는 개가 강아지이든 성견이든, 사회성 훈련을 확실히 받도록 한다. 갈등을 줄일 수 있기 때문이다. 그리고 키우던 강아지와는 그 종류와 크기가 다른 개를 데리고 오는 것이 좋다. 크기와 무게에 차이가 많이 나면 날수록 서로 거의 싸우지 않는다. 예외는 있다. 테리어 종류는 같이 사는 개가 어떤 종류이건 간에 자신이 지배하려는 경향이 크다.

야생의 늑대 무리

야생에서 늑대 무리의 서열이 어떻게 정해지는지 살펴보는 것도 도움이 될 듯하다. 처음에 암놈과 수놈이 만나 번식하고 가족을 부양하면서부터 한 무리가 시작된다. 새끼는 1년이 되어도 무리를 떠나지 않고 다음 세대를 부양하는 일을 도우며 살아간다. 시간이 갈수록 무리의 수는 적게는 6~8마리에서 많게는 40마리까지 늘어난다. 어린 늑대들이 힘이 강해지면서 서열이 높은 늑대에게 도전한다. 이렇게 서열이 바뀌면서 무리의 질서는 계속 유지된다. 늑대 무리의 서열 변화는 1년에 한 번 번식기에 이루어진다.

늑대들은 이렇게 복잡한 관계를 그 누구의 도움 없이도 잘 꾸려 나간다. 그러나 개들은 사람의 집에서 생활하고 있다. 주인은 강아지를 새로 데리고 오면서 개들이 서로 잘

집에 새로운 개를 한 마리 더 들일 때는 지금 키우고 있는 개와는 종류도 다르고 크기도 다른 개를 원하는데, 이것이 오히려 서로 간의 갈등을 없앨 수 있다.

주인이 쓰다듬어 주기를 바란다. 지배 본능이 강한 개를 먼저 쓰다듬어 준다. 사람들은 개 사이에 일어나는 보이지 않는 긴장감을 알 수 없다.

서열 싸움이 일어나면 스스로 해결하도록 두는 것이 최선이다. 사람이 끼어들면 질서가 깨질 수 있다. 그러나 싸움이 너무 격해져서 두 마리 중 한 마리가 심하게 다칠 수 있는 상황이라면 예외이다.

어린 개는 나이 든 개에게 도전한다.

힘센 개가 싸우기 시작하면 조심해야 한다.

지내기를 바라지만 생각만큼 쉬운 일이 아니다. 늑대 무리에서는 대장의 눈밖에 나면 무리에서 쫓겨나는데, 사람들은 개들이 그러지 않기를 바라며 서로 아무 문제 없이 잘 지내주기만을 바란다. 주인은 개들의 긴장을 풀어주어 잘 지낼 수 있도록 도와주어야 한다. 어떤 암캐들은 새로 온 강아지를 별 거부감 없이 받아들이는 경우도 있는데 이는 무척 드문 일이다. 늑대 무리에서 어떤 늑대가 멸시를 받을 경우 그 늑대가 무리를 떠나든지 추방되어야만 평화로워진다. 하지만 많은 사람이 이런 사실을 인정하지 않으려 하고 모두 같이 즐겁게 살아주길 바란다. 그것은 단지 사람들의 바람일 뿐, 개에게는 아무런 의미도 없다. 개들에게 일부러 시킨다고 되는 것은 아니다. 하지만 사람의 힘으로 긴장된 상황을 풀어 서로 잘 지내게 할 수도 있다. 그렇게 된다는 보장은 없지만 대부분의 사람들이 지금까지 그렇게 해왔다.

집 안에서의 싸움은 주로 주인이 있을 때 일어난다. 예를 들어, 줄을 묶을 때나 쓰다듬어 줄 때 그렇다. 주인의 관심을 독차지하고 싶은데 상대가 끼어들어 언짢기 때문이다. 개들은 주인 다음의 서열에 앉고 싶어 한다는 사실을 잊어서는 안 된다. 그러나 이런 갈등은 주인이 자리를 뜨자마자 해소된다.

대장을 정한다

그렇다면 어떻게 해야 갈등을 해소할 수 있을까? 가족 모두가 일관성 있게 행동해야 실패할

먹이나 간식은 서열이 높은 개에게 항상 먼저 준다.

확률도 낮고 빠른 시일 안에 그 관계가 확실해진다. 먼저 지배 본능이 더 강한 강아지를 대장으로 정한다. 강아지가 한참 자라나는 시기라면 정하기가 어려울 수도 있지만 보편적으로 나이 많은 개의 위치를 보호해준다. 그렇다고 하더라도 강아지가 주인의 관심을 더 끌게 되면 대장의 자리를 빼앗을 수 있다. 개보다는 주인이 이러한 변화에 적응하기 더 힘들 수도 있다. 하지만 평화를 원한다면 변화는 어쩔 수 없는 과정이다.

뭐든지 서열 1위 개부터

개들 가운데 한 마리를 서열 1순위(대장)로 정했으면, 그만큼 대접을 해준다. 사람의 기준으로 봐서는 불공평한 일일지 모르지만……. 개들 세계에서는 공평한 것이란 없고 사람의 생각대로 하면 갈등만 더 심해질 뿐이다. 간식을 줄 때나 쓰다듬어 주고 털을 빗어줄 때, 또 외출했다 돌아왔을 때도 항상 무리의 리더를 먼저 안아주고 더 많이 예뻐해야 한다. 주인이 공평하게 해준다고 똑같이 안아주고 사랑해주면 그러한 행동 때문에 리더의 자리가 불안해질 수 있다.

다음과 같이 신경을 쓴다.

1. 두 마리가 같이 다가오면 항상 1순위 개를 먼저 쓰다듬어 준다.

개는 가족 안에서 자신의 위치를 잘 안다. 개가 두 마리 이상이 되면 서열을 정해야 한다.

2. 산책을 나가려 할 때도 1순위 개에게 먼저 줄을 채우고 충분히 칭찬해준다.

3. 다른 한 마리나 다른 도전자가 방해하려면 무시한다.

4. 먹이나 간식을 줄 때도 항상 1순위 개에게 먼저 준다.

5. 차 내부처럼 갇힌 공간에서는 개를 흥분시키지 않는다.

6. 장난감을 놓고 서로 싸움이 나면 모든 장난감과 껌을 치워버린다.

7. 아이들이 있으면 강아지를 너무 흥분시키지 않도록 일러둔다.

8. 1순위 개가 자신에게 다가오는 개에게 으르렁거린다고 해도 야단치지 않는다. 주인이 야단을 치는 행동은 1순위 개의 위치를 위태롭게 할 수도 있고, 싸움이 나는 상황으로 몰고 갈 수도 있다.

두 마리가 동시에 다가오면 서열 1순위를 먼저 쓰다듬어 준 다음 나머지 한 마리도 쓰다듬어 준다.

산책할 시간이 되면 줄을 1순위 개에게 먼저 묶어준다. 주인의 이런 작은 행동들이 개들에게는 서열을 확인시키는 일이다.

싸워도 내버려둔다

싸움이 나면 이론적으로는 스스로 해결하도록 그냥 두는 것이 최선이지만 다칠 수도 있기 때문에 주인 입장에서는 떼어놓

지 않을 수 없다. 스스로 해결하도록 하지 않고 주인이 끼어들면 서열이 무너지게 된다. 언젠가는 다시 싸워야 한다는 뜻이다. 지배 본능이 거의 같은 개끼리 맞붙으면 그 싸움은 끝이 나지 않는다. 어떤 개들은 싸우기 위한 싸움을 계속하기도 한다.

이렇듯 팽팽하게 맞서는 관계라면 한 마리가 다른 주인을 찾아가야 한다는 결론이 나온다. 여러분이 보내기 싫다고 두 마리를 모두 키우는 일은 자신의 감정만 생각하는 행동일 뿐 개를 사랑하는 방법은 아니다. 개를 진정 사랑한다면 새 주인을 찾아주는 것이 바람직하다.

만일 어린아이가 있어 위험하기 때문에 개들이 싸우는 것을 그냥 볼 수 없는 상황이라면 물총을 사용해 싸움을 중지시킨다. 개의 얼굴에 물을 분사하면 싸움은 일단락된다. 하지만 이렇게 싸움이 끝나더라도 일시적인 휴전일 뿐 그 근본 원인은 제거되지 않는다.

계속되는 서열 싸움에는 큰 개도 지칠 수밖에 없다.

간식도 서열 1순위에게 먼저 준다. 두 마리가 사이좋게 지낼 수 있도록 도와줄 수 있다.

Tip

갈등 해소방법

- 서열 1순위를 정해서 항상 대접해준다.
- 싸움이 나면 스스로 해결하도록 지켜본다.
- 상황이 너무 위험해서 꼭 말려야 한다면 물총이나 알람 등으로 멈추게 한다.
- 최악의 경우 결론이 나지 않을 때는 한 마리에게 새 주인을 찾아준다.

서열이 높은 개는 주인의 눈빛에서 자신이 대장임을 확인하고 싶어 한다. 이때 주인이 확실한 태도를 취하지 않으면 안 된다.

서열이 낮은 개는 옆에 서 기다려야 한다.

새 주인에게 보낸다

야생 세계에서 무리 중 어느 한 마리가 왕따를 당하거나 공격을 받았다면 그 개는 공격자로부터 어느 정도 거리를 두고 생활한다. 시간이 지나 긴장감이 풀릴 때까지 그렇게 산다. 그러나 집에서 키우는 개는 그렇게 할 상황이 되지 않는다. 또한 야생 세계에서 계속 따돌림을 당하거나 위협을 받는다면 무리를 떠나거나 목숨을 걸고라도 리더와 싸운다. 하지만 집에서 키우는 개는 스스로 무리를 떠날 수 없기 때문에 계속 싸울 수밖에 없다. 따라서 힘이나 성격이 비슷한 강아지들의 서열 싸움이 끊이지 않는다면 차라리 새 주인을 찾아주는 편이 더 좋다.

키우다 다른 곳으로 보내는 것은 쉬운 일이 아니다. 그렇다고 계속적으로 개에게 입마개를 채워 둘 수도 없는 노릇이다. 힘들더라도 여기서 제시하는 훈련 과정을 착실히 잘 따라 하면 몇 달 뒤에 평화가 찾아올 수 있다.

■ 소유욕이 심한 개

늑대들은 대부분의 시간을 음식 찌꺼기나 동물의 뼈를 수거하며 보내거나 그 뼈를 갖고 놀면서 보낸다. 수거한 뼈는 저장해 두는데 뼈를 소유한다는 것은 굉장한 힘의 상징이다. 집에서 키우는 개의 경우에는 장난감을 소유하는 것이 자신의 힘을 과시하는 것이다. 가지고 노는 장난감을 빼앗기지 않으려고 하는 것을 보면 알 수 있다.

우리가 원하는 것이 바로 이런 모습이다. 두 마리 모두 편안해 보인다. 그러나 대부분의 개는 지배 본능이 강하다. 만일 싸움이 끝나지 않는다면 한 마리에게 새 주인을 찾아주어야 한다.

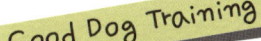

1 개와 줄다리기 놀이를 하는 것은 재미있다.

2 놀이가 끝날 때 주인이 장난감을 소유하지 못하면 개는 장난감에 대한 소유욕이 강해지고 지배 본능도 커진다.

Tip

중성화 수술의 찬반양론

수놈 : 거세수술

공격적인 개에게 거세수술을 시행한 결과 그들 중 반은 효과를 보았다. 여성 호르몬을 투여해 공격적인 본능을 줄일 수도 있다. 두 가지 모두 최선의 방법은 아니지만 수의사와 상담한 다음 결정하는 것이 좋다. 그리고 서열순위가 낮은 개를 수술시키는 것이 오히려 효과적일 수도 있다. 그렇게 함으로써 힘의 차이가 커지면 확실히 평화롭기 때문이다.

암놈 : 불임수술

암놈이 불임수술을 받으면 지배 본능이 오히려 증가한다. 수의사와 상담 후 수술을 결정한다.

그리고 장난감을 갖고 있을 때 가까이 가면 으르렁대면서 가까이 오지 못하게 한다. 이것은 장난감을 소유하고 싶은 본능 때문에 공격적인 태도를 보이는 것이다. 개는 장난감을 빼앗기지 않으려고 발 사이에 두고 주인을 견제한다. 하지만 이런 태도는 용납할 수 없다. 장난감을 갖고 있을 때마다 이런 태도를 보이는 것은 장난감이 주인의 소유가 아니라 자신의 소유라고 생각하기 때문이다. 그리고 자신이 주인보다 더 강하다는 생각을 하기 때문이다.

늑대 무리에서는 먹이 때문에 싸우는 경우가 종종 있다. 늑대들은 이빨을 드러내 보이거나, 으르렁대며 무서운 눈빛으로 쳐다보며 위협한다. 집에서 키우는 강아지들 역시 이와 비슷하다. 주인과 의사소통을 하긴 하지만, 사람은 개의 미묘한 의사 표현까지 알아듣지는 못한다.

어떤 사람들은 심하게 꾸짖기도 하지만 문제만 더 크게 만들 뿐이다. 그보다는 더욱 세심한 방법으로 달랠 필요가 있다.

집착하는 장난감 치우기

만일 장난감이 문제가 된다면 당분간 장난감을 모두 치워버린다. 왜 힘들게 개를 키우는지 모르겠다. 지배 본능을 저하시키는 훈련 과정과 함께 복종훈련을 시킨다면 완벽하게 개를 제어할 수 있는데도 말이다.

그 다음 단계로는 장난감의 소유권은 주인과 그 가족에게 있다는 사실을 알려준다. 먼저 리드줄로 묶어두고 장난감을 던진다. 장난감을 잡으라고 줄로 유인해 가까이 오게 한다. 가까이 왔으면 앞에 와서 앉으라고 명령한다. 이때 줄을 당겨서 오게 하지 않는다. 와서 앉으면 장난감을 돌려받는 대신 먹이를 준다. 맛있는 것을 먹어서 즐거워진 개는 장난감을 지배하고 싶은 본능을 잊는다. 시간이 지나면 먹이를 주지 않고도 장난감을 돌려받을 수 있게 된다.

스프레이 이용하기

장난감을 갖고 소파 밑에 숨거나 누군가 다가가면 으르렁대는 개들은 다루기가 가장 어렵

Good Dog Training

1. 장난감의 주인은 여러분임을 확실하게 해두어야 한다.

2. 줄로 묶어두면 개의 행동을 제어하기 쉽다.

장난감의 소유권을 장악하기 위해서는 목줄을 사용한다. 반항하지 않고 장난감을 주인이 줄 수 있도록 복종훈련을 한다. 놀이가 끝날 때 간식을 주면서 장난감을 주인에게 주도록 유도한다.

3. 장난감을 주인에게 주도록 유도하는 훌륭한 도구는 역시 먹을 것이다.

Good Dog Training

1. 스패니얼과 주인 모두 즐겁다. 하지만 개가 장난감을 가로채 숨긴다면, 그 버릇은 고쳐야 한다. 주인에게 복종하지 않는다는 뜻이기 때문이다.

2. 아무 문제 없이 놀이를 즐긴다.

3. 긴장감이 더해간다. 개가 주인에게서 장난감을 빼앗으려고 한다. 여기까지는 문제가 없다고 생각할 수도 있지만 놀이가 끝나도 장난감을 주지 않는다면 어떻게 할 것인가?

4. 결국 개에게 장난감을 빼앗겼다. 이렇게 되면 게임은 끝난 것이다.

다. 단기적으로는 개 머리 위쪽에 시트로넬라 향 스프레이를 뿌린다. 향이 서서히 공기 중에 퍼지면 개는 냄새 때문에 장난감을 지키지 못하고 자리를 뜬다. 이 일로 장난감을 완벽하게 소유하려는 개의 의도는 무산되고 만다. 그때 개가 있던 자리에서 장난감을 수거한다. 이렇게 해 무리의 리더가 여러분임을 다시 한 번 인식시킨다.

스프레이를 뿌릴 때는 개에게 위협이 되지 않도록 주의한다. 방향제를 뿌리듯이 공중에 대고 뿌린다. 방향제 뿌리는 모습과 같기 때문에 개는 별다른 거부감을 나타내지 않는다. 스프레이를 뿌렸는데도 자리를 지키는 개는 거의 없다.

해도 되는 것과 안 되는 것

- 장난감을 갖고 의자나 책상 밑에 들어가 앉았다면 손을 넣어 억지로 빼앗지 않는다. 그러면 상황이 더 불리해진다.
- 장난감을 빼앗으려고 개를 때리는 행동은 좋지 않다. 성격만 더 난폭해질 뿐이다.
- 소리 지르지 않는다. 명확한 명령만 하고 장난감 대신 개가 좋아하는 먹이를 준다.
- 으르렁대면 앞에 앉아서 부드러운 말을 하지 않는다. 신경만 날카로워져서 더 심하게 으르렁댈 뿐이다.

개가 신발을 물고 놓으려 하지 않으면 미리 신발에 물기 방지 스프레이를 뿌려둔다.

소유욕이 강한 개 다루는 법

- 지배 본능 저하 과정을 훈련시킨다(52~57쪽).
- 개가 소유하고 싶어 하는 물건을 모두 치운다.
- 좋아하는 장난감이나 물건에 물기 방지 스프레이를 뿌려둔다.
- 큰 소리를 지르지 않는다. 오히려 지배 본능을 부추길 뿐이다.
- 물건을 가져오려 할 때 "안 돼." 라는 명령은 효과적이다.

- 모든 개들에게 효과가 있지는 않지만 '무시' 하는 방법을 써 본다. 주인의 반응이 없으면 더 이상 소유하고 싶은 본능도 사라진다.
- 신발이나 슬리퍼를 물어뜯기 좋아하는 개라면 물기 방지 스프레이를 매일 뿌린다. 좋아하는 신발도 맛이 쓰면 씹는 일이 점점 줄어들 것이다.
- 만일 공원에서 어떤 음식을 물고 놓으려 하지 않는다면 제12장에 나오는 방법을 쓴다 (223~232쪽 참조).

개들이 자기 먹이를 지키겠다고 마음먹기 시작하면 큰 문제가 될 수 있다. 밥그릇은 자신이 아니라 주인의 것이라는 사실을 가르쳐야 한다.

■ 먹을 것에 집착하는 개

동물 세계에서는 먹이가 가장 영향력 있는 도구이다. 물론 대부분의 개들은 주인이 주는 먹이와 가끔씩 찾은 사냥감(바닥에 떨어져 있는 음식 등)을 씹고 다니는 것으로 만족한다. 하지만 주인이 밥그릇을 치우려 할 때 공격적인 태도를 보이는 개들도 있다. 야생 세계에서는 먹이 때문에 싸우는 일이 늘 일어난다. 이빨을 드러내며 으르렁대는 행위로 상대를 위협하기도 하고 싸움을 하기도 한다. 이 개들은 주인에게도 똑같이 행동한다. 주인이 한 번 질 때마다 개는 자신이 주인을 지배한다고 생각하고 승자라고 느끼게 된다.

다음 과정은 이런 갈등을 피하고 개의 관심을 다른 곳으로 돌리는 동시에 주인이 다가오는 것은 위험한 일이 아니라 보상이 따르는 일임을 가르쳐주는 과정이다.

교정훈련 방법

1. 먹이를 바꾼다. 마른 사료로 바꾸어 밥그릇을 보호하려는 본능을 떨어뜨린다.
2. 다 먹으면 밥그릇을 치운다. 먹는 시간은 5분만 준다. 이렇게 밥그릇을 치워버리면 밥그릇에 대한 집착이 사라진다.
3. 먹이는 좁은 공간을 피해서 준다. 사람이 많이 다니는 통로나 자신의 밥그릇을 빼앗길 것 같은 좁은 공간은 괜한 긴장감만 조성할 뿐이다.
4. 먹이 주는 장소를 이동한다. 정원이 있다면 정원이 가장 좋다. 그렇다면 굳이 밥그릇을 보호할 필요가 없을 것이다. 주인이 자주 지나다니지 않는 곳이 좋다.
5. 식탁에 와서 먹을 것을 달라고 졸라도 주지 않는다. 물론 간식도 주지 않는다.
6. 뼈나 껌 때문에 개에게 문제가 생겼다면, 다시는 주지 않는다.

불러서 오면 먹이를 준다

"이리 와."라는 명령에 복종하면 다른 좋은 버릇을 들이기도 수월하다. 목줄과 리드줄을 사용하면 개가 주인의 말을 더 잘 듣기 때문에 훈련시키기 좋다. 줄을 묶고 하루에 두 번 정도 불러서 오게 하는 훈련을 한다. 완벽하게 하려면 몇 주 걸릴 수도 있다. 주인이 부를 때 즉각 오게 만드는 데 이 훈련의 목적이 있다. 부를 때 반응하면 보상으로 간식을 준다. 인내심을 갖고 오랜 기간 훈련시켜야 한다.

명령에 복종하기 위해 밥그릇 주위를 떠나면 줄을 풀어도 좋다. 명령에 복종하려고 밥그릇을 두고 온다는 것은 주인이 모든 것을 관리한다는 사실을 인정한다는 뜻이다. 또 주인에게 가면 간식도 주기 때문에 주인이 위협의 대상이 아님을 깨닫는다.

밥그릇을 치우려 하면 개는 자신의 먹이를 지키기 위해 공격적인 태도를 보인다. 특히 주인이 이런 식으로 무릎을 꿇고 앉는 것은 복종이나 공격의 뜻으로 받아들여지기 때문에 좋지 않다.

밥그릇에 스프레이를 뿌린다

스프레이를 제대로 사용하면 거의 모든 개에게 효과가 있다. 밥그릇을 지키겠다고 앉아 하루 종일 사람이 근처를 지나다닐 때마다 으르렁댄다면 보통 성가신 문제가 아닐 것이다. 이럴 때 스프레이를 사용하면 근본적인 원인을 제거하지는 못하지만 순간적으로 효과가 있다.

시트로넬라 향 스프레이나 동물용 물기 방지 스프레이를 약 1.5m 위에서 공중에 분사한다. 분사된 스프레이의 미세한 입자가 내려앉으면서 냄새가 퍼지면 밥그릇을 두고 다른 곳으로 이동할 것이다. 그때 밥그릇을 치운다. 아무 말도 하지 않고 자연스럽게 행동한다.

스프레이는 개를 향하여 위협적인 자세로 뿌리지 말고, 마치 방향제를 뿌리듯 공중에 대고 자연스럽게 뿌린다. 뿌리면서 아무 소리도 내지 않는다.

먹이를 바꾼다

이것도 많은 효과를 본 방법이다. 타이밍과 이 과정을 어떻게 관리하느냐가 중요하다. 모든 개에게 실험해본 결과 밥그릇을 지배하려는 버릇이 든 지 오래되지 않은 개에게 더욱 좋았다.

먼저, 개밥을 마른 사료 종류로 바꾼다. 맛이 덜하기 때문에 보호 본능도 없어진다. 2m 정도 되는 줄을 이용하여 묶어두는 훈련 과정을 밟는다(57쪽 참조). 사료를 담은 밥그릇을 개가 닿지 않은 거리에 놓는다. 그리고 닭고기나 햄 조각을 준비해서 접시에 담아 주인 가까이에 둔다(개가 닿지 않는 곳이어야 한다). 이제 밥그릇을 개가 닿을 수 있는 곳으로 밀어주고 동시에 고기를 보여준다. 개가 고기 냄새를 맡고 그 고기를 먼저 먹으려 하면 일단 성공한 것이다.

고기를 준 다음에는 밥그릇을 치운다. 이렇게 밥그릇을 치우는 대신 고기를 먼저 주는 것이 먹이 바꾸기 방법이다. 이 과정도 많이 하면 할수록 개는 주인이 위협의 대상이 아니라 고기를 주는 대상이라고 인식하게 된다. 공격적인 태도가 사라질 때까지 계속 훈련한다.

끝내 집착을 버리지 못한다면?

어릴 때부터 미리 복종훈련을 시켜 이런 사태를 예방하는 것이 가장 좋은 방법이다. 제아무리 복종훈련을 받았다고 해도 눈앞에 먹을 것만 보이면 전혀 통제할 수 없는 개들도 있다. 주인이 적절한 시기에 제대로 훈련을 시키지 못한 결과이다. 여기 나온 방법으로도 행동이 바뀌지 않는 개들에게는 사람이 지나다니지 않는 장소에서 먹이를 주는 것 외엔 다른 해결 방법이 없다. 특히 집에 어린아이가 있다면 밥그릇에 집착하는 공격적인 개를 키우는 일은 위험하다. 아이를 공격할 수도 있기 때문이다.

■ 빗질할 때 공격적인 개

왜 공격적일까?

개에게 빗질은 매우 즐거운 일이다. 주인과의 접촉이 가능한 시간이기 때문에 개가 즐기는 일 가운데 하나다. 대부분의 개가 빗질하는 것을 좋아하지만 그렇지 않은 개들도 있다. 빗질을 할 때 개가 공격적으로 변하는 이유는 자신이 주인보다 서열이 높다고 생각하기 때문이다. 공격적인 개들도 빗질 자체는 즐긴다. 단지 자신의 위치를 주인에게 알리고 싶어서 공격

Tip

먹이에 집착하는 개 다루는 법

- 뼈나 장난감을 갖고 의자나 탁자 밑으로 들어가면 위험하기 때문에 손을 넣어 억지로 빼앗지 않는다.
- 물건을 빼앗기 위해 때리지 않는다.
- 소리 지르지 않는다. 정확한 명령만 하고 먹이와 바꾸는 방법을 쓴다.
- 개가 으르렁댄다고 무릎 꿇고 앉지 않는다. 이것은 개의 지배 본능을 가중시켜 공격적인 태도가 더 심해질 뿐이다.
- 무시한다. 아무 반응이 없으면 밥그릇을 지킬 필요성을 느끼지 못한다.

적으로 변한다. 자신이 알고 있는 유일한 방법, 즉 공격적 행동으로 주장을 나타내는 방법을 쓰는 것이다.

이럴 때 대부분의 주인들은 화를 내며 언성을 높인다. 이 방법 또한 나이가 많은 개들에게는 효과가 있다. 늑대 무리에서 대장은 다른 무리에게 다가가 빗질하는 형태의 행동을 할 수 있지만 반대는 용납되지 않는다. 그런 무리의 법칙을 적용시켜 자신을 알리려 하는 것이다. 그러나 여러분은 그런 개의 태도가 마음에 들지 않을 것이다. 그런 태도는 반드시 꺾어야 한다.

빗질은 개가 사람을 동반자로 인정하고 있다는 몸짓이다.

개가 어릴 때는 무릎에 앉혀 놓고 빗질하는 것도 좋겠지만, 강아지가 크고 난 뒤를 생각한다면 바닥에 앉혀 놓고 빗기는 것이 바람직하다.

빗질도 조심조심

털에 가려 보이지 않는 상처가 있을 경우에는 빗질에 대한 공격적인 반응이 더 심해지는데 이때는 수의사의 치료가 우선되어야 한다. 또한 털이 길어 빗질하는 데 시간이 많이 걸리는 개를 키우는 경우 빗으로 개에게 상처를 내지 않도록 조심해야 한다.

털이 긴 종류를 키우는 사람들은 긴 털이 엉키지 않도록 주의해서 빗질한다. 엉킨 부분을 풀 때는 아프지 않게, 또 잘못해서 피부에 상처가 나지 않도록 조심해야 한다.

몹시 사나운 개에게는 입마개를 씌우고 빗질을 한다. 주인이 생각하기에 입마개를 하지 않고도 빗질을 받아들일 수 있는 수준이 되면 그때 벗긴다.

어릴 때부터 빗질을 해 익숙해져야만 좋아한다. 빗질할 때는 아픈 곳을 건드리지 않나 조심해야 한다. 한번 잘못 건드려 아픈 기억이 있으면 그 다음부터는 빗질을 하지 않으려고 할 것이다.

사나우면 입마개를 씌운다

빗질할 때 어떤 개들은 단순히 반항하는가 하면 어떤 개는 물기도 한다. 만일 문다면 훈련기간 동안 입마개를 사용하는 것이 바람직할 것이다. 빗질하기 전 입마개에 익숙해지도록 훈

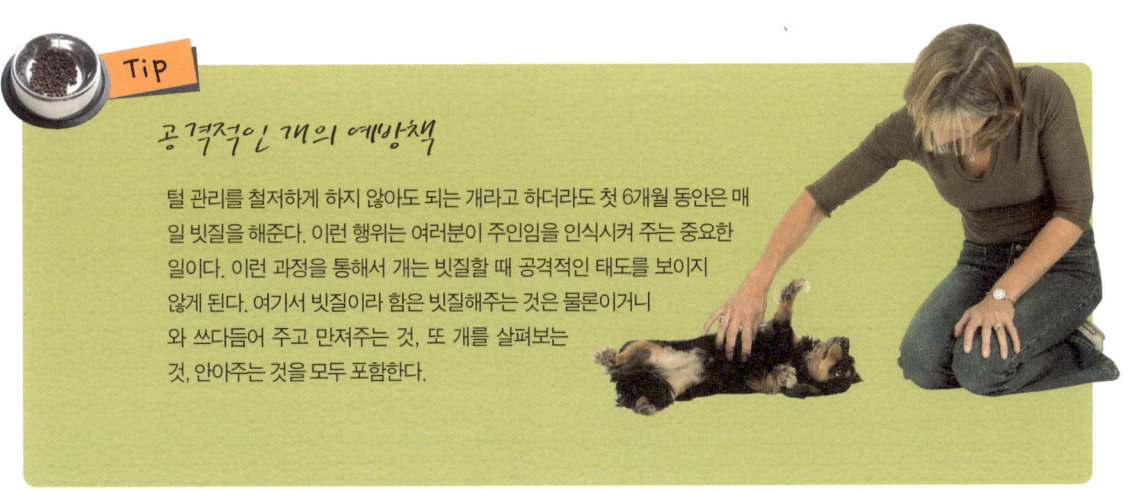

Tip

공격적인 개의 예방책

털 관리를 철저하게 하지 않아도 되는 개라고 하더라도 첫 6개월 동안은 매일 빗질을 해준다. 이런 행위는 여러분이 주인임을 인식시켜 주는 중요한 일이다. 이런 과정을 통해서 개는 빗질할 때 공격적인 태도를 보이지 않게 된다. 여기서 빗질이라 함은 빗질해주는 것은 물론이거니와 쓰다듬어 주고 만져주는 것, 또 개를 살펴보는 것, 안아주는 것을 모두 포함한다.

련시켜야 한다. 입마개는 사나운 개나 흥분하기 쉬운 개에게 효과가 있다. 빗질하면서 더 이상 반항하지 않도록 한다.

줄에 묶어두고 옆에 맛있는 간식을 놓아둔다. 그리고 개가 많이 배고파하는 상태에서 빗질을 한다. 빗질은 예민하지 않은 부분부터 시작해서 점점 더 예민한 곳으로 옮겨간다. 줄에 묶여 있기 때문에 두 손을 다 쓸 수 있어서 좋다. 만일 개가 으르렁댄다고 해도 안심시키려 하지 않는다. 가볍게 빗질해도 가만히 있으면 칭찬해주고 간식도 준다. 이런 식으로 빗질 연습을 하면 더 이상 반항하지 않게 된다.

너 지금 반항하니?

음식을 훔치거나 바닥을 훑고 다니는 우리 강아지

개는 본능적으로 청소부다. 야생 개는 잡식성이기 때문에 무엇이든 닥치는 대로 먹고 모자라면 심지어 죽은 동물까지도 먹어치운다. 야생 세계에서 먹을 것은 생사를 좌우하지만 애완견들은 주인이 주는 음식을 먹는다. 하지만 먹을 것이라면 그 무엇도 버리지 못하는 본능은 그대로 있다. 사람이 먹다 남긴 샌드위치나 다른 동물의 배설물까지도.

개들은 훔친다는 의미를 이해하지 못한다. 그래서 늑대처럼 눈에 보이는 것은 다 먹어치운다. 사람이 보이는 반응은 전혀 이해하지 못한다. 개가 음식 쓰레기를 입에 물고 있으면 주인은 따라가서 입에 있는 것을 꺼내려 한다. 하지만 개들은 주인이 먹고 싶어서 빼앗는다고 생각한다. 그래서 음식을 입에 물면 도망가는 것이 최선이라고 생각한다.

둔한 미각

개들은 사람에 비해 미각이 둔하다. 그리고 먹을 수 있는 것을 구별하는 기준도 사람과는 다르다. 개에게는 온 세상에 먹을 것 천지다. 공원에서 개가 음식 찌꺼기를 먹는 것을 보면 더럽

개는 기회주의자이며 먹을 것에 대한 본능이 강하다. 그렇기 때문에 맛있는 빵이 보이면 본능이 발동하는 것은 당연한 일이다.

다는 생각과 함께 부패되지 않았을까 걱정하지만 개들에게는 모두가 맛있는 먹을거리이다.

개가 소나 말, 그리고 양이나 초식동물의 배설물을 먹는 것은 자연스러운 일이다. 초식동물의 배설물에는 소화를 돕는 영양소도 있지만, 이것을 먹는 개들은 '절대 음식을 낭비하지 않는다'는 생각뿐이다. 지저분하고 기생충을 섭취할 수도 있지만 늑대들은 이 정도의 위험은 감수한다. 그러나 우리가 집에서 키우는 개가 이런 행동을 하길 원하는 주인은 없다.

심심해서 먹는다?

자연 세계에서 먹이는 가장 강력한 힘이 될 수 있다. 집에서 키우는 개들은 규칙적으로 먹는다. 그러나 개들은 때때로 주인이 주는 먹이 외에 스스로 찾아 먹고 싶은 충동을 느낀다.

개가 닿을 수 있는 식탁에 먹다 남은 케이크나 샌드위치, 과자나 다른 음식물을 남겨놓는 무책임한 사람들이 원인을 제공한다. 개라면 식탁에 남은 음식을 그냥 지나칠 수 없다. 한번 사냥에 성공하면 다음에는 그 충동이 한층 더 강해진다.

그리고 개가 먹을 것을 찾아 헤매는 까닭은 배가 고파서라기보다는 지루해서이다. 오랜 시간 혼자 집에 있어야 하는 개들은 재미있는 소일거리를 찾게 마련이다.

뜻이 있으면 길이 있다. 개들은 멀리서도 냄새를 잘 맡기 때문에 일단 먹을 것을 찾으면 무엇이든 먹는다.

냄새를 못 참아

개들은 발달한 후각 덕분에 코로 탐색하는 것을 좋아한다. 부엌 휴지통에서 흘러나오는 향기로운 냄새는 개들을 더욱 흥분시킨다. 게다가 휴지통을 넘어뜨리면 먹을 것도 나오지만 뒤지는 재미도 크다. 그래서 될 수 있는 한 휴지통은 개의 손길이 닿지 않는 곳에 두는 것이 좋다.

어떤 개 종류는 대식가다. 특히 래브라도 레트리버는 대식가로 유명하다. 이런 개들은 먹어서는 안 될 것까지 모두 먹어치운다.

주인이 주는 것만 먹게 한다

집에서나 공원에서 개가 먹을 것을 찾아 헤매는 것을 예방할 수 있는 방법은 주인의 명령에 복종하게 만드는 길밖에는 없다. 먹을 것에 대한 사람의 의견을 이해할 수 없는 개들에게 "안 돼."라는 명령이 절대 안 된다는 뜻이라는 사실을 정확하게 가르쳐야 한다. 개가 어렸을 때 "안 돼."의 의미를 가르치는 것이 좋다.

집 안에 일부러 먹을 것을 눈에 띄게 둔 다음, 줄을 묶어둔다. 그리고 개가 집 안을 돌아다니다 먹을 것 가까이 가면 줄을 당기면서 "안 돼."라고 명령한다. 발견한 먹이를 먹으면 보상을 받을 수 없지만 먹지 않고 주인에게 복종하면 보상을 받는다는 사실을 기억하게 한다.

더욱 확실히 훈련시키려면 절대 손으로 먹이를 주지 않는다. 특히 주인이 먹던 접시에 밥

개가 먹을 것에 집착하는 이유

- 본능적으로 개들은 음식을 버리지 않는다.
- 먹을 것을 보면 절대 그 기회를 놓치지 않는다.
- 혼자 있기 심심하면 재미있는 놀이를 찾는다.

을 담아주지 말아야 한다. 밥을 먹다가 개에게 조금 떼어주는 것은 자연스러운 일이지만 개는 주인이 먹을 때마다 자기에게도 먹을 것을 준다고 생각한다. 그래서 혼자서도 먹을 것을 찾아 헤매는 원인이 될 수 있다.

이런 재주를 부리면 먹을 것을 안 줄 수가 없다. 재주를 부리거나 훈련시킬 때는 간식을 이용하는 게 좋다. 그러나 아무 때나 먹이를 손으로 주는 것은 바람직하지 못하다.

형편없는 미각

경험을 시켜 저지하는 것보다는 예방하는 것이 더 효과가 크다. 어떤 사람들은 겨자같이 맛이 이상하거나 매운 음식을 눈에 띄는 곳에 남겨놓고 아무 때나 그 맛을 보게 하면 다시는 아무 음식이나 먹지 않을 거라고 한다. 하지만 대부분의 개들은 나쁜 냄새는 잘 가려내도 미각은 형편없기 때문에 효과가 없다. 이런 것은 시간만 낭비할 뿐이다.

"안 돼."의 뜻은 절대 안 된다는 것임을 가르친다. 복종훈련은 코로 훑고 다니다 음식 찌꺼기를 먹으려 할 때 매우 효과적이다. 줄을 묶고 훈련시킨다.

안 보이면 안 먹는다

개들이 식탁 위의 음식이나 부엌바닥에 떨어진 음식을 먹는 것은 주인이 무관심하기 때문이다. 개는 한 번 성공하면 자신감을 얻어 그 행위가 습관이 되어버린다. 이런 일을 예방하기 위해서는 먹을 것을 방치해두지 말고 아주 작은 조각도 모두 깨끗이 치워야 한다. 그러면 아무리 찾아도 먹을 것이 없어 바닥을

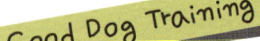

2 먹을 것을 손으로 줄 때는 명령에 따라 먹도록 한다.

1 이 개는 자기 밥그릇에 있는 것만 먹도록 훈련받았다. 다른 음식을 주어도 좋지만 주인이 먹던 그릇에 주는 것은 바람직하지 않다.

아이들은 바닥에 앉아서 노는 것과 먹는 것을 좋아한다. 개들도 마찬가지다. 아이들에게서는 먹을 것을 더 많이 빼앗을 수 있다.

훑고 다니는 습관도 자연히 없어지게 된다.

특히 나쁜 버릇이 쉽게 들 수 있는 어린 시절과 청년기에는 더욱 청결에 신경을 써야 한다. 벌써 바닥을 훑고 다니는 습관이 들었다면 다음 과정을 따라 한다. 어떤 상황을 만들어서 그 상황에 걸려들게 유도한다. 그리고 주인의 허락없이는 그 어느 것도 먹을 수 없다는 것을 각인시킨다. 항상 주인의 통제 하에 있음을 개가 알게 만든다.

어린아이들의 식사시간은 어른에게는 힘든 시간이지만 개에게는 더없이 좋은 시간이다.

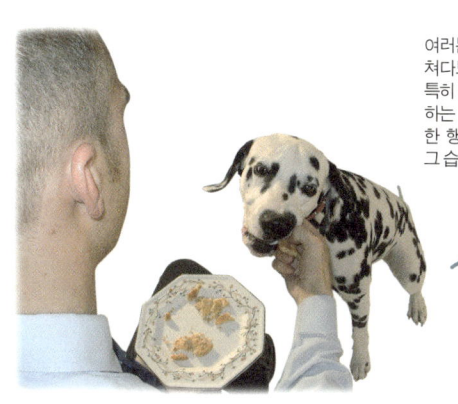

여러분이 먹고 있을 때 개가 애원하듯 쳐다보고 있으면 모른 척하기 힘들다. 특히 혼자 살면서 애완견을 가족처럼 대하는 사람들은 더욱 힘들다. 개가 어떠한 행동의 결과로 먹을 것을 얻었다면 그 습관은 고치기 힘들다.

어린아이들은 의자에 앉아 개에게 먹을 것을 던져준다. 이런 상황에서는 개가 먹는 것을 저지하기가 힘들므로 아이가 먹는 동안에는 개가 가까이 오지 못하게 해야 한다. 아이가 식사를 다 마치고 바닥을 깨끗하게 치운 다음에는 개를 들어오게 해도 무방하다.

강아지가 "안 돼."라는 명령에 복종하게 만들거나 묶어두는 것도 한 방법이다. 개가 명령에 따라 행동하게 하는 것이 무엇보다 중요하다.

들키면 바로 벌이다

여러분이 보고 있을 때 음식을 주워먹으려 하면 즉시 "안 돼."라고 하면서 물총이나 훈련용 디스크(또는 열쇠 꾸러미)를 사용해 저지한다. 그러면 대부분의 개들은 먹지 않고 도망간다.

또는 리모컨으로 작동하는 향기 분사식 물기 방지 목줄을 사용하는 것도 좋다(이것은 충격을 주는 물건이 아니기 때문에 안심하고 사용해도 좋다). 이것들은 방법을 제대로 알고 사용한다면 먹을 것을 훔치려는 개의 행동을 저지할 수 있는 좋은 도구가 될 수 있다. 리모컨으로 작동되기 때문에 개는 주인이 스프레이를 뿌린다고는 생각하지 않고, 단지 자기가 하는 행동 때문에 나쁜 냄새가 난다고 생각한다.

Good Dog Training

1 이렇게 방치되어 있는 음식 찌꺼기는 복종훈련을 아직 받지 못한 강아지에게는 더없이 좋은 목표물이다.

2 쓴맛 나는 음식으로 행동을 저지할 수는 있지만 모든 개에게 통하지는 않는다. 어떤 개들은 무엇이든 가리지 않고 먹기 때문이다.

놀라게 하라

자연스럽게 배우는 것이 개에게는 오히려 효과적일 수 있다. 여러분이 없을 때에도 아무거나 먹지 못하게 하려면 놀라게 하는 방법이 있다. 뾰족한 부분이 없는 깡통(다치지 않게) 몇 개를 같이 묶어 줄을 연결한 다음 끝쪽에 고기를 매달아 놓는다. 그리고 개가 닿을 수 있는 높이의 탁상에 고기가 보이게 올려놓는다. 개가 고기를 먹으려고 잡아채면 깡통이 같이 떨어져 요란스러운 소리를 낸다. 대부분의 개들은 이 소리에 놀라 도망친다. 정기적으로 장소를 바꿔가면서 이 훈련을 하면 자기 밥그릇에 있는 먹이 외에는 건드리지 않게 된다.

최후 수단

어떤 방법을 써도 음식물을 계속 주워먹는 심한 경우에는 입마개를 씌우는 것이 좋다(특히 공원이나 길에 있는 먹을 것에는 독성이 있을 수도 있다). 입마개 씌우는 것에 익숙한 개는 음식물을 훑고 다닐 위험이 없다. 그리고 복종훈련까지 완벽하게 되어 있다면 먹을 것이 눈에 보여도 먹지 않는다. 고집이 세거나 덩치가 큰 개처럼 관리하기 힘든 개들은 집에서도 입마개를 하는 것이 좋다. 한 번에 두 시간 이상은 끼우지 않는다.

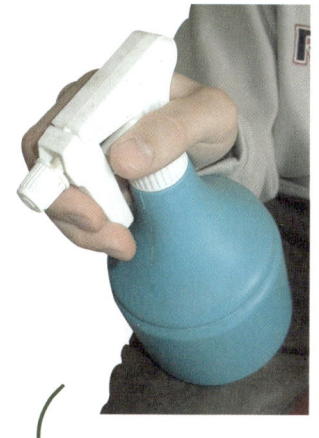

음식을 훔쳐 먹는 개의 행동을 저지하기 위해 물총이나 스프레이를 사용한다. 개는 안 좋은 경험을 했기 때문에 아무 음식이나 먹으면 안 된다는 것을 알게 된다.

Tip

훔쳐 먹는 버릇 고치기

- 음식을 눈에 보이는 곳에 방치해두지 않는다.
- "안 돼." 라고 명령한다.
- 여러분이 먹던 그릇에 먹을 것을 담아 주지 않는다.
- 음식을 주워먹을 때마다 불쾌한 경험을 하게 한다(물총이나 훈련용 디스크 또는 깡통 등으로 놀라게 하는 방법이 있다).
- 훔쳐 먹는 습관이 너무 오래되었다면 당분간 입마개를 사용해도 좋다.

Good Dog Training

1 줄로 묶어서 훈련하면 "안 돼."라는 명령을 가르치기 쉽다. 접시 가까이 가려고 하면 줄을 당겨 막는다.

2 훈련용 디스크는 행동을 저지하는데 아주 유용하게 쓰인다. 먹을 것을 향해 갈 때 디스크를 던진다. 그 소리는 먹이를 먹는 것과 연관되어 불쾌한 기분을 느끼게 된다.

PART 13 여친(남친)이 필요하니?

성욕이 강한 우리 강아지

성욕이 과도한 개들은 그리 많지 않다. 방석이나 사람의 다리에 올라타는 현상은 호르몬 분비가 많은 청년기에 접어든 개에게는 자연스러운 현상이다. 그리고 다른 강아지 위로 올라가는 행동은 지배 본능을 과시하려는 것이고 형제 간에 서열을 정립하는 행위이기도 하다. 하지만 대부분의 주인들은 이런 행동에 당황한다. 그것도 아끼는 방석이나 아이들이 좋아하는 인형에 그런다면 더 당황스러울 수 있다.

대부분의 강아지들은 커가면서 올라타는 행위(마운팅)를 한다. 특히 수놈은(가끔 암놈도 그런다) 성견이 되어서까지도 그 버릇을 버리지 못하는데, 이런 모습을 보면 당황스럽다. 더더군다나 수놈이 사람의 팔이나 다리에 올라타면 불쾌하기까지 하다. 그리고 아이들이 있거나 노인과 함께 사는 집이라면 위험할 수도 있다.

많은 사람이 이런 일이 벌어질까 봐 두려워한다. 만일 집에 손님이 왔는데 개가 다리에 대고 비빈다면 무척 당황스러울 것이다. 그리고 아이들이나 노인들과 함께 사는 집에서는 위험하기도 하다.

영역 표시

어떤 개들은 집 안의 가구나 심지어 사람의 다리에도 영역 표시를 한다. 꼭 성적인 행동이라고는 할 수 없지만 다음에 나오는 방법을 사용하여 못하게 할 수 있다.

물총이나 디스크로 막는다

강아지가 방석에 올라타는 것을 보는 즉시 물총을 얼굴에 대고 분사하면서 "안 돼."라고 명령한다. 정확하게 얼굴이어야만 효과가 있다. 왜냐하면 몸은 털로 덮여 있기 때문에 물을 뿌려서는 저지할 수 없다. 만일 훈련용 디스크를 사용한 경험이 있다면 물총 대신 디스크를 사용해도 좋다. 하지만 가장 좋은 방법은 물총이나 디스크 같은 보조 장비 없이도 복종할 수 있을 만큼 확실하게 복종훈련을 시키는 것이다.

그건 장난감이라고 누가 말 좀 해봐요! 청년기의 개가 호르몬 분비 때문에 이러한 행동을 하는 것은 자연스러운 현상이다.

딴 데 정신을 쏟게 한다

공이나 장난감을 가지고 놀기를 좋아하는 개라면 가져오기 놀이를 한다. 공을 가져올 때마다 칭찬해준다. 놀이는 짧게 여러 번 반복한다. 하루에 두세 번 반복한다. 개가 지치거나 지루해할 때까지 하지 않는다.

"가져와."라는 명령에 즉각적으로 반응하면 효과가 있을 것이다. 어떤 물건이나 사람에게 올라타려고 하면 개의 이름을 부르며 공을 던진다. 주인의 가져오라는 명령에 정신을 쏟게 되므로 성적인 욕구는 잊게 된다.

향 스프레이를 뿌린다

이런 성적인 충동으로 사람의 팔이나 다리에 올라타는 행동은 시트로넬라 향 스프레이를 적절한 위치에 뿌려둠으로써 저지할 수 있다. 어린아이들을 보호하는 데에도 아주 유용하게 쓰인다. 특히 명령으로 개를 복종시키기 힘든 개에게 유용하게 쓰이는 방법이다.

그리고 방석 등에 올라타지 못하도록 하는 데도 쓸 수 있다. 하루에 세 번, 약 1주일간 정기적으로 분사한다. 개가 자신이 한 행동에 보상은 따르지 않고 불쾌한 냄새만 맡게 된다는 것을 깨달으면 그 행동은 점점 사라지게 된다.

명령으로 저지한다

복종훈련이 잘 되어 있으면 앉아, 엎드려, 기다려 등의 명령을 이용해 관심을 다른 곳으로 돌린다. 그리고 복종하면 보상해준다.

사람의 팔이나 다리에 올라타는 개라면 팔이나 다리에 물기 방지 스프레이를 뿌려둔다. 특히 어린아이들이 이런 경험을 하면 충격적일 수 있기 때문에 더욱 조심한다.

반응을 보이지 않는다

어떤 개들은 주인의 관심을 끌려고 일부러 그런 행위를 하기도 한다. 방석에 올라가 성적인 행동을 하면 주인은 놀라서 소리를 지르거나 때리기도 한다. 개는 주인이 좋아서 그러한 태도를 보인다고 오해하는 것이다. 이런 경우 개가 방석에 올라가 행동을 시작하려 하면

예방하기

- 물총이나 훈련용 디스크를 사용해 저지한다.
- 물건에 물기 방지 스프레이를 뿌려둔다.
- 공놀이로 관심을 돌리거나 복종훈련을 시킨다.
- 무시하고 방에서 나가버린다.

방석이나 장난감에 끊임없이 올라타는 이유는 유혹하는 몸짓이다. 이런 경우 가장 좋은 방법은 무시하고 방에서 나가버리는 것이다.

못 본 척 무시해버리거나 다른 곳으로 가버리면 행동을 하지 않는 경우도 있다. 이것을 염두에 두고 항상 자기 상황에 맞는 좋은 방법을 찾도록 한다.

중성화 수술

많은 사람이 수놈이 발정기 때 원치 않는 행동을 하는 것을 예방하기 위해 미리 중성화 수술을 해준다. 심각한 경우 수의사와 의논하여 수술을 결정한다. 일반적으로 수술을 하고 나면 얌전해지는 것은 사실이다. 그러나 간혹 전혀 효과가 없는 경우도 있다.

> **과잉 성욕의 원인**
> - 과다한 성호르몬 분비
> - 습관적인 행위
> - 성적인 지배 본능

거세

다른 동물과 마찬가지로 수캐도 발정기 때가 되면 본능적으로 암컷을 찾아 헤맨다. 많은 사람이 암놈에게 불임수술을 시키지 않는 것과 마찬가지로 수놈에게도 거세수술을 시키지 않는다. 만일 수놈의 행동이 아무런 문제가 되지 않는다면 거세할 필요까지는 없다. 따라서 청년기 때 훈련만 제대로 시킨다면 거세할 필요가 없는 것이다.

만일 종견이 아니라고 해서 수놈 모두가 거세수술을 한다면 지배 본능을 가진 개들이 많이 감소하게 될 것이다. 그래서 개 주인들은 청년기를 맞은 수캐들의 훈련을 잘 시켜야 한다.

어릴수록 효과적이다

가끔 거세수술을 권장할 만한 상황도 있다. 거세수술을 하면 공격적인 태도에 변화가 오는 것은 사실이다. 수술이 끝나면 호르몬이 급격히 감소하게 되므로 경쟁심이나 성적인 흥분 상태는 줄어든다. 그러나 그 결과가 수술하고 약 6개월이 지나야 나올 수도 있다. 거세수술은 어린 개일수록 효과가 크다.

Good Dog Training

2 "안 돼."라고 명령하면서 물을 뿌리면 그 행동을 하면 안 된다는 사실을 배우게 된다.

1 얼굴에 분사하는 것이 가장 효과가 좋다.

3 대형견이 과잉 성욕 반응을 보이면 물총이나 분무기를 이용해 그 행위를 막는다. 물을 뿌릴 때는 개의 얼굴에 뿌려야 효과가 있다.

거세수술을 하면 수캐의 과도한 성욕 행위를 가라앉힐 수는 있다. 전문가와 상의 후 결정한다.

때와 장소를 가리지 않는다

과도한 성욕 때문에 고생하는 개라면 거세수술을 해주는 것이 좋다. 과도한 성욕으로 인한 행동은 청년기의 개에게는 그리 이상한 일이 아니다. 지나치게 많은 호르몬 분비로 그러한 현상을 보이다가 성숙하면서 대개는 과도한 행위가 사라지게 된다.

하지만 성견이 되어서까지 올라타기를 좋아하여 때와 장소를 가리지 않는다면 당혹스러울 수밖에 없다. 그리고 이런 개들은 공격적인 태도를 동반할 수도 있어 아이들이 있으면 특히 더 위험하다. 상황이 이렇다면 거세수술을 생각해볼 만하다. 어떤 경우라도 먼저 수의사와 상의한 다음 결정하는 것이 바람직하다.

중성화 수술의 효과는 그렇게 빨리 나타나지 않는다. 경험으로 봐서 적어도 4주 정도의 기간이 경과한 후부터 서서히 나타난다. 개에 따라서 그 시기가 조금씩 달라질 수도 있다. 하지만 수놈의 나쁜 습관이 거세수술을 한다고 해서 모두 없어지고, 모든 문제가 완전히 해결되는 것은 아니다.

거세수술을 하고 나면 남성적인 성격이 약해지고 행동이 얌전하게 바뀌는 것은 틀림없는 사실이다. 그럼에도 기본 성격은 남는다. 가장 두드러지게 나타나는 변화는 어떤 상황이 되어도 극도로 흥분하는 것은 확실히 없어진다.

중성화 수술 해도 좋을까?

- 이유가 있든 없든 다른 개들과 싸우는 것이 습관인 개에겐 중성화 수술도 효과가 없다.
- 중성화 수술을 받은 개들은 비만이 되기 쉽다.
- 중성화 수술을 하면 영역 표시를 덜 할 수는 있지만 가구에 대고 다리를 올리는 버릇을 완전히 버리진 못한다.
- 중성화 수술을 한 개들은 대체적으로 조용하다.
- 중성화 수술을 한 개들은 으르렁거리는 횟수가 적어진다.

PART 14
거긴 화장실이 아니거든?

아무 데나 배변하는 우리 강아지

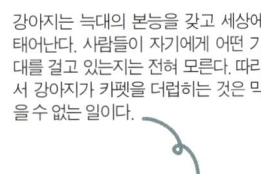

강아지는 늑대의 본능을 갖고 세상에 태어난다. 사람들이 자기에게 어떤 기대를 걸고 있는지는 전혀 모른다. 따라서 강아지가 카펫을 더럽히는 것은 막을 수 없는 일이다.

처음 개를 분양받아 집으로 데리고 오면 가르칠 것이 참 많다. 잠자기, 식사하기, 배변하기 등을 훈련시키는 데 꽤 많은 시간을 투자해야 한다. 집에서의 훈련이 가장 선행되어야 한다. 기본적인 규칙은 첫날부터 훈련시킨다. 누구도 집 안 여기저기에서 개의 배설물을 밟기는 싫을 테니까 말이다.

배변 습관이 제대로 들기 전까지 모든 강아지는 집 안을 더럽히게 마련이다. 강아지가 배변을 할 때마다 지정된 장소에 데려다 놓으며 정성을 기울여야 한다. 하지만 사람들이 너무 급하게 많은 것을 기대하다 보면 문제가 생길 수도 있다.

여기서 가장 중요한 것은 인내심이다. 강아지가 돌아다니며 집 안을 더럽혀도 강아지에게 잔소리하거나 때리거나 코를 배설물에 들이대는 행위 등은 아무런 의미가 없다. 자신이 잘못해 벌을 받는다는 생각은 하지 않기 때문이다. 단지 주인을 조심해야 한다고 배울 뿐이다. 사실 배설을 아무 데나 한다고 해서 잔소리를 너무 심하게 한다거나 매로 다스리면 스트레스를 받아 오히려 집 안을 더 많이 더럽히는 경우도 있다.

배변 행위를 하는 동안 현장에서 잡아 야단친다고 해도 강아지는 주인이 있을 때는 배변하면 안 된다고 배울 뿐이다. 왜냐하면 같은 행동을 해도 주인이 없으면 야단맞지 않기 때문이다. 그리고 어떤 개는 이 방에서 배설하면 주인이 화내기 때문에 다른 방으로 옮겨가는 경우도 있다. 우리가 원하는 결과는 아니다.

불행하게도 사람들이 개의 생각을 이해하기를 바라는 것이 개가 깨끗하기를 바라는 것보다 훨씬 더 어렵다.

어디나 화장실

어디나 새로 온 강아지는 어린아이처럼 자주 먹고 자주 배설한다. 이 강아지들은 당신의 집을 깨끗하게 할 의도는 전혀 없다. 그래서 집 어디에든 배변을 한다. 배변훈련을 시작해도 강아지는 왜 아무 데나 배변하면 안 되는지 그 이유를 이해하지 못한다. 강아지의 인지 능력은 한계가 있음을 잊어서는 안 된다. 시간이 지나면서 당신이 같은 무리이고 집은 자기 영역으로 생각한다. 이쯤 되면 처음부터 제대로 된 훈련을 시키지 않은 이상 벌써 여러 번 집 안을 더럽힌 경험이 있을 것이다.

강아지와 야생 세계의 성견은 자기 집은 깨끗하게 유지한다. 질병을 예방하기 위한 방편이다. 늑대의 경우 흔적을 남겨 자신을 보호하려는 본능 때문에 집에서 가장 가까운 장소에 배설한다.

하지만 집 안에는 그러한 장소가 없고 멋진 카펫이나 마루, 타일이 깔려있을 뿐이다. 그러니 이 가운데 어느 한 곳을 정해 배설하는 것은 개로서는 너무나도 당연한 일이다.

Good Dog Training

특정한 방에 신문지를 깔아 강아지의 배변 장소로 활용한다. 강아지가 처음 집에 왔을 때 신문지나 정원에 나가서 배설한다는 인식을 심어주는 것이 중요하다. 점차적으로 그 공간을 좁혀나가면서 결과적으로 원하는 곳으로 유도할 수 있다.

1단계 – 행동반경을 제한한다

가장 확실하고 빠른 방법은 개가 자기만의 배변 장소를 찾아내 만들기 전에 주인이 원하는 곳에 배변할 수 있도록 훈련시키는 것이다. 새로 온 강아지를 자유롭게 집 안 어디나 다니게 하지 말고 개 운동장을 이용하여 행동반경을 제한한다. 될 수 있으면 바닥에 카펫이 깔리지 않은 방이면 더 좋고 정원이 있는 집이면 정원으로 통하는 곳도 좋다.

방 전체에 신문지를 깔고 개 운동장을 설치한 다음 방 한쪽 구석에 침대를 놓아준다. 강아지는 자고 일어나서, 그리고 밥을 먹고 난 다음 바로 배설해야 한다. 가능하면 그 타이밍을 맞추어 배변 장소로 데리고 가 배설할 때까지 기다렸다가 배설을 하면 칭찬해주고 데리고 오는 방법이 가장 좋다. 배변 장소를 두 군데 정해놓고 훈련을 시작한다. 개 운동장 안쪽에 한 곳, 주인이 정한 배변 장소 한 곳.

개 운동장 안쪽에 혼자 둘 때는 장난감이나 껌을 넣어준다. 강아지는 큰 뼈를 가장 좋아한다. 플라스틱 뼈는 진짜에 비해서 매력이 덜하다. 그러나 소뼈 외에 다른 뼈는 쓰지 않는다. 특히 닭뼈 같은 경우 내장을 뚫을 수 있기 때문에 사용하지 않는다.

이렇게 개 운동장 안에만 둔다면 개가 다른 곳에 배설할 수 없을 것이다. 개는 점차적으로 신문지 위에서, 그리고 배변 장소에서는 배설해도 된다는 생각을 하게 된다. 그래서 배설 욕구가 생기면 신문이나 배변 장소를 찾게 된다.

마음의 준비를 해야 한다. 강아지는 자고 일어난 다음, 또 밥을 먹고 난 다음 바로 배설해야 한다.

2단계 – 신문지에 배변하도록 유도한다

강아지가 태어난 지 14주 정도 되면(보통 처음 분양되어 집에 오는 강아지는 6~7주 정도다) 개 운동장을 철거하고 그 방에서는 마음껏 다닐 수 있게 한다. 그리고 방 전체에 깔려 있던 신문지의 반은 걷어내고 나머지 반만 깔아둔다. 신문지와 약간 떨어진 방 한구석에 침대를 놓아준다. 그러면 강아지는 지금까지 해왔듯이 신문지 위에다 배설을 한다. 몇 주 정도 더 지나면 신

강아지가 알아서 신문지 위에 배설을 했다면 칭찬해주어야 한다. 그렇게 함으로써 강아지는 그 행동이 좋다는 인식을 하게 된다.

문지를 점차 배변 장소 쪽으로 옮겨간다. 그러다가 다른 곳에 실수하면 다시 처음 단계로 돌아가 몇 주 더 훈련한다.

몇 주가 더 지나면 신문지를 점차 문쪽으로 옮겨간다(정원이 있다면 정원 나가는 길로 점차 옮긴다). 그런 다음 방 밖으로 배변 장소를 점차 옮긴다. 강아지는 배설할 때가 되면 신문지를 찾는다. 아니면 밖에 나가서 배설하는 것을 더 좋아하는 개들도 있다. 대부분의 개들은 집 안의 바닥보다는 밖에 나가서 땅이나 콘크리트 위에 배설하는 것을 더 좋아한다. 집 안의 바닥은 화학재료 냄새가 나기 때문이다.

지정한 장소에 배설하면 칭찬하는 것을 잊어서는 안 된다. 그리고 "빨리."라는 명령도 개에게는 주인이 만족한다는 뜻으로 들리기 때문에 배변훈련할 때 유용하게 쓰인다. 자주 사용하는 것이 좋다.

3단계 – 자유롭게 풀어준다

강아지가 혼자 알아서 배변 장소를 찾아가 배설을 하게 되면 이제 집 안을 자유롭게 다닐 수 있게 해주어도 좋다. 급한 경우를 생각해서 처음 배변훈련을 했던 방에 신문지를 약간 깔아놓는다.

어떤 사람들은 처음부터 개를 혼자 내버려두면 어떻게 사람과 친해질 수 있느냐고 말한다. 하지만 제한을 하는 것과 혼자 내버려두는 것은 엄연히 다르다. 그래서 가족이 자주 사용하는 방을 선택해야 한다.

강아지들은 하루 18시간 수면을 취해야 한다. 그러나 사람들이 조금만 노력하면 나머지 시간을 같이 보낼 수 있다. 그리고 시간이 조금 지나고 나면 더 많은 공간과 시간을 같이 보낼 수 있다.

잠자리에는 배설하지 않는다

앞에서 설명한 바와 같이 이 방법은 매우 안전하므로 훈련시킨다는 관점에서 보면 매우 유용하다. 그러나 배변훈련을 제대로 배우지 못하고 14주가 지난 개들은 개장을 사용하는 방법 외엔 다른 방법이 없다.

개장의 크기는 개가 똑바로 설 수 있어야 하고 편안하게 누울 수 있을 만큼 커야 한다. 이 방법은 개들은 자기가 자는 장소에서는 배설하지 않는다는 본능을 이용한 훈련이다. 가까운 곳을 선택해 배설하긴 해도 자기가 자는 그 자리는 피한다.

 주인이 집에 없을 때는 개장 안에 있는 것이 오히려 안전하다. 먹이와 장난감으로 개장과 친해지게 만든다.

먼저 개장에 익숙해지도록 길들인다. 그렇지 않으면 그 안에 들어가는 것이 스트레스가 되어 짖거나 낑낑거린다. 개장의 문을 열어놓은 상태에서 밥과 장난감을 넣어준다. 그래서 개장의 첫 인상을 좋게 한다. 며칠 더 지나 개장에 있는 것이 더 편해질 때쯤 되면 집안일을 할 동안은 문을 닫아둔다. 낑낑거려도 무시한다.

다음은 개장 안에 좋아하는 장난감이나 껌 등을 넣어주고 약 30분간 둔다. 이렇게 매일 몇 번씩 반복한다. 개장에서 꺼내줄 때는 칭찬하지 않는다. 개장에서 나오는 것이 보상이 아니라 자연스러운 일임을 가르치는 것이다.

개장은 배변훈련하는 데 유용하게 쓰인다. 개들은 잠자리에는 배설하지 않으므로 배변 장소로 갈 때까지 참는 연습도 동시에 할 수 있다.

배변 습관 들이기

- 개장이나 개 운동장 모두 사용하기 전에 개가 익숙해져야 한다.
- 밥을 개장 안에 놓아주면 개장에 대한 거부감이 없어진다.
- 잠에서 깨자마자 또는 밥을 먹자마자 배변 장소로 데리고 간다.
- 밤이나 일정한 시간에 배변을 가리지 못하면 그 시간에는 개장이나 개 운동장에 넣어둔다. 강아지는 밤새 참지 못하므로 신문지를 깔아둔다.
- 밥을 계획적으로 주면서 배변훈련을 하면 개장에 가두지 않아도 된다.
- 마른 사료는 자연식보다 배설량이 더 많다.

주인이 나가려 하자 "혼자 있기 싫어요." 하면서 주인에게 애원하듯 쳐다본다. 혼자 있는 두려움은 많은 문제를 일으킬 수 있다. 특히 집 안 곳곳에 배변할 수도 있다. 개에 대한 관심을 줄임으로써 개가 혼자 있을 수 있게 훈련시킨다.

배변 못 가리면 개장신세

개장에서 30분 정도 반항하지 않고 있을 수 있는 단계가 되면 배변훈련을 시작해도 좋다. 만일 밤에만 배변을 가리지 못하는 개라면 밤에만 개장을 사용한다. 강아지들은 밤새 참지 못하기 때문에 개장 안에 신문지를 깔아주어 그 안에서 해결할 수 있게 해주어야 한다.

밥을 먹고 나서나 자고 일어났을 때 배변 장소로 데리고 가서 배설하도록 유도한다. 밤이나 외출할 때는 개장에 가두어둔다. 잠자는 곳에는 배설하려 하지 않는 본능이 있기 때문에 개장에서 꺼내주면 곧바로 배설할 수도 있다. 이렇게 해서 참는 능력도 배우고 배변 장소에 배설하면 주인이 칭찬해준다는 사실도 배우게 되는 것이다.

혼자 있기 싫어하는 개

특히 성견들이 혼자 있는 두려움 때문에 집 안에서의 배변훈련이 잘 되어 있지 않은 경우가 많다. 두려움으로 고생하는 개들은 집 안을 온통 배설물 천지로 만들어 놓기도 한다. 무엇인가 씹어놓거나 찢어놓을 때도 있다. 주인과 떨어져 있는 두려움에서 오는 스트레스 때문에 집 안을 더럽히는 것이다.

만일 이런 개를 키운다면 관심을 줄이는 게 좋다. 집에 돌아와서도 관심을 주지 않는다. 아무것도 아니라는 듯 행동하고, 개가 아무리 흥분해도 반응하지 않는다. 이렇게 혼자 있는 두려움을 점차적으로 줄일 수 있다면 집에서의 배변훈련을 계속할 수 있다. 제5장의 주인과 떨어져 있을 때의 두려움 없애는 방법을 따라 한다.

다른 무리에 의해서 영역 표시가 된 곳에 가면 개는 반응을 보인다. 집 안에서는 주로 가구에 영역 표시를 한다.

강아지는 "안 돼."의 의미를 배워야 한다. 하지만 배변 장소를 못 가린다고 해서 때리면 절대 안 된다. 규칙을 배울 때까지 너그럽게 용서해야만 한다.

영역 표시

지배 본능이 강한 개들은 집 안 구석구석, 특히 가구에 영역 표시를 한다. 이 행위는 배변욕과는 전혀 상관없고 영역 표시를 위한 본

Tip

우리 개의 문제점은?

— 개들은 다음 이유들 때문에 아무 데나 용변을 본다.

- 집에서의 배변훈련이 제대로 되지 않았다.
- 주인과 헤어져 혼자 있으면 두려움으로 고생한다. 그 원인을 제거한다.
- 지배 본능이 강한 개들은 영역 표시를 한다. 가구에 개가 싫어하는 스프레이를 뿌려두거나 거세수술도 고려해본다.

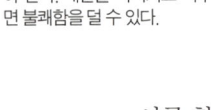

능일 뿐이다. 지배 본능이 강하면 강할수록 더 자주 이런 행위를 한다. 집에 손님이 오거나 개들이 놀러 오거나, 또 자신이 다른 집에 놀러 가도 자기 영역(집)을 표시하려고 한다. 야생 개가 흔적을 남기는 것과 같다. 자신이 중요한 존재이고 자기가 여기 있다는 표시를 하는 것이다. 개들은 주로 다리를 들어 다른 개들의 코 높이에 영역 표시를 한다.

이런 행동을 완벽하게 고치는 것은 그리 쉬운 일이 아니다. 다른 버릇 들이는 것과는 달리, 생리적 현상이기 때문이다. 현장을 잡을 때마다 물총을 사용해 "안 돼."라는 명령과 함께 훈련하는 것은 오히려 더 나빠질 수 있다. 주인이 없을 때 배변하는 습관은 없어지지 않을 테니 말이다. 그리고 근본 원인도 제거하지 못한다. 개가 싫어하는 스프레이를 항상 배변하는 자리에 뿌리는 것은 도움이 될 수 있다. 그러나 하루에 3~4회씩 아주 오랫동안 정기적으로 뿌려야만 한다.

거세수술을 하는 것이 가장 효과적일 수도 있다. 왜냐하면 더 이상 영역 표시를 할 필요가 없으니 말이다. 이 문제는 수의사와 상의하도록 한다.

집에서 배변훈련을 하는 동안에는 어쩔 수 없이 배설물을 치워야 한다. 배설물 처리기로 치우면 불쾌함을 덜 수 있다.

Tip

배변훈련

- 신문지를 두껍게 깔아놓는다.
- 배변 유도제를 사용하여 개를 신문지로 유인한다. 강아지의 소변을 묻혀 놓는 것이 가장 효과적이다.
- 배변 장소가 아닌 곳에서 실수를 했어도 절대로 때리지 않는다. 성질만 나빠진다.
- 배변 장소에 제대로 용변을 보았을 때 칭찬해주는 것이 잘못했을 때 벌하는 것보다 훨씬 더 효과적이다.

PART 15

> 나 주인이거든?

산책할 때 잡아당기는 우리 강아지

사람들이 힘들어하는 것 중 하나는 대형견들이 이리저리 끌고 다니는 것이다. 공원에 나가서 보면 개들이 주인을 끌고 다니는 경우가 종종 있다. 이 책은 개를 훈련시키는 책이라기보다도 나쁜 버릇을 고치는 책이지만, 이런 경우라면 처음부터 다시 훈련시켜야 한다. 불러도 오지 않는 개와 따라걷기훈련(각측보행)이 조련사들에게도 가장 힘든 훈련 과정이다. 이상하게도 내가 훈련시킨 개 중 95%는 모두가 주인을 맘대로 끌고 다니다가 우리 훈련소에 왔다. 그 개들은 대부분 무사히 훈련을 마치고 돌아갔다. 여기서는 개가 사람을 끌고 다니지 못하게 하는 도구들을 소개한다. 사용법도 간단하다. 길게 봐서는 전문가에게 맡겨 일 대 일로 훈련시키는 것이 좋다.

기본적인 명령어는 일관성 있고 단호한 목소리로, 칭찬은 부드러운 목소리로 한다. 그래서 개가 두 가지를 구분할 수 있도록 한다.

가족 모두 같은 말로 명령하라

개의 언어를 알아듣는 사람은 그리 많지 않다. 더군다나 사람의 말을 알아듣는 개는 거의 없다. 하지만 개들은 다양한 소리의 톤과 상황에 따라서 무슨 말인지 알아듣는다. 그렇기 때문에 명령은 간단하고 명확한 목소리로 전달해야 개가 제대로 이해한다. 당신만의 명령어를 만들어도 좋다. 모든 명령어는 한두 음절 정도로 짧고 단호하게 한다. 칭찬할 때는 부드럽고 낮은 목소리로 하면 개가 칭찬과 명령을 구분할 수 있게 된다. 그리고 "안 돼."라는 단어도 알아듣게 가르쳐야 한다. 이 명령은 날카롭고 단호하게 명령조의 어조로 한다. 무엇보다 가족 모두가 같은 명령어를 사용하는 것이 중요하다.

개에게 끌려가지 마라

강아지를 통제하기 위해서는 강아지에게 맞는 목줄과 리드줄을 준비한다. 강아지 목에 딱 맞는 목줄과 약 1~2m 정도 되는 길이의 리드줄이 있어야 한다. 강아지에게는 안면줄이나 초크체인, 홀치기줄은 사용하지 않는다.

성견을 통제하려고 초크체인을 구입하는 사람들이 많다. 이 체인을 채우면 개의 목을 조르기 때문에 당기지 않을 거라고 생각하는 것이다. 하지만 목이 졸린다고 통제 안 되던 개가 통제되는 일은 드물다. 물론 좋은 결과를 얻은 개들도 있다. 초크체인을 사용할 때는 사용법을 잘 알아야 한다. 전문가의 지도 없이는 절대 사용해서는 안 된다.

왜 개는 왼쪽으로 걷게 하면서 줄은 오른쪽으로 잡는지 의아해하는 사람이 많다. 왼손은 다른 것을 하는 데 쓰고 줄은 오른손으로 통제한다. 그리고 개는 사람의 왼쪽에서 따라오게 한다. 모든 개가 다 이렇게 걸어야 하는 것은 아니지만 항상 어떤 방향에서 걸어야 하는지 일관성 있게 가르쳐야 한다. 개가 조금 앞서가든 옆에서 가든 주인이 통제할 수 있어야 한다. 그래서 길이 잘 든 개들은 조금 앞서가더라도 주인을 끌고 가지는 않는다.

따라걷기훈련이 잘 이루어지면 주인 옆에서 걷는 것에 익숙해진다.

Good Dog Training

1 줄을 짧게 잡아도 이렇게 큰 개를 이길 수는 없다.

2 벌써 주인이 개에게 끌려가고 있다.

3 이런 개와 산책하는 건 너무나 힘에 겹다. 대형견이 앞에서 당기기 시작하면 즐거워야 할 산책이 끔찍하게 변한다.

먼저 집 안이나 정원같이 조용한 곳에서 따라걷기훈련을 시킨다. 처음 몇 주는 "따라 와." 와 "앉아."에 복종할 때까지 훈련한다.

줄에 익숙해지기

강아지를 줄(초크체인이나 홀치기줄은 피한다)로 묶어 훈련을 하다 보면 이 신비한 동물이 얼마나 융통성이 있는지 알 수 있다. 그리고 훈련만 제대로 하면 주인 옆으로 걸을 수 있게 된다. 여기서는 당기는 버릇이 든 성견이나 이제 막 어른이 된 개들을 위한 훈련방법을 제시한다. 이 훈련도 역시 어릴 때 하는 것이 가장 좋다.

강아지들은 왜 줄을 매고 걷는지, 그리고 왜 당기면 안 되는지 전혀 알지 못한다. 집에서 줄에 익숙해지는 연습이 충분히 이루어졌다면 이제 따라걷기훈련을 한다.

따라와!

산책 나갈때 손에 먹을 것과 장난감을 들고 "따라와."라고 명령하면서 걷는다. 개가 주인보다 앞서 가려고 하면 손에 있는 먹이를 준다. 이런 식으로 개가 손에 있는 것을 보고 따라오면, "따라와."라고 다시 명령하면서 먹이나 장난감을 준다. 열 번 정도 반복한 다음 장난감을 던져 가져오게 하는 놀이로 훈련을 끝낸다.

"따라와."라는 명령에 복종하여 주인 옆에 있으면 맛있는 것도 먹고 장

다른 개가 출현하면 낯선 개에게 인사하고 싶어 한다. 이럴 때 줄을 한 번 당겨 자극을 주는 것도 효과가 있다.

Good Dog Training

강아지에게 따라걷기훈련을 시킬 때는 먹이나 장난감을 사용한다. 명령에 복종하면 보상이 따르기 때문에 주인 옆에 붙어 있는 것이 유리하다고 생각한다.

난감을 가지고 놀 수 있다는 것을 배우게 한다. 다음 훈련은 시간을 두고 나중에 한다.

다음 단계는 장소를 옮겨 훈련한다. 길거리나 공원, 공공장소 등(만일 길가에서 훈련을 할 경우 예외 없이 줄로 묶는다)에서 한다. 처음으로 복잡한 장소에 나오면 개가 산만해지는 것은 당연하다. 신기한 볼거리가 많기 때문이다. 이 과정을 극복하지 못하고 포기하는 사람들이 많은데 이는 개의 버릇이 좋아지기는커녕 오히려 더 나빠지고 있는 것처럼 보이기 때문이다. 그러나 사실은 그렇지 않다. 환경이 갑자기 바뀌어서 일시적으로 혼란스러울 뿐 훈련을 계속하면 다시 제자리로 돌아온다.

개와 같이 산책하다 보면, 옆에 다른 개가 지나가는 경우가 많다. 이때 호기심으로 관심을 보이는 것은 자연스러운 현상이다. 그럴 때도 옆에서 걷고 있음을 칭찬해주면서 계속 걷는다. 개의 관심을 끌기 위해 먹을 것을 주어도 좋다. 뛰는 것도 좋은 방법이다. 주인이 뛰면 개들은 신이 나서 주인을 따라 같이 뛰게 마련이다.

주인이 리더

공원에서 다른 개를 만날 때도 주인이 원할 때만 다른 개와 어울려 사회성을 기르도록 한다. 이렇게 하면 항상 개를 통제할 수 있다. 만일 개가 원하는 방향으로 가려고 고집을 부린다면 걸음을 멈추고 앉으라고 명령한다. 그리고 흥분이 가라앉을 때까지 움직이지 못하게 한다. 훈련기간 동안은 인내심이 필요하다. 만일 뒤에 너무 처져서 따라오고 있다면 줄을 당기면서 옆으로 오라고 명령하고, 오면 칭찬해 준다.

Tip

주인 따라 걷기

- "따라와."의 뜻은 방향을 바꾸는 것이다.
- 먹이나 장난감은 명령에 복종하면 보상으로 준다.
- 훈련이 끝나면 재미있는 장난감 놀이로 마무리한다.

안면줄 씌우기

거칠고 통제 불가능한 개에게 사용

안면줄은 얼굴 쪽 입에 채우는 줄이다. 이 줄은 대부분의 개들에게 효과적이다. 특히 거칠게 사람을 잡아당겨서 통제할 수 없는 개들에게 더욱 좋다. 이 줄은 크기가 여섯 종류밖에 없는데 개 얼굴 크기는 천차만별이다. 크기가 얼굴에 맞지 않으면 피부에 손상이 갈 수도 있지만 잘 맞으면 산책할 때 절대 먼저 갈 수 없다.

안면줄은 거칠고 통제 불가능한 성견에게만 사용한다. 강아지나 너무 예민한 개에게는 적합하지 않다. 제대로 사용한다면 최고의 결과를 얻을 수 있다.

안면줄과 친해지는 법

안면줄에 익숙하게 하려면 거부감이 생기지 않게 서서히 시도해야 한다. 너무나 급하게 안면줄을 채우려다 개가 보이는 예민한 반응 때문에 화를 내는 사람도 있다. 하지만 여기서 제시하는 방법대로 하면 아무런 문제가 없다. 이 방법을 적용하면 실패할 확률은

Tip

안면줄 훈련 전에 알아둘 요점

1. 훈련을 시작하기 전에 어떤 훈련을 시킬 것인지 주인이 확실히 알아야 한다.
2. 개가 훈련을 받을 수 있게 해주는 원동력은 부드러운 목소리로 하는 칭찬이다. 인내심을 갖고 반복하고 재미있는 놀이로 마무리한다.
3. 개가 실수를 했다면 정확하게 의사전달이 되었는지 생각해본다.
4. 훈련할 때 개가 흥미를 잃을 수도 있고 또 주인이 어떤 명령을 할 것인지 미리 알아채는 경우도 있다. 이럴 때는 놀이로 훈련을 마무리하고 나중에 다시 한다.
5. 개의 종류에 따라서 훈련 효과도 각기 다르게 나타난다.
6. 어떤 개들은 냄새 맡는데 온 신경을 쓰기도 한다. 그렇다면 길 가장자리나 숲 가까이 가지 말고 길 가운데로 걷는 것이 훈련 효과를 높여준다.

거의 없다.

먼저 손에 맛있는 간식을 든 채 줄을 묶은 상태로 앉는 연습을 한다. 그 상태에서 안면줄을 끼우면서 먹이를 준다. 몇 분 동안 안면줄을 채워둔다. 안면줄을 차고 있는 동안 중간 중간 간식을 준다. 개는 안면줄을 하고 있으면 주인이 먹이를 준다는 사실을 깨닫는다. 이런 과정을 하루에 세 번씩 매일 반복한다.

그 다음 리드줄을 안면줄에 연결해 집 안이나 정원에서 걷기 연습을 한다. 개에게 먹이를 자주 준다. 만일 개가 흥분해서 얼굴을 바닥에 문지르면(자연스러운 현상이다) 먹이로 관심을 끌면서 앉으라고 명령한다.

대부분의 개들은 처음에는 안면줄을 무척 싫어하지만 먹이를 받아 먹고 산책을 하면 빨리 익숙해진다. 집에서나 정원에서 아무런 저항 없이 걸을 수 있다면 밖으로 나갈 준비가 된 것이다. 인내심이 필요한 과정이지만 포기해선 안 된다.

몸줄(바디하네스) 이용하기

거칠고 통제 불가능한 개에게 사용

몸줄 또한 개가 앞에서 잡아당기는 행위를 저지한다. 이 줄은 개의 앞다리(겨드랑이)에 끼워 사용한다. 개가 앞으로 당기면 줄이

개가 안면줄에 익숙해지도록 만든다. 처음 채울 때는 먹이를 주는 것이 가장 좋다.

잡아당기는 개

- 개에게 좋은 습관을 들이기 위해서는 먹을 것을 주면서 따라걷기훈련을 시킨다.
- 거칠고 힘이 센 성견에게는 안면줄이나 몸줄을 이용한다.

겨드랑이를 조여 불쾌한 기분이 들지만 당기지 않으면 그런 불쾌감은 사라진다. 개는 경험을 통해서 어떻게 걸어야 불쾌하지 않은지를 배운다. 안면줄과 마찬가지로 몸줄도 효과가 확실하다.

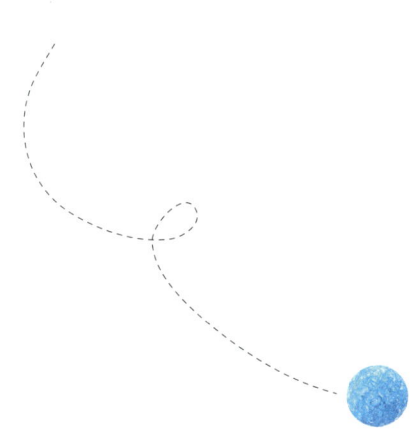

PART 16

사이좋게 지낼 거지?

새 식구를 맞이하는 우리 강아지

새로운 개와 집을 공유해야 한다는 생각에 기존에 키우던 개가 질투심을 느낄 수도 있다. 가족 안에서 자신의 위치가 위협받고 있다고 생각한다.

새로운 개를 맞아들이는 것은 몇 가지 문제만 아니라면 대체로 원활하게 이루어진다. 기존에 키우던 개는 자신이 가족의 일원으로서 계급이 정해져 있다고 생각한다. 그래서 새 식구가 오면 경쟁 상대로 생각하고 항상 경계를 늦추지 않는다. 여기서 주인의 역할이 중요하다. 개를 새로 데리고 왔다고 해서 새로 온 강아지만 너무 예뻐 하면 안 된다. 기존에 키우던 개를 리더로 정하고 리더로서 대우를 해주어야 한다.

새로운 개가 집에 오면 그저 귀찮은 존재로만 생각하는 개가 있는 반면에, 또 어떤 개들은 공격적으로 변하여 겁을 주려고 하는 개도 있다. 기존에 키우던 개의 반응에 따라서 새로 온 개가 주인의 관심을 얼마나 독차지했는지를 알

새로운 개를 집에 데리고 오면, 호기심이 많아 주변을 탐색하고 싶어 한다. 이런 행동은 필요한 과정이므로 내버려둔다. 하지만 키우던 개가 있다면 그 개의 공간을 침범하지 않도록 조심한다.

수 있다. 키우던 개에게 온갖 관심을 모두 쏟다가 새로 온 개 때문에 갑자기 관심을 끊어버리면 기존의 개는 스트레스를 받아 더욱 공격적으로 변할 수도 있다.

키우던 개와 새로 온 개의 관계를 생각해야 한다. 새로 온 개가 강아지인지 성견인지 또 그 성별에 따라서 훈련방법과 각자의 역할이 달라진다.

인사

기존에 키우던 개가 있는 상태에서 새로운 개를 데려오려면 개장이나 개 운동장을 미리 준비한다. 새로 온 개가 개장이나 개 운동장에 있는 동안은 서로 평화롭고 안전하기 때문이다.

키우던 개의 사회성을 얼마나 키워주었느냐에 따라서 새로 온 개에게 공격적인 태도를 보일 수도 있고 그렇지 않을 수도 있다. 새로 온 개를 개장에 두고 키우던 개와 서로 인사하는 기간을 준다. 처음 3주 동안은 절대 개들끼리만 두지 않는다. 그 이후에도 확실하지 않는

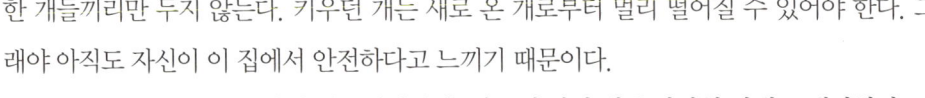

한 개들끼리만 두지 않는다. 키우던 개는 새로 온 개로부터 멀리 떨어질 수 있어야 한다. 그래야 아직도 자신이 이 집에서 안전하다고 느끼기 때문이다.

새로 온 개는 새로운 환경에 익숙해지면서, 기존에 있던 개를 장난칠 상대로 생각한다. 그래서 보기만 하면 장난을 건다. 성견들은 본능적으로 강아지가 가까이 오면 으르렁대거나 덮친다. 아무것도 모르는 강아지가 아무 생각 없이 놀자고 졸라대기 때문이다. 특히 강아지의 이빨이 뾰족하게 나 있으면 장난을 해도 아프기 때문이기도 하다. 성견은 경고 표시로 으르렁댈 수도 있고 가끔 물 수도 있다.

가능하면 주인의 간섭 없이 개들끼리 해결해야 하지만 익숙해질 때까지는 개들끼리 두지 않는다. 몇 주가 지나면 성견은 강아지를 봐주게 되고 친해진다.

새로 온 강아지는 집에 있던 성견과 같이 놀고 싶어 하고 성견이 하는 행동을 보고 그대로 배운다. 그래서 키우던 개에게 나쁜 버릇이 있다면 강아지가 그 행동을 따라 하지 않도록 조심해야 한다. 따라할 가능성이 있다고 판단되면 서로 떨어뜨려 놓는다. 강아지가 태어난 지 6주 정도 되었으면 복종훈련을 시작한다. 그리고 일주일에 한두 번 정도 산책시키면서 복종훈련에 집중한다.

우리가 보기에 이 강아지는 너무나도 귀엽지만 집에서 이미 키우던 개의 눈에는 다르게 보인다. 둘 사이의 서열은 둘이 정할 수 있도록 해주어야 한다.

주인의 위치를 알린다

두 번째 또는 세 번째 강아지를 집에 데려오면 새로 온 강아지가 집에서 키우던 개에게 집착하는 경우가 있다. 이런 경우는 주인이 관리해야 한다. 개 사이를 원만하게 만들어 주는 것도 중요하지만 주인의 위치를 알리는 데 소홀해서도 안 된다. 새로 온 강아지에게 당신이 집의 리더라는 사실을 분명하게 알려야 한다.

Good Dog Training

1. 키우던 개가 있다면 새로 데려온 강아지를 개장에 넣어두는 것이 안전하다.

2. 개장을 중심으로 별다른 위험한 상황 없이 서로 탐색할 시간을 준다.

    강아지를 데리고 사회성을 길러주러 다니는 것도 좋다. 너무 어리면 예방주사를 제대로 맞지 않았기 때문에 감염의 우려가 있다. 그래도 개를 좋아해 직접 키우는 사람들을 종종 만나 다른 개를 만날 수 있게 해준다. 여러분과 강아지에게 가장 잘 맞는 모임이 어디인지 정해서 개가 사회성을 배울 수 있도록 배려한다.

두 마리를 같이 키울 때

- 처음에는 키우던 개와 새로 온 강아지를 함께 두지 않는다(개장에 있을 때는 제외).
- 키우던 개가 새로 온 강아지에게서 멀리 떨어져 도망갈 수 있는 공간이 확보되어 있어야 한다.
- 키우던 개가 난폭해지면 개장을 마련해 새로 온 강아지를 그 안에 넣어둔다. 개장을 사용하면 일시적으로 평화로울 뿐 아니라 배변훈련에도 유용하게 쓰인다.
- 키우던 개가 새로 온 강아지를 경계해도 주인이 간섭하지 않는다. 새로 온 강아지를 물지 않는 한 자기들끼리 해결하게 그냥 둔다.
- 키우던 개가 보는 곳에서는 새로 온 강아지를 너무 예뻐하지 않는다. 두 마리가 동시에 다가오면 키우던 개에게 먼저 관심을 보인다. 그렇지 않으면 질투심을 유발한다.
- 두 마리의 종류가 달라 크기가 다르다면 큰 개가 작은 개를 괴롭히지 않는지 잘 살펴본다. 키우던 개가 작아서 혼자 방어하지 못하면 새로 온 강아지에게 복종훈련을 시켜 못하도록 한다.
- 처음 몇 주 동안은 밥을 따로 준다. 익숙해지면 밥그릇을 점점 가까이 놓아준다.
- 밥을 혼자 먹어치우지 못하게 한다. 키우던 개는 새로 온 강아지가 자기 밥을 먹으면 물 수 있는 권한이 있다. 강아지는 이러한 경험을 통해서 배운다.

키우던 개가 보는 앞에서 새로 온 강아지에게만 관심을 갖는 일은 없어야 한다.

아이들이 강아지를 데리고 놀고 싶어 하면 키우던 개가 보지 않는 곳에서 데리고 놀아야 한다. 그렇지 않으면 질투심을 유발한다. 아이들에게도 두 마리가 같이 있을 때는 키우던 개에게 관심을 더 많이 보이라는 충고를 해두는 것이 좋다.

성이 다르면 덜 싸운다

이성의 성견이 왔을 때

처음 만났을 때 싸움이 일어나면 앞으로의 관계가 심각해질 수 있다. 첫인상이 중요하기 때문에 개들이 싸우지 않도록 주의한다.

만일 아직 어떤 개를 입양할지 정하지 않았다면 충분한 시간을 가지고 키우던 개와 성이나 성격 그리고 크기도 다른 개를 고르는 것이 바람직하다. 성격이나 힘이 비슷한 동성의 개를 선택한다면 한집에 살면서 문제가 될 가능성이 더 높다. 하지만 이성끼리 만나면 적응하기가 수월하다.

첫 만남

성견을 입양하려면 집에 데리고 오기 전에 먼저 집의 정원에서 만나 서로 친해지는 시간을 주는 것이 좋다. 한 마리는 지배 본능이 강하고 다른 한 마리는 순종적일 수 있다. 서열을 정하는 것은 개들의 몫이기 때문에 한쪽이 더 지배 본능이 강하다고 해서 걱정할 필요는 없다.

두 마리 중 어느 한 마리가 거부 반응을 보인다면 (물거나 덤비는 행위), 다음 만남이 있을 때는 둘 다 리드줄로 묶는다. 그리고 서로 만나면 먹을 것으로 보상한다. 만날 때마다 먹이를 주어 낯선 상대를 만나는 것이 즐겁다고 느끼게 해준다. 둘 사이가 좋아질 때까지 이 과정을 반복한다. 경쟁심을 유발하는 놀이는 피하는 것이 좋다.

서로 받아들일 자세가 되었다면 평범한 가져오기 놀이를 해

항상 키우던 개에게 먼저 관심을 보여야만 서열 1위로 남아 있을 수 있다.

한 마리가 다른 한 마리의 밥그릇을 넘본다면 공격적으로 변할 수도 있다. 둘이 친해지기 전까지는 밥을 따로 주는 것이 좋다.

도 좋다. 새로 온 개가 강아지라면 기존에 키우던 개를 항상 먼저 칭찬해준다. 두 마리를 공평하게 대하겠다는 생각은 하지 않는 것이 좋다. 그리고 주인이 원하든 원하지 않든 간에 새로 온 개가 대장이 될 수도 있음을 항상 염두에 두어야 한다. 당분간은 각자의 밥그릇에 먹이를 주는 것이 좋다. 밥에 관한 한 어느 누가 더 양보를 하는지 그 관계가 확실해진 다음에 같이 준다.

서로 친해질 시간을 준다

동성의 성견이 왔을 때

이렇게 친해지기까지는 오랜 시간이 지나야 한다. 대부분의 개들은 시간이 지나면 친해지기 마련이다.

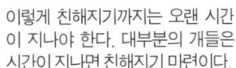

둘 다 수캐 또는 암캐인 동성의 성견이라면 같은 집에서 살기 전에 앞에서 언급한 방법으로 친해질 기회를 주어야 한다. 동성이라면 서열 싸움이 더욱 치열할 수 있는데, 싸움이 심각한 수위까지 갈 수도 있다. 서로 으르렁거리고 싸우면 개만 두고 외출하지 않아야 한다. 잘 지낸다고 하더라도 처음 2주 정도는 서로 친해지는 과정이 필요하다. 가끔은 서로 무시하는 개들도 있지만 아주 드물다.

동성의 개를 데려오면 싸움이 일어날 수 있기 때문에 신중해야 한다.

여기서 중요한 것은 개의 성격과 주인의 태도에 따라 서열이 정해진다는 점이다. 키우던 개나 새로 온 개가 장난감이나 뼈에 집착한다면 모두 치운다. 새로 온 개가 주인의 관심이 더 필요하다고 느끼면 기존에 키우던 개가 보지 않을 때 주인으로서 믿음을 준다. 산책할 때나 집에 손님이 왔을 때 너무 흥분된 분위기를 연출하지 않는다. 개가 흥분하면 상대를 물 수도 있기 때문이다. 그리고 손님에게 자기가 먼저 인사하려고 흥분하는 경우도 있다.

서로 한참 쳐다본다든가, 아니면 서로 피해 다니는 것은 이상한 행동이다. 몇 주가 지나도 서로 어울리지 않는다거나, 한쪽이 너무 겁을 내는 것은 둘 사이가 좋지 않다는 뜻이다.

서로의 경쟁심을 일깨우는 놀이는 되도록 피해야 한다. 그래서 개를 새로 데려올 때는 크기와 성 그리고 성격이 모두 다른 개를 데려오는 게 좋다. 그러면 훨씬 수월하게 서로 친해진다.

싸우면서 정이 든다

두 개가 서로 좋아하고 싫어하는 것은 당사자만이 정할 수 있다. 주인의 마음과는 상관없다. 주인이 할 수 있는 최선의 일은 개들이 서로 친해질 수 있는 최상의 환경을 만들어 주는 것

이다. 서로 잘 맞지 않는 개들을 억지로 친하게 만들려 하지 않아야 한다. 다행히도 대부분의 성견과 강아지는 가족구성원이 되어 서로 잘 지낸다. 사람과 마찬가지로 가끔은 싸우기도 하고 즐겁게 놀기도 하면서 서로 적응해 살아간다.

성견을 데려왔을 때

- 강아지의 크기와 성 그리고 성격이 모두 다른 개를 고른다.
- 공공장소에서 서로 줄을 묶은 채 첫 대면을 시킨다.
- 만날 때는 보상을 이용해서 만남이 즐겁다는 것을 가르쳐준다.
- 경쟁심을 유발하는 놀이는 피한다.
- 두 마리가 같이 있을 때는 키우던 개에게 관심을 더 많이 쏟는다. 하지만 서열이 바뀔 수 있다는 사실을 염두에 둬야 한다.

PART 17

괜찮아, 무서워하지 마!

공포증에 시달리는 우리 강아지

공포증에 시달리는 개들은 사람과 마찬가지로 병원에서 치료를 받아야 한다. 사람은 담당 의사와 상담하지만 개는 그것이 불가능하기 때문에 가장 어려운 훈련 상대이다. 그래도 공포증과 두려움을 극복하기 위해서는 수의사나 다른 전문가의 도움이 필요하다. 여기서 중요한 것은 개에게 공포의 대상보다 보상을 얻으려는 마음이 들 수 있는 상황을 만들어 줘야 한다는 점이다.

원인 파악

어떤 개들은 어미에게서 유전적으로 공포심을 물려받는다. 12주가 채 안 된 강아지에게서 나타나는 공포심은 어미에게 물려받은 것임에 틀림없다. 아니면 그 짧은 기간 동안 충격적인 경험을 했을 수도 있다. 이렇게 유전된 경우에는 거의 치유가 불가능하다. 그렇지 않고 심한 충격을 받은 경우에는 치유가 가능할 수도 있다.

어떤 경우는 너무나 가벼운 충격이어서 주인도 알아채지 못할 정도다. 예를 들어, 집에서

공포심이 심한 개들의 태도는 눈이 커진다거나
(❶), 떨기 시작하거나(❷), 무섭게 쳐다본다거나
(❸), 몸을 숨기거나 움츠리는(❹) 경우이다.

쓰는 믹서기 소리, 천둥소리 또는 낮게 날아가는 비행기 소리나 비닐 봉지가 날아다니는 소리가 그것이다. 사냥꾼들은 총소리를 두려워하는 사냥개는 사냥터에 데리고 나가 훈련시키기를 포기해 버린다.

공포심

공포심을 예방하기 위해 사회성을 길러주는 시기는 태어난 지 6~12주 됐을 때가 가장 적합하다. 그러나 공포심이 생기기 쉬운 시기도 바로 이때임을 잊어서는 안 된다. 개의 관점에서 세상을 바라보는 연습을 한다.

소리를 무서워하는 개에게 시끄러운 소리를 녹음해 낮은 음으로 들려줌으로써 공포의 원인이 되는 소리에 점점 익숙해지게 한다.

예를 들어, 엔진이 켜져 있는 차 뒤를 무심코 걸어갈 때 갑자기 연기가 다리에 닿으면 사람도 놀란다. 이 상황에서 개들은 배기통에 얼굴이 닿기 때문에 놀라는 강도가 훨씬 더할 것이다. 개는 그것이 엔진 때문에 나오는 배기가스인지도 모르는 채 충격을 받는다. 이런 사소한 사건 때문에 공포심이 생길 수도 있다는 사실을 기억해 두어야 한다.

공포증의 징후

- 주인의 팔에 뛰어올라 안긴다.
- 숨는다.
- 몸을 떤다.
- 낑낑거린다.
- 배변을 가리지 못 한다.
- 눈이 커진다.
- 침을 흘린다.
- 숨이 차다.
- 도망친다.

큰 소리

야생 개나 늑대는 도망치면서 공포심을 이겨낸다. 그들의 영역은 넓어 어떠한 위협도 멀리 할 수가 있지만 집에서 키우는 개들은 도망갈 수 있는 공간이 없다. 집에서는 문이나 벽, 담, 길 그리고 리드줄 등으로 움직일 수 있는 범위가 제한되어 있기 때문이다. 강아지들도 이런 비자연적인 환경에 적응해야 한다.

개들은 불꽃놀이, 번개, 총소리 등 갑자기 들리는 큰 소리를 무서워한다. 줄에 묶였을 때는 공포심이 훨씬 더 크다. 하지만 줄을 풀어주면 달아날 수 있기 때문에 더욱 위험하다. 큰 소리에 익숙한 개라고 해도 몇 년 뒤 그 공포심이 나타날 수도 있다.

무서워하더라도 쓰다듬어 주지 않는다. 아무것도 아닌 것처럼 행동한다.

소리는 소리로 이겨낸다

가장 중요한 것은 소리 때문에 놀랐던 장소에는 다시 데려가지 않아야 한다는 점이다. 무서운 소리를 들었던 장소에 대한 생각을 바꾸는 것은 불가능하다. 그곳은 항상 무서운 곳으로 뇌리에 박히게 된다. 이런 것이 장소에 대한 공포증이다.

그보다는 시끄러운 소음(천둥소리, 꽝 하고 부딪치는 소리)을 녹음한 테이프를 준비해 새로운 곳에서 듣게 한다. 이때 개가 놀라지 않도록 작은 소리로 틀어놓는다. 개가 약간의 두려움을 나타낼 수도 있다. 그러나 소리가 작기 때문에 그리 심각하지는 않다. 테이프가 돌아가는 동안 개에게 다른 관심거리를 제공한다. 무서운 소리가 들려도 좋은 것이 있다는 것을 알게 해준다.

- 개가 가장 좋아하는 먹이를 보상으로 준다(개가 배고픈 상태여야 한다).
- 장난감으로 재미있는 놀이를 한다.

개가 아무리 무서워하더라도 안심시키거나 쓰다듬어 주지 않는다. 전혀 무섭지 않다는 것을 당신이 몸으로 보여주어야 한다.

밖에 나가서 훈련을 할 경우에는 반드시 줄을 묶어 도망치지 못하게 한다. 도와줄 친구가 있다면 더 좋다. 한 사람은 개와 함께, 다른 한 사람은 녹음기를 들고 약 20m 떨어진 곳에서 낮은 소리로 테이프를 틀어준다. 거리를 점차적으로 좁히거나 소리를 조금씩 크게 한다.

개가 좋아하는 것과 테이프의 소리 둘 중 어떤 것에 더 예민하게 반응하는지 본다. 예를 들어, 공을 던져서 가져오라고 명령하고는 테이프를 틀어주면 대부분은 공을 따라간다.

개가 좋아하는 놀이를 하다가 어떤 상황이 닥쳤을 때 테이프를 같이 틀어준다. 이 상황에서 개가 어느 한쪽을 택하게 만든다. 예를 들어, 장난감을 던져 가져오기 놀이를 좋아하는 개라고 가정하자. 이 놀이를 하면서 개가 싫어하는 소리를 동시에 틀어준다. 공포심이 심하면 놀이를 하지 않을 것이고, 소리를 듣고서도 놀이를 택한다면 극복할 가능성이 충분히 있는 것이다.

가정용품 소음에 예민하게 반응하면, 밥을 줄 때마다 소음을 낸다. 이런 상황에서는 소음 때문에 무섭다는 생각보다는 먹어야 한다는 생각이 더 강하다.

아무리 무서워도 먹어야지

어떤 개들은 가정용품 소음에 예민하게 반응한다. 포도주 따르는 소리, 은박지 뜯는 소리에도 놀랄 수 있다. 이

Tip

공포심 없애기

- 소음을 녹음한 테이프를 작은 소리로 틀어놓는다.
- 안심시키는 행동으로 공포심을 보상하지 않는다.
- 개가 도망치지 않도록 줄로 묶어둔다.
- 개가 좋아하는 먹이나 놀이로 관심을 끈다.

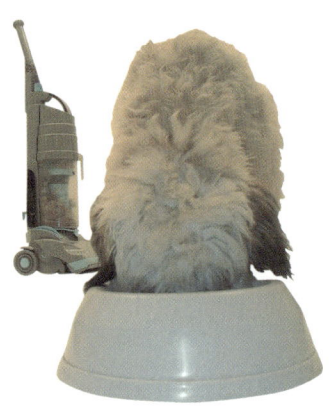

개가 싫어하는 소음을 밥을 먹을 때 일부러 낸다. 그러면서 점차 거리를 좁혀나간다. 천천히 진행되는 과정이지만 결국에 가서는 소음이 무섭지 않다는 것을 깨닫게 된다.

렇게 작은 소리도 무서워하는 개라면 밥을 준비하면서부터 소음을 낸다(아주 조용하게). 그러고는 소음이 나는 곳과 약간 떨어진 곳에 밥그릇을 놓아준다.

처음에 개는 소음이 나기 때문에 망설일 수 있지만 배가 고프면 밥을 먹으러 갈 것이다. 그렇다면 일단 성공이라고 할 수 있다. 먹지 않고 가버린다면 밥그릇을 치웠다가 배가 더 많이 고플 때 다시 반복한다. 이때 다른 간식거리를 주면 효과가 없다. 이 기간 동안에는 먹을 것을 줄 때 소음을 함께 낸다.

싫어하는 소리를 자꾸 들려준다

어떤 특정한 물건의 소리를 싫어한다면 그 소리를 녹음했다가 다시 들려주는 방법을 쓴다. 소리를 녹음해 개가 즐거워하는 시간, 즉 놀이를 하거나 밥 먹는 시간에 낮은 음으로 약 10분간 하루에 세 번 틀어준다. 10주 정도 계속하다 소리를 약간 크게 한다. 점차 소리를 크게 해 실제의 소리와 같을 때까지 계속한다. 이 훈련 과정은 매우 성공적이다.

공포증 극복

개가 특정한 물건이나 동물 또는 사람을 무서워하면 개가 참을 수 있을 정도의 거리에서 직면하게 한다. 조용히 있으면 먹이로 보상한다. 점차 거리를 좁히면서 계속 먹이로 보상한다. 그러면 그 물건이나 사람과 먹이가 연관되어 좋은 인상으로 변하게 된다. 오랜 시간 반복하고, 억지로 시키거나 소리 지르지 않는다. 또한 강아지가 공포심을 보이면 안심시키려 쓰다듬지 말고 그냥 내버려둬야 한다.

Tip

안정제

안정제는 위급할 때만 사용한다. 사용하기 전에 반드시 수의사와 상의한다. 이런 약은 일시적으로 사용하고, 오랜 기간 계속 사용하는 것은 피한다.

공포증 있는 개 길들이기

- 공포의 대상 가까이 가지 않는다.
- 공포에 떠는 개를 안심시키려 하지 않는다. 공포심만 심해질 뿐이다.
- 개의 공포심을 무시함으로써 무섭지 않다는 것을 보여준다.
- 공포의 대상을 치울 수 있다면 가장 좋다.
- 신경안정제를 장기간 사용하는 것은 바람직하지 못하다.
- 조용한 개가 있으면 친해지게 하는 것도 좋은 방법이다.
- 밖에 나갈 때는 항상 줄로 묶어야 한다. 놀라서 도망갈 수도 있기 때문이다.

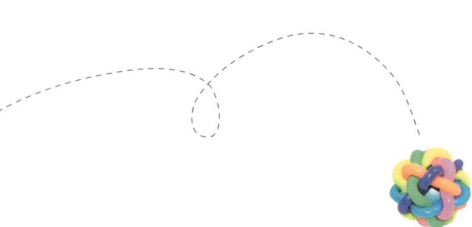

PART 18

귀 밑에 약 붙여줄까?

차멀미하는 우리 강아지

개들도 사람처럼 차멀미를 한다. 메스꺼워하고 심하면 토하기도 하고, 침을 많이 흘려 몸이 흠뻑 젖는 경우도 있다. 또 차 타는 것을 미리 걱정하여 차를 타기도 전에, 다시 말해 주인이 차 열쇠를 든다든가 차 문을 열기만 해도 침을 흘리거나 심하게 떨기도 한다. 이러한 현상들이 차멀미의 증상이라고 할 수 있다.

차멀미

대부분의 개들은 주인과 함께 생활하면서 자주 차를 타야 한다. 주인과 차로 외출도 하고 종종 공원에도 가기 때문에 차 타는 것을 좋아한다. 그러나 차 타는 것을 싫어하는 개들도 있다. 차가 출발하고 정지하는 움직임 때문에 차멀미를 하기 때문이다. 개가 멀미를 하면 심하게 떨거나 얼굴이 굳거나 또는 실제로 토하기도 한다.

차가 좋아지는 3주 훈련

차 타는 것에 익숙하게 만들어 주려면 생후 6주가 되면서부터 차에 대한 좋은 인상을 심어준다. 강아지가 배고파할 때 5분 정도 차에 앉혀놓았다가 밥을 준다. 이렇게 하면 차와 친해져 차에 대한 나쁜 생각이 없어진다. 차에만 들어 갔다 나오면 밥을 먹는다는 생각에 오히려 즐거울 수 있다.

유난히 차를 싫어하는 개는 차를 좋아할 수 있게 만들어 주어야 한다. 3주 동안 다음과 같이 훈련시킨다.

- 첫째 주 : 차를 운행하지 않는 상태에서 하루에 두 번 차 안에서 밥을 먹인다. 이때 좌석에 푹신한 방석을 깔아준다. 처음에는 옆에 같이 앉아 있다가 며칠 지나면 혼자 뒷좌석에 태우고 밥을 주고는 문을 약 5분간 닫아둔다. 이때 통풍이 잘 되는지 꼭 확인한다.
5분이 지나면 문을 열어주되, 너무 반기지 말고 해야 할 일을 한 것처럼 의연한 태도를 보인다. 개가 침을 흘리거나 불안해하지 않으면 다음 단계로 넘어간다.
- 둘째 주 : 첫째 주에 한 것을 계속 반복하면서 하루에 두 번, 5분 정도 차에 태워 드라이브한다. 싫어하지 않는다면 다음 단계로 넘어간다.
- 셋째 주 : 매일 개를 차에 태워 공원에 데리고 간다. 15분 이상은 태우지 않는다. 산책을 즐기고 집으로 돌아온다. 개껌이나 맛있는 간식을 준비해 차 안에서 준다. 그때 말고는 먹이 보상을 하지 않는다. 차 타는 시간을 점차 늘려간다. 성급하게 굴지 않고 인내심을 갖고 진행한다.

차에 익숙하게 만들어 차를 타면 재미있는 일이 생긴다고 기대하게 만든다. 그러면 강아지는 주인이 차 열쇠 드는 것만 기다릴 것이다.

멀미 안녕

- 개 전용 안전벨트를 사용한다. 개를 뒷자리에 앉혔을 때 개가 바닥에 떨어지는 것을 막

아줄 뿐 아니라 멀미를 예방할 수도 있다.
- 차가 많이 밀릴 때는 외출을 피한다. 차가 가다 서다 하면 개가 지루해하거나 차멀미가 날 수도 있다.
- 낮 시간에 약 5~10분 정도 차에 둔다. 차에 대한 공포심을 없앤다. 차에서 내려줄 때는 너무 흥분하지 않도록 주의한다. 이렇게 하면 차에 타기만 하면 어딜 간다는 생각이 없어져 차가 움직일 때도 그 두려움은 감소된다.
- 장거리 여행은 단거리 여행에 익숙해진 뒤에 한다.
- 차를 너무 심하게 싫어하면 멀미약을 먹이는 것도 좋다. 하지만 장기적으로 봐서 이 방법은 근본적으로 문제를 해결하지는 못한다. 약을 먹일지 말지는 수의사와 상의하여 결정한다.

차 타는 일이 즐거운 일과 연결되면 이렇게 먼저 들어가 기다린다.

차멀미는 차의 움직임이 원인인 경우가 많으므로 강아지용 안전벨트를 사용한다(왼쪽). 이렇게 차 뒤에 앉아 시간을 보내면(오른쪽) 차에 타는 두려움을 줄일 수 있다.

PART 19 삽질은 이제 그만!

땅 파는 우리 강아지

개들이 땅을 파는 일은 자연스러운 현상이다. 어떤 냄새를 맡았거나 비 오는 날을 대비해 뼈를 숨기려는 목적도 있다. 날씨가 더우면 차가운 흙에 눕고 싶어 파기도 하고, 또 더러는 심심해서 재미로 파기도 한다. 우리 눈에는 괴상하고 아무런 의미도 없는 듯 보여도 사람이 하품을 하듯 개에게는 너무나도 자연스러운 일이다.

땅을 못 파게 하는 방법

심심해서 파든 불안해서 파든, 땅 파기는 개를 너무 오랜 시간 혼자 두기 때문에 나타나는 현상이다. 그러므로 간단한 운동을 개와 같이 하거나 물건 던져 가져오기 등 개가 좋아하는 놀이를 같이 하면 땅 파는 행위는 저절로 없어질 수도 있다.

만일 특정한 장소를 정하고 그곳만 판다면 구덩이에 큰 돌을 묻거나 널빤지를 깔아놓아 흥미를 잃게 한다. 어린 강아지든 성견이든, 당신의 개가 잘 가꿔놓은 정원을 판다면 어떻게 해야 할까? 가장 간단한 방법은 개가 파헤치는 땅 주변에 담을 둘러 개가 들어가지 못하게 하는 것이다. 그렇지 않으면 개집을 밖에 내놓고 그곳에 개를 넣어둔다. 그러면 땅을 파면 안 된다고 배울 때까지는 정원을 보호할 수 있다.

개를 묶어두는 방법도 좋다. 1.2m 정도 높이의 말뚝을 양쪽에 박고 2m 정도 되는 쇠사슬을 연결시킨다. 그리고 거기에 개를 묶어둔다. 개는 2m 정도의 여유가 있으므로 자유롭게 움직일 수 있다. 그러나 강아지는 줄이 목에 감겨 위험할 수 있기 때문에 그리 좋은 방법은 아니다.

땅 파는 것이 버릇이 되어 버린 개는 개장에 넣어두거나 줄로 묶어 움직일 수 있는 공간을 제한한다.

디스크 이용

땅 파는 일은 현장을 잡기 힘들기 때문에 즉각적인 교정이 쉽지 않다. 그러나 땅 파는 것을 봤다면 훈련용 디스크를 사용하면 효과가 있다.

개와 함께 정원에 나갈 때는 디스크를 준비한다. 개가 땅을 파려고 하면 디스크를 던지면서 "안 돼."라고 한다. 디스크 소리 때문에 땅 파기를 멈춘 개가 주인을 쳐다보면 오라고 명

 Tip

예방하기

- 더위나 추위나 비를 피할 수 있는 공간을 만들어 준다.
- 한 시간 넘게 묶어두지 않는다.
- 뼈나 껌, 장난감 등을 주어 개의 관심을 다른 곳으로 돌린다.

개들은 나무에는 관심이 없다. 한번 파야겠다고 마음먹었다면 정원의 꽃, 채소, 화분 모두 남아나지 않는다. 이럴 때는 개의 활동 범위를 제한하거나 땅을 파지 못하도록 미리 예방해야 한다.

령한다. 개가 순순히 다가오면 칭찬해준다. 디스크 던지는 모습을 보여서는 안 된다.

냄새로 방지

정원이나 화분에 새로 심은 나무나 꽃에서는 사람이 작업했기 때문에 사람 냄새가 난다. 그래서 개들이 잘 물어뜯는다. 이 경우 나무나 꽃주변에 물기 방지 스프레이를 뿌려두면 물어뜯는 것을 예방할 수 있다. 비가 와서 냄새가 씻겨 나가면 다시 뿌린다.

버릇 고치기

- 훈련용 디스크를 사용해 땅을 파지 못하게 한다.
- 화분 밑부분에 물기 방지 스프레이를 뿌려둔다.
- 비가 온 뒤에 다시 뿌린다.

PART 20

그것 말고도 먹을 거 많잖아!

배설물 먹는 우리 강아지

'만나서 반가워. 조금 전에 뭐 먹었니?' 배설물을 먹는다는 사실은 불쾌하지만, 개들에게는 자연스러운 현상이다.

개들은 본능적으로 소나 양 같은 초식동물의 배설물을 좋아한다. 그런데 그 입으로 주인의 입을 핥는다면 생각만 해도 끔찍한 일이다. 고양이 화장실에도 개가 먹을 것이 있다. 이럴 때는 뚜껑 달린 화장실을 마련해 고양이만 들어갈 수 있을 만큼의 공간만 열어둔다.

특히 강아지들은 새로운 세계를 탐색하기를 좋아하고 호기심이 많아 이것저것 건드린다. 아직 먹을 것과 먹지 말아야 할 것을 가리지 못하기 때문이다. 개가 배설물을 먹는 경우 원인이 무엇이든 간에 불쾌하다. 하지만 고치기 쉬운 버릇은 아니다. 건강상 심각한 질병을 유발할 수도 있기 때문에 이런 행동은 반드시 고쳐야 한다.

원인

자기 배설물을 먹는 개

자기 배설물을 먹는 개라면 배변하는 즉시 치워야 한다. 자연식을 먹인다면 배설물이 감소하지만 마른 사료는 배설량을 증가시키며 대변색도 검다. 하루에 한 번만 밥을 주어 배변 횟수를 줄인다.

강아지들이 배설물을 먹는 이유는 지루하기 때문이다. 혼자 오랫동안 내버려두었을 때, 보이는 곳에 변이 방치되어 있으면 먹을 수도 있다. 그러므로 강아지가 변을 보면 즉시 치우는 것이 무엇보다 중요하다.

어려서부터 배설물을 먹는 버릇이 들면 고치기 힘들기 때문에 처음부터 이런 일은 없도록 해야 한다.

따분한 개들은 자신의 배설물을 먹기도 한다. 이런 경우 장난감이나 껌 등을 준다.

다른 동물의 배설물을 먹는 개

초식동물의 배설물은 개들에게 매우 호감 가는 먹이다. 늑대들은 고라니나 사슴과 같은 동물의 배설물을 어렵지 않게 먹는다. 늑대들은 채소를 초식동물처럼 소화시키지 못하기 때문에 초식동물의 배설물에서 그 영양분을 섭취하는 것이다.

고양이도 놀란다! 고양이의 화장실은 개에게는 흥미로운 곳이다. 뚜껑 달린 화장실로 바꾼다.

> **식분증**
> 개가 대변을 먹는 증상을 '식분증' 이라고 한다. 관심을 갖고 치료하여 얼마든지 고칠 수 있는 습관이다. 먼저 개가 왜 대변을 먹는지 그 이유를 알아낸 다음 적절한 치료방법을 적용한다. 예를 들어, 비타민이나 미네랄이 부족해 대변을 먹는 경우에는 비타민제 등을 공급하고 균형 있는 음식을 주면 저절로 낫는다. 또 스트레스 때문이라면 그 원인을 없애거나 줄이면 된다.

개가 다른 동물의 배설물을 먹는 것은 늑대의 본능에서 비롯된 것이긴 하지만 그 배설물의 영양분은 그다지 좋지 않다.

줄을 당긴다

배설물이 있는 장소에서 산책을 한다면 목줄에 약 9m 정도의 나일론 줄을 묶는다. 다른 개와는 놀지 못하게 하고, 배설물을 먹으려 하면 줄을 당기면서 "안 돼."라고 한다. 배설물을 먹지 않고 주인 곁으로 오면 칭찬해준다. 줄이 꼬일 수도 있기 때문에 위험하다. 주인의 각별한 주의가 요구된다.

이 버릇을 고치기 위해서는 입마개를 씌워야 한다. 보기에 좋진 않지만 효과는 확실하다.

놀이로 관심을 끈다

개가 좋아하는 공이나 장난감을 이용해 놀이로 관심을 돌린다. 만일 배설물을 먹으려 한다면 공을 던지며 큰 소리로 "가져와." 하고 명령한다. 공을 가지고 돌아오면 뒤로 더 물러난다. 개가 그대로 따라오면 충분히 칭찬해준다. 개의 관심을 다른 곳으로 돌려 나쁜 습관을 서서히 고쳐나간다.

100% 성공법

개가 입마개를 하고 있으면 보기에 좋지는 않다. 그러나 새장 형태의 입마개를 씌워놓으면 배설물을 먹지 못하게 하는 가장 확실한 방법이 된다. 대변 먹는 것은 버릇이 되어버리기 전에 반드시 고쳐야 한다.

특히 개를 처음 키우거나 개를 잘 다룰 수 없는 사람이라면 이 방법을 권하고 싶다. 왜냐하면 입마개는 나쁜 버릇을 고치는 데 100% 성공할 수 있는 도구이기 때문이다. 입마개를 벗기고 나서는 다른 방법으로 다시 훈련한다.

향기 분사식 물기 방지 스프레이 목줄을 달아 불쾌한 냄새 때문에 나쁜 행동을 하지 못하게 하는 방법도 있다. 이 스프레이는 먼저 정확한 사용방법을 배우고 전문가의 지시에 따라 사용해야 안전하다.

PART 21
지금 달리기 시합하니?

사람이나 동물을 쫓는 우리 강아지

사람이 걷는 것이 자연스럽듯 개가 움직이는 동물을 따라가는 것은 너무나도 자연스러운 본능이다. 쫓거나 사냥하는 것은 개에게는 지극히 자연스러운 현상이다. 사납거나 겁이 많은 개들도 무엇인가를 쫓음으로써 자신의 공격성을 표현한다.

두려움이 많아 사나운 개나 지배 본능이 강해 사나운 개 모두 쫓는 일에 열심이다. 그렇다고 물거나 공격하는 경우는 거의 없다. 그러나 계속해서 동물이나 사람을 따라간다면 통제할 수 없게 된다. 더욱이 공원에서 조깅하는 사람이 목표물이 된다면 더 빨리 쫓아가게 마련이다.

지루함이 원인
보더 콜리나 테리어 종류와 같이 쉽게 흥분하는 개들은 쫓아다니기를 좋아한다. 그렇지 않아도 쫓아다니는데 주인이 공원에서 토끼나 다람쥐를 쫓는 일을 시키고 대수롭지 않게 생각했다면, 그래서 그것이 습관이 되어버렸다면 나중에는 심각한 문제가 될 수도 있다.

개가 고양이를 쫓는 일은 아주 자연스러운 일이다. 그러나 대상이 사람이나 다른 개라면 문제가 될 수 있다. 빨리 버릇을 고치지 않으면 갈수록 심해진다.

공놀이를 좋아하는 개라면 공으로 관심을 끈다. 무엇인가를 쫓는 대신 공을 따라갈 것이다.

　주인과 산책하는 것이 지루한 개들은 다른 동물이나 사람을 쫓아다님으로써 재미를 느낀다. 움직이는 물체는 다 좋아한다. 이런 식으로 몇 번 따라다니다 보면 그것이 습관이 되어버린다.

　조깅하는 사람이 가장 쉬운 목표물이다. 그런데 조깅하던 사람이 뒤를 돌아보고 무서운 얼굴을 보였다면 개는 더 이상 흥미를 느끼지 못했을 것이다. 하지만 이런 경우는 무척 드물다. 이런 버릇이 결국에 가서는 다른 사람을 무는 등 공격적인 성격으로 변할 수 있기 때문에 그냥 내버려 두면 위험하다.

복종훈련 실시

어떠한 버릇을 고치든 간에 기본적인 복종훈련을 먼저 시도하는 것이 가장 바람직하다. "가져와.", "엎드려.", "기다려."와 같은 명령을 철저하게 훈련시켜 어떠한 상황에서도 개를 통제할 수 있어야 한다.

그리고 제4장에 소개한 긴 끈으로 훈련시키는 방법을 다시 한 번 살펴본다. 그렇게 하면 개가 조금 멀리 떨어져 있어도 주인의 통제 하에 있으므로 안심이다.

도구 이용

사람만 따라가는 개

조깅하는 사람이 하나도 없는 공원은 없다. 이 훈련은 친구의 도움을 받아야 한다. 먼저 친구에게 미리 준비한 물총을 준다. 친구가 조깅을 할 때 개가 따라가면 개 얼굴에 물을 뿌리라고 당부한다. 또는 멈춤 알람이나 훈련용 디스크를 사용해도 좋다.

개의 입장에서 보면 사람을 따라갔는데 물총 세례를 받는 등 즐겁지 않은 일이 있었기 때문에 점차 버릇을 고친다.

쫓아가는 습관 고치기

- 문제점을 조기에 발견해 습관이 되지 않도록 한다.
- 복종훈련을 확실하게 시킨다.
- 개가 무엇인가를 쫓기 시작하면 물총이나 훈련용 디스크를 사용해 저지한다.
- 공놀이로 개의 관심을 끈다.
- 통제 불가능한 개의 훈련법을 다시 읽어본다(52~57쪽).
- 부르면 주인에게 오는 훈련을 확실하게 시킨다.
- 물 가능성이 있다면 입마개를 사용한다.

공놀이로 관심 돌리기

개들이 가장 좋아하는 공놀이를 하면서 개의 관심을 끈다. 여기에서는 타이밍이 중요하다. 개가 사람이나 다른 동물을 쫓아가기 시작하면 이미 늦다. 쫓으려고 하는 눈치가 보이면 바로 공을 던져야 한다. 공을 가져오면 칭찬을 많이 해준다.

전기충격 사용

쫓아가는 정도가 아주 심각한 경우에는 전기충격 목줄을 사용한다. 하지만 사용하기 전에 사용방법을 충분히 익혀야 함은 물론이다. 잘못 사용하면 개가 위험해질 수 있기 때문이다.

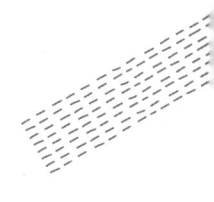

부록

애견 소개

골든 레트리버 Golden Retriever

키 56~61cm, 몸무게 25~36kg인 대형견. 짙은 황금색의 털을 가진 아름다운 개로, 찬물 속에서도 견딜 수 있을 만큼 긴 털이 많이 나 있고 앞발 뒤쪽에 장식털이 나 있다. 가슴이나 뒷발의 허벅지 뒤쪽, 꼬리의 아래쪽 면에도 털이 있다. 성격이 온순하며 충성심이 강하고 붙임성이 좋고 지능도 높아 가정견, 맹도견 등으로 유럽이나 미국, 일본에서 인기가 있다. 충분한 운동을 시켜주어야 한다. 비가 오고 매우 추운 기후에서도 활동할 수 있는 개이다.

그레이트 피레니즈 Great Pyrenees

키 65~82cm, 체중 41~59kg인 초대형 사역견, 경호견, 애완견. 원산지는 프랑스이며, 영국과 유럽에서는 이 개를 '피레니언 마운틴도그(Pyrenean Mountain Dog)'라고 부른다. 역사적으로 사람과 가장 오랫동안 함께 지내온 사역견이며, 18세기에 프랑스 왕족과 귀족의 사랑을 한몸에 받은 애완견으로도 유명하다. 성격은 상냥하고 순진하며 주인이나 아이에게 온순하게 대한다. 내향적 성격이어서 곧잘 응석을 부리거나 고집을 부리기도 한다. 너무 응석을 받아주거나 꾸짖으면 제멋대로 굴 수 있으므로 주의한다. 네 살까지는 여름에 털갈이를 하므로 자주 손질해주어야 한다.

달마티안 Dalmatian

키 56~61cm, 몸무게 20~29kg인 중형견. 원산지는 크로아티아의 달마티아이며, 고대 그리스 조각에 그려져 있을 정도로 오래되었다. 이 개는 예민하고 영리하며 성질이 온화하다. 또한 활발하고 외향적이며 선천적으로 사람을 잘 따라 특히 어린이들에게 귀여움을 받는다. 이 개의 가장 큰 특징은 반점인데, 짧고 빽빽한 하얀 털에 뚜렷하고 생생한 흑색 또는 적갈색의 둥근 점이 몸 전체에 고루 흩뿌려져 있다. 달마티안은 하루에도 몇 번씩 빨리 걷거나 달리게 하는 등 운동을 많이 시켜야 한다.

도베르만 핀셔 Doberman Pinscher

키 60~69cm, 몸무게 23~34kg인 대형견. 원산지는 독일이며 루이스 도베르만이라는 사람이 만든 품종이다. 이 개는 타고난 경비견으로 머리가 좋고 힘이 세며 충실하고 애정이 깊어 사람들의 좋은 친구가 될 수 있다. 하지만 경우에 따라서는 공격성을 띠므로 어릴 때부터 엄격하게 관리해야 한다. 또한 매우 활동적이기 때문에 매일매일 많은 양의 운동을 시켜야 한다. 현재 국내에서 구입할 수 있는 것은 대부분 전람회용으로 성품이 온순하다.

래브라도 레트리버 Labrador Retriever

키 57~62cm, 몸무게 30~36kg인 대형견. 원산지는 뉴펀들랜드 섬의 해안이고, 영국으로 건너가 개량된 종이다. 방수성이 좋은 짧고 조밀한 털과 근육질의 균형 잡힌 몸매를 갖춘 만능견이다. 훈련이 쉽고 성실하며 지혜롭고 순응성이 좋아 반려견으로 적당하다. 규칙적으로 운동을 시키고 어릴 때부터 다른 동물이나 사람과 접촉하게 해야 사교성이 좋아진다. 가두거나 매어놓고 기르기에는 부적당하다. 물을 좋아하므로 가끔 수영할 기회를 주는 것이 좋다.

로트바일러 Rottweiler

키 56~68cm, 몸무게 41~50kg인 초대형견. 이 개의 조상은 고대 로마의 소몰이개로 마스티프의 일종이었으며 최근에는 경찰견이나 군견, 경호견으로 활용된다. 현재 세계에서 가장 힘이 세고 튼튼한 개로 인정받는다. 영리하고 집념이 강하며 다루기 쉽고 충성심이 강하다. 또한 둔해 보이나 동작이 빠른 것이 특징이며 털색은 검정에 황갈색 반점이 있다.

마렘마 시프도그 Maremma Sheepdog

키 63~74cm, 몸무게 32~45kg인 대형견. 이탈리아의 대형 목양견으로, 양을 모으는 재능이 뛰어나다. 마치 북극곰처럼 생긴 이 개는 체중이 45kg 전후이기 때문에 움직임이 재빠르지 못하다. 그래도 일을 잘하고 독립적인

기질을 가졌으며 때때로 리더십을 발휘하기도 한다. 특히 주인과 가축들을 돌보는데 다른 어떤 개와도 견줄 수 없는 특유의 충성심을 발휘한다. 충분한 훈련만 하면 애완견으로도 손색이 없다. 하지만 이탈리아 이외에서는 보기 힘든 개이다.

마스티프 Mastiff
키 68~76cm, 몸무게 68~89kg인 초대형견. 올드 잉글리시 마스티프 외에 티베탄 마스티프, 일본 도사견 등 세 종류를 통칭하는 말이지만, 일반적으로는 올드 잉글리시 마스티프를 가리킨다. 투견의 본성 때문에 타인과 쉽게 친해지지 않지만, 주인에게는 매우 온순하며 헌신적이다. 외형은 도사견을 떠올리면 된다. 성장 속도가 빠르므로 비만을 막는 운동이 필수적이며, 만일을 대비해 복종훈련을 반드시 시켜야 한다.

버니즈 마운틴도그 Bernese Mountain Dog
키 57~70cm, 몸무게 35~44kg인 대형견. 스위스 베른이 원산지이며, 비단결같이 광택이 있고 물결처럼 늘어진 길고 아름다운 털을 가졌다. 산악지대에서 사육되어 수레를 끄는 사역견에서 출발해 가축 떼를 관리하는 목축견으로도 활약한다. 온순하지만 자립심이 매우 강하고 영리해서 무턱대고 야단치면 성격이 비뚤어질 수 있으므로 눈을 맞추고 말로 훈련시켜야 한다. 특히 기억력이 뛰어나고 충성심이 강하다. 이 개에게 가장 해로운 것은 비만으로 발생한 관절 등의 질병이므로 먹이의 양을 조절하고 충분한 운동을 시켜야 한다.

보더 콜리 Border Collie
키 48~53cm, 몸무게 18~23kg인 대형견. 영국이 원산지인 양치기견으로, 총명하고 민첩하며 친구에 대한 애정이 깊다. 그리고 낯선 이들에게 상당히 소극적인데, 그 때문에 훌륭한 경비견의 자질을 갖고 있다. 이 개는 잡일을 하거나 자신의 힘을 분출시킬 때 가장 행복해한다. 만일 양을 몰 기회가 없으면 이웃의 다른 동물들을 몰지도 모른다. 외모가 수려하고 성격이 활기차다.

세인트 버나드 Saint Bernard
키 암컷 65cm 이상, 수컷 70cm 이상, 몸무게 72~80kg인 초대형견. 원산지는 스위스이며 알프스산맥에서 조난당한 등산객들을 구조하는 개로 활약했다. 몸집은 아주 크지만 상냥하고 우호적이며 순종적인 성격이다. 특히 어린이를 대할 때도 참을성이 있는데, 넓은 장소와 음식물을 제공해주고 운동을 정기적으로 시키면 이상적인 가정견이 될 수 있다.

스패니얼 Spaniel
키 약 46~61cm, 몸무게 15~30kg인 중형견. 에스파냐에서 영국을 거쳐 유럽에 소개된 것으로 추정되며, 주로 조류 사냥용 또는 애완견으로 키운다. 품종 개량을 통해 오늘날에는 아메리칸 코커스패니얼, 클럼버스패니얼,

필드스패니얼, 아이리시워터스패니얼 등 여러 종류가 있다. 이 가운데 클럼버스패니얼은 키 48~51cm, 몸무게 27~37kg인 대형견으로 영리하고 활발하며 붙임성이 좋아 어린이나 다른 개들과도 빨리 친해진다. 필드스패니얼은 키 46cm, 몸무게 15~23kg, 영국 원산으로 머리가 길고 다소 가는 형으로, 귀는 긴 털로 덮여서 늘어졌으며 사지는 짧다. 아이리시워터스패니얼은 아일랜드 원산으로 온몸이 곱슬곱슬한 털로 덮였고, 특이한 용모를 가지고 있다.

시추 Shih Tzu

키 27cm 이하, 몸무게 8kg인 소형견. 얼굴에 사자처럼 털이 길게 나 있어 사자라는 뜻의 시추라는 이름을 가지게 되었다. 청나라 황제가 사육할 정도로 궁중에서 화려한 생활을 하던 이 개는 1900년대 초에 여러 나라에 알려졌다. 털이 길어 매일 손질해줘야 하지만 털이 많이 빠지지 않고, 냄새도 적게 나 집에서 키우기에 좋다. 감정이 풍부한 편이므로 애교도 많고 아이들과도 잘 어울릴 수 있다. 반면에, 자존심이 강한 편이므로 주인이 난폭해지거나 화를 내면 이에 대한 반응이 매우 빠르다.

아메리칸 코커스패니얼 American Cocker Spaniel

키 35~38cm, 몸무게 11~12kg인 소형견. 이 개의 조상인 잉글리시 코커스패니얼보다 훨씬 작고, 형태에서도 차이점이 있기 때문에 다른 품종으로 간주된다. 본래 지니고 있는 낙천적인 성격과 남을 즐겁게 만드는 성격 때문에 순종을 잘하는데, 노인이나 어린아이가 있는 가정에 적합하다. 짧고 깊이 파인 입, 동그란 머리, 짧은 몸길이에 비해 월등히 긴 다리 등 신체 구조의 특징 덕에 사냥감을 쫓아 덮치는 데 탁월한 능력을 발휘하는 사냥견 출신이다.

아프간하운드 Afghan Hound

키 65~75cm, 몸무게 23~27kg인 대형견. 원산지는 중동지역이다. 독립심이 강해 길들이기가 쉽지 않지만, 반응이 빨라 수렵견으로 많이 애용된다. 주인이나 가족의 보살핌을 받지 못하면 금세 수척해지고 기가 죽으며, 어려서 훈련을 엄격히 해놓지 않으면 하운드종 특유의 장난기와 거친 면을 고치기 어렵다. 뾰족한 얼굴과 비단 같은 긴 털, 아몬드 모양의 동양적인 두 눈 등 독특한 외모로 사람의 시선을 끈다.

에어데일테리어 Airedale Terrier

키 58cm, 몸무게 20~27kg인 중형견. 테리어종 가운데 가장 큰 품종으로, 체격뿐만 아니라 영리함까지 겸비하여 어떤 훈련도 소화해내는 만능견이다. 충성심이 강하고 집 지키는 능력이 뛰어난 가정견으로, 용감하고 명랑하며 호기심이 왕성해서 주인과 함께 놀기를 좋아한다. 주인에게 애교를 부리다가도 잘못된 행동을 고집하는 면도 있고, 다소 공격적인 성향도 있으므로 엄격하게 길들여야 한다. 수렵, 조렵, 군견, 가정견 등 많은 분야에서 활동하기 때문에 '만능 에어데일'이라고도 한다.

요크셔테리어 Yorkshire terrier
키 20~23cm, 몸무게 0.9~1.2kg인 초소형견. 원산지는 영국이며 테리어 품종 가운데 가장 작아 애완견으로 인기가 높다. 맑고 뚜렷한 눈과 귀여운 얼굴 생김새, 게다가 성질도 영리하고 인내심도 강하다. 밝고 명랑하며 활동적인 이 개는 주인에게 한없이 응석을 부리는 타고난 애완견이다. 비단 같은 부드럽고 긴 털이 온몸을 뒤덮고 있어 대부분 미용을 해서 기른다. 또한 어릴 때는 털빛이 거무스름해 정확한 색깔은 성견이 되어야 알 수 있다.

웰시 스프링어스패니얼 Welsh Springer Spaniel
키 48cm이며 영국 웨일스가 원산지다. 사역견 용도로 키워진 만큼 작은 몸체지만 활발하고 활동적이어서 튼튼하다. 성격은 쾌활하고 적극적이며, 혹서와 극한을 잘 참아낸다. 열대성 나라에서도 사육되는 수륙양용의 사냥개이다. 개의 눈은 호박색 또는 짙은 갈색이고 코는 살색 또는 검정색이며, 다부지고 근육질의 몸에 비해서 발이 작아서 고양이 발을 연상케 한다. 그리고 낮게 달린 꼬리는 밑으로 처지며 숱이 많고 매끄러운 털을 가졌다.

잉글리시 코커스패니얼 English Cocker Spaniel
키 38~41cm, 몸무게 12~15kg인 소형견. 성격이 아주 활발하고 장난을 좋아하며, 귀여운 외모 때문에 애완견으로 사랑받고 있으나 사실 사냥개의 특성을 더 많이 갖고 있다. 활동적이고 힘이 넘치는 이 개는 지칠 줄 모르며 열정적으로 움직이고, 주인의 영역에 낯선 사람이 나타나면 주인에게 알려준다. 특히 스피드와 지구력이 있다. 색깔은 단색에서 여러 가지 색이 뒤섞인 것과 양털형까지 다양하다.

저먼셰퍼드 German Shepherd
키 55~66cm, 몸무게 30~43kg인 대형견. 이 개는 경찰견, 군견으로 유명하며 제1차 세계대전 당시 독일 군견으로 그 명성을 떨쳤다. 매우 활동적이며 영리하고 붙임성이 좋고 책임감이 강하다. 특히 주인에 대한 충성심이 강한데, 적응력 또한 뛰어나 주인이 바뀌어도 금방 적응한다. 일반적으로 셰퍼드라 하며 앨세이션(Alsation)이라고도 한다. 이 개에게는 적당한 운동이 필수조건이다.

치와와 Chihuahua
키 18cm, 몸무게 500g인 초소형견. 멕시코가 원산지인 애완견으로 작으면 작을수록 사람들에게 인기가 좋다. 연약해 보이지만 실제로는 자립심이 강해 성견의 경우 혼자 집에 있어도 큰 염려가 없다. 하지만 주인에 대한 독점력이 높아서 다른 개나 심지어는 아이들에게까지도 질투심을 느낀다. 귀는 크고 쫑긋하며, 눈은 크고 약간 볼록하게 보인다. 처음 애완견을 키우는 사람이나 노인에게 적합하다.

테리어 Terrier
테리어라는 이름이 '땅을 파다'는 의미의 라틴어에서 유래되었듯이 본래는 땅속이나 바위굴에 사는 여우, 담비, 들쥐 같은 작은 짐승이나 수달 사냥에 이용하는 영국의 작은 개이며, 그들의 자손을 일반적으로 일컫는 명칭이기도 하다. 가정에서 애완견으로 즐겨 키우는 테리어 품종은 20종 이상이 있으며, 크게 두 분류로 구분한다.
1) 단지(短肢)테리어 – 스코치테리어, 케언스테리어, 웨스트하일랜드 화이트테리어, 실리엄테리어, 요크셔테리어 등
2) 장지(長肢)테리어 – 베들링턴테리어, 보스턴테리어, 레이클랜드테리어, 불테리어, 에어데일테리어, 폭스테리어 등

페키니즈 Pekinese
키 15~23cm, 몸무게 4~6.5kg인 소형견. 고대 중국 왕실에서 기르던 몸집이 작은 애완견으로, 베이징을 상징하는 개라 하여 페키니즈라는 이름이 붙었다. 우아한 기품이 있으며 독립성이 강하고 용감하며 호전적이다. 음식을 가려먹고 물건을 씹지 않으며 큰 소리로 짖어서 실내견, 경비견으로 적당하다. 낯선 사람에게는 경계심이 강하지만 주인과 그 가족에게는 충성스럽고 다정하다. 털빛은 모든 색이 가능하며 붉은색, 엷은 황갈색, 검은색 등이 주로 나타난다.

케언테리어 Cairn terrier
키 22~30cm, 몸무게 5.8~6.4kg인 소형견. 원산지 영국에서 가장 인기가 좋은 테리어 종이다. 영리하고 명랑하며 사람을 잘 따르는 이 개는 용감하고 담력이 있으며 활동적이고 동작이 민첩하다. 훈련시키기는 어렵지 않으나 테리어 특유의 기질은 쉽게 없어지지 않는다. 사냥개답게 땅을 파거나 물건을 물어뜯는 버릇이 있다.

세계 속의 우리 개, 진돗개
천연기념물 제53호, 국제보호육성동물, 국제공인견종 지정

우리 개 최초로 국제축견연맹(FCI)에서 국제공인견종으로 인정받은 진돗개는 명실상부한 우리나라 대표 개이다. 이 개와 관련된 이야기는 무수히 많다. 주인을 찾아 몇 달을 헤맨 끝에 고향 진도로 돌아온 진돗개 이야기는 광고로도 제작되어 사람들에게 감동을 주었다. 아무리 먼 곳에서도 자기 집을 찾아 돌아오고, 주인을 구하고 대신 죽을 정도로 충정이 깊은 개, 게다가 주인이 아닌 다른 사람이 주는 것은 먹지 않는 영리함까지 두루 갖춘 명견이 바로 진돗개다. 이처럼 진돗개는 한번 주인을 평생 주인으로 섬길 정도로 강직한 충성심과 믿기 어려울 정도로 뛰어난 귀소본능을 지녔다. 또한 감각이 예민하고 경계심이 강하며 용맹스러워 집도 잘 지킬 뿐 아니라, 성질이 온순하여 주인에게 절대 복종한다. 훈련을 시키지 않아도 어릴 때부터 대소변을 가릴 줄 알고 주인의 허락 없이는 음식을 훔쳐 먹지도 않는다. 우수한 품성 때문에 애완견으로 아주 인기가 높다.

진돗개는 암수 구별이 뚜렷한 중형의 사냥견으로, 전체적으로 균형이 잡혀 있고, 근육과 골격이 단단하고, 감각이 예민하고, 동작이 민첩하고, 걷는 모양이 경쾌하고 탄력 있어야 한다. 성견의 경우 체고(키)는 수컷 52cm, 암컷 49cm이며 둘 다 ±3cm 정도의 차이는 인정한다. 체고와 체장(몸길이)의 비율은 100:1100 바람직하다.

머리와 얼굴은 정면에서 볼 때 역삼각형이어야 하고 이마는 넓고 양 귀 사이는 적당한 간격을 유지해야 한다. 몸에 비해 지나치게 크거나 가늘고 뾰족한 얼굴은 좋지 않다. 귀는 두꺼우면서 크지 않은 삼각형이며 앞으로 약간 숙여 있고 움직임이 활발해야 한다. 귓속의 털은 부드럽고 촘촘해야 한다. 타원형의 눈 끝은 귀 쪽으로 약간 치켜 올라가고, 홍체는 털의 색에 따라서 변화가 있으며, 안색은 일반적으로 흑갈색이며 투명하고 광채가 나야 한다. 눈은 균형을 잃지 않는 범위 내에서 작을수록 좋다. 입술은 검은 피부로 아래로 처지지 않아야 하고 다른 색으로 변색된 것은 좋지 않다. 윗입술이 아랫입술을 가볍게 덮고 있어야 한다.

코는 아래로 꺾이거나 위로 들려서는 안 되고 쭉 곧아야 한다. 코의 색은 검은색이며 백색견은 담홍색도 허용한다. 목은 잘 발달된 근육으로, 몸에 비해 알맞게 굵어야 한다. 지나치게 짧거나 길면 안 된다. 꼬리는 몸에 알맞게 굵고 왼쪽으로 힘 있게 말려 올라가 뒷다리 마디까지 닿아 있는 것이 좋다. 털은 백색, 회색, 황색, 흑색 등이 있는데 이 가운데 백색과 황색이 순종이다. 풍산개, 삽살개와 함께 우리나라 3대 토종 개 중 하나이다.

부록

우리 개 건강상식 Q&A

Q 어떻게 하면 우리 개를 건강하게 키울 수 있나요?

A 먼저 건강한 애완견을 선택해야 한다. 콧등이 축축하고 눈곱이 없고 눈은 초롱초롱해야 한다. 그리고 손으로 들었을 때 묵직한 느낌이 와야 하고 항문에 설사한 흔적이 없으며 털에 윤기가 있는 개가 건강하다. 이빨도 나 있어야 한다.

이렇게 구입한 애완견을 건강하게 키우려면 미리미리 질병을 예방하는 것이 최선이다. 체중 관리는 물론이고 예방접종을 하고 정기적으로 병원을 찾아 건강진단을 받는 게 좋다. 적당한 운동도 필수다. 그리고 눈, 귀, 입, 발 등을 수시로 살펴본다.

눈 눈언저리에 눈곱이 많이 끼므로 면봉을 따뜻한 물에 적셔 눈 부위를 깨끗하게 닦아준다. 이렇게 하면 눈에 이상이 생기는 것을 예방할 수 있다. 만일 개가 눈을 자주 비벼댄다면 문제가 있으므로 눈여겨 살핀다.

귀 귓속이 감염되어 냄새가 나거나 염증이 생길 수 있다. 귀에 물이 들어가지 않도록 관리한다. 목욕 후에는 면봉 등을 사용해 물기를 잘 닦아주는데 귓속 깊이 집어넣지 않도록 주의한다. 만일 귀에서 냄새가 난다면 외이염이나 중이염 등을 의심해볼 수 있고, 귀지의 상태와 귓바퀴에 염증 부스럼 등의 증상이 있다면 알레르기성 피부염일 수도 있다. 또 귀지는 세균이나 곰팡이 등이 살기 좋은 환경인데 귓속을 청소해주지 않고 그대로 방치해두면 귀지가 변질되어 악취가 날 수 있다.

입 1~2주에 한 번씩은 개의 입을 벌려 이빨과 잇몸을 검사하고 젖은 면봉으로 자주 닦아준다.

발 걷는 게 이상하거나 발을 자주 핥으면 무슨 문제가 생긴 것이다. 발바닥에 가시가 박혔을 수도 있고 베인 상처가 있을 수도 있다. 육안으로 아무 문제가 없어도 뼈나 근육에 이상이 생겼을 수도 있으므로 개의 행동이 계속 부자연스러우면 병원을 찾는다. 발톱도 너무 길게 자라지 않도록 정기적으로 잘라줘야 하는데, 저절로 부러져도 개에게는 고통이 따를 수 있다. 이때 애견용 발톱깎이나 발톱가위를 사용하고 발톱 안의 살을 베지 않도록 주의해 자른다.

몸통 길고 단단한 솔로 솔질하고 털이 엉키지 않도록 자주 빗어준다.

Q 우리 개가 자꾸 토해요. 어떻게 해야 할까요?

A 애완견이 토하는 것은 입으로 들어온 해로운 것을 몸 밖으로 내보내는 의미도 있지만, 너무 많이 토하면 수분과 전해질을 잃게 되어 생명이 위태로울 수도 있다. 개의 위장은 매우 민감한데 위로 들어간 음식물이 식도로 역류되는 것을 막는 괄약근이 사람보다 약해 아주 작은 자극을 받아도 구토가 생긴다.

자극이 심한 음식이나 갑작스러운 먹이의 변화, 흙이나 뼈 등의 이물질을 먹어서 생긴 애완견의 구토는 쉽게 고칠 수 있다. 또한 차멀미 때문에 애완견이 토할 수도 있는데, 차에 익숙해지게 하는 훈련을 통해 예방하면 된다. 하지만 위나 췌장 등 장기에 염증이 생겼거나 기생충에 감염된 경우에는 구토 외에 다른 증상이 나타나고 심할 경우 생명을 잃을 수도 있다. 쥐약이나 세제 같은 것을 먹어도 구토를 일으키는데 이때는 수의사에게 보여 치료한다. 무엇보다 탈수가 심하지 않은지 살펴서 적절하게 조처하는 게 중요하다.

애완견이 구토를 하면 일단 하루나 이틀 동안 물과 먹이를 주지 않고 지켜봐야 한다. 토하는 증세가 좋아지면 물을 조금 먹인 다음 소화가 잘 되는 부드러운 먹이를 준다. 그래도 괜찮으면 2~3일 뒤에는 평소에 먹던 먹이를 줘도 된다.

Q 애완견이 생겼어요. 어떤 예방접종이 필요하나요?

A 애완견을 키울 때는 바이러스나 세균 등에 감염되지 않도록 예방접종을 해야 한다. 면역력이 약한 개가 다른 동물과 접촉할 경우 질병을 일으킬 수도 있다. 먼저 가까운 동물병원을 찾아 홍역, 간염, 파보 장염, 렙토스피라병을 예방하는 주사를 맞힌다. 그리고 광견병, 코로나 바이러스성 장염, 심장 사상충 예방접종을 한다.

특히 광견병은 사람에게도 전염될 수 있으므로 반드시 예방접종을 한다. 또한 개의 심장에 기생하는 심장 사상충은 기침, 호흡곤란, 혈뇨 등을 일으키는 무서운 병이므로 약을 먹여 예방한다. 이것은 모기에 의해 전파되는데 혈액 또는 항원검사를 통해 감염여부를 확인한 다음 모기가 많이 활동하는 시기에 예방약을 먹인다. 요즘에는 실내온도가 높아져 아파트 같은 공동주택에는 겨울에도 모기가 있을 수 있으므로 지속적으로 약을 먹이는 게 좋다.

예방접종 후에는 안정을 취하게 하고 목욕, 미용, 운동 등을 삼간다. 만일 미열이나 식욕 부진 등의 증세를 보이면 수의사에게 보이는 게 좋다.

Q 이빨이 났어요. 양치질만 해주면 되나요?

A 애완견은 생후 4~6개월 정도 되면 젖니가 빠지고 영구치가 난다. 이때 아무거나 닥치는 대로 씹지 않도록 고무공이나 개껌 같은 것을 준다. 사람과 마찬가지로 애완견도 치통이 심하면 잘 먹지 못하고 밤에도 잘 자지 못한다. 말

못 하는 동물이라 아프다는 표현은 못하지만 그 고통은 사람 못지않을 것이다. 따라서 이빨의 색깔이 변하지는 않았는지 부러지거나 썩은 이는 없는지 수시로 살펴야 한다. 애완견의 치아도 한번 빠지면 다시 나지 않으므로 건강하게 돌봐야 하는데, 플라그와 치석이 쌓이지 않도록 관리해주는 것부터 시작한다.
일주일에 2~3회 정도 정기적으로 양치질을 해주는 게 좋다. 먼저 칫솔질을 하기 전에 거즈나 부드러운 천을 손가락에 감아 개의 치아와 잇몸을 닦아준다. 절대 억지로 입을 벌리거나 혼을 내서는 안 된다. 이것도 훈련이 필요한데 이빨을 닦아도 가만히 있으면 칭찬해준다. 애완견 양치 시에는 뻣뻣하지 않은 부드러운 나일론 칫솔이나 유아용 칫솔을 사용하고 개에게 무해한

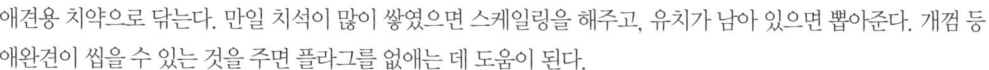

애견용 치약으로 닦는다. 만일 치석이 많이 쌓였으면 스케일링을 해주고, 유치가 남아 있으면 뽑아준다. 개껌 등 애완견이 씹을 수 있는 것을 주면 플라그를 없애는 데 도움이 된다.

Q 우리 개가 너무 먹어 뚱뚱해졌어요. 괜찮을까요?
A 비만은 수명을 단축시킬 정도로 애완견에게는 치명적이다. 귀엽다고 먹이는 맘껏 주면서 운동을 시키지 않으면 체중이 심각할 정도로 늘어난다. 비만한 개는 관절 질환, 당뇨, 지방간, 고지혈증 등의 질병이 생기기 쉽고 출산 시에도 난산을 겪게 된다. 나중에 후회하고 체중을 줄이려 해도 쉽지 않으므로 처음부터 적정 체중을 유지하도록 도와줘야 한다.
키우는 개가 지나치게 뚱뚱하다면 먼저 먹이를 줄이고 간식 등을 주는 행동을 하지 않는다. 그리고 개와 함께 산책이나 놀이 등을 해 운동량을 늘리도록 한다. 이때 가족 모두의 참여가 중요하다.

Q 어떤 먹이를 얼마나 줘야 할까요?
A 어린 강아지는 갑자기 먹이가 바뀌면 적응하지 못할 수도 있으므로 기존에 먹던 먹이를 그대로 주는 게 좋다. 다른 먹이로 바꿀 때는 시간을 두고 천천히 적응시킨다. 그리고 너무 많은 양을 주면 탈이 날 수도 있는데, 개를 처음 키우는 사람 중에는 그 양을 조절 못하는 경우가 많다. 주는 대로 먹는다고 먹이를 많이 주면 과식에 의해 식이성 위염, 장염 등이 생길 수 있다. 또한 강아지가 빨리 자라지 말라고 일부러 적게 먹이는 사람도 있다. 이 경우 영양 불균형에 의한 내과성 질환이나 빈혈 등이 생길 수도 있음을 주의한다.
예를 들어, 소형견의 적정 먹이량을 보면, 생후 2~5개월은 하루에 체중의 3~5% 정도를 4~6회로 나누어 준다. 생후 6~10개월 된 강아지는 체중의 3~4% 정도를 하루에 3회, 그리고 1년 이상 되면 체중의 2~3% 정도를 하루에 한 번 또는 두 번으로 나누어준다. 양이 조금 부족하다 싶을 정도로 먹이를 주는 게 좋다. 물은 아무 때나 자유롭게 먹을 수 있도록 다른 그릇에 담아주고 수시로 갈아준다.

애완견 먹이는 시중에 나와 있는 각종 사료를 많이 이용하는데 개의 성장에 필요한 갖가지 영양이 골고루 들어 있다. 그리고 사람이 먹는 음식이나 채소, 고기를 주기도 한다. 이때 애완견은 땀샘이 적어 염분이 땀으로 배출되지 않으므로 짠 음식은 되도록 피한다. 너무 뜨겁거나 차가운 음식도 소화기관에 손상을 입힐 수 있으므로 피하는 게 좋다. 문어, 오징어, 양파, 파, 지방이 많은 어류, 당분이 많은 과자류, 우유, 닭뼈 등도 개에게 맞지 않은 음식들이다. 고양이용 사료를 주는 사람도 있는데 지방을 함유한 동물성 식품을 많이 먹는 고양이와 개는 필요한 영양소가 다르므로 이 또한 피한다.

Q 우리 개가 새끼를 가졌어요. 지금부터 어떻게 해야 할까요?

A 애완견의 발정 날짜, 교배 날짜, 그리고 발정 상태 등을 꼼꼼히 기록해둔다. 개의 임신기간은 보통 9주 정도이며 대개 58~68일 사이에 새끼를 낳는다. 개의 출산예정일을 계산할 때는 교배 날짜에 60일을 더하고, 여기에 3~4일 정도의 여유 날짜를 포함시킨다.

임신 후 5주 정도 지나면 체중이 늘기 시작하고 6주 정도 되면 배가 불러온다. 보통 분만 1~2일 전에 젖이 나오는데 어떤 개는 일주일 전부터 젖이 나오기도 한다. 새끼를 가진 개는 운동을 적당히 시키면서 차츰차츰 먹이량을 늘려주는데, 임신기간 중간쯤 되면 10% 정도 늘리고 출산 시까지 30% 정도 늘려준다. 그리고 칼슘과 인, 고단백 영양분을 보충해준다. 특히 다른 동물과의 접촉, 스트레스 등으로 유산되지 않도록 각별한 주의를 기울이고 개가 아랫배를 긁지 않도록 한다.

출산예정일이 다가오면 출산상자와 소독한 가위, 실, 수건 등을 준비해둔다. 부드러운 천이나 담요를 깔아놓은 출산상자는 개가 익숙해질 수 있도록 일주일에서 열흘 전에 미리 준비한 다음 조용하고 외진 방 한쪽에 둔다. 예정일이 가까운 개가 먹이를 먹지 않거나 주위가 산만해지고 방바닥을 긁으면 바로 출산상자로 옮기고 지켜본다. 잠시 후 진통이 오고 호흡이 가빠지면 개가 편한 자세를 취할 수 있도록 도와준다.

새끼가 태어나면 어미 개는 본능적으로 새끼의 몸을 감싸고 있는 막을 핥아 제거하고 탯줄을 끊는다. 잠시 후 태반이 나오는데 이것은 새끼를 한 마리 낳을 때마다 하나씩 나오고 탯줄과 함께 어미 개가 먹어치운다. 개의 출산은 3~4시간이 걸리며 보통 30분에 한 마리씩 5~6마리의 새끼는 낳는다. 분만이 모두 끝난 다음 어미 개는 갓 태어난 강아지에게 젖을 먹인다. 갓 태어난 강아지는 어미로부터 온기와 영양 등을 제공받는다. 만일 강아지가 계속 울고 자꾸 야위면 문제가 있다는 증거이므로 수의사에게 보인다. 특히 추위는 치명적일 수 있으므로 23~25℃ 정도의 온도를 유지시켜 준다.

대부분의 개들은 분만 과정을 스스로 처리하는데 실내에서 키우는 애완견들은 사람의 도움이 꼭 필요하다. 만일 처음이라 걱정스럽다면 전문가에게 맡기는 것도 좋은 방법이다. 갓 태어난 새끼를 어미 개가 먹는 경우도 있다. 이는 지켜보는 사람이 떠들거나 자기 새끼에게 서툴게 손을 댈 경우 빼앗으려 한다고 생각해 흥분한 나머지 먹어버리는 것이다. 따라서 애완견이 새끼를 낳을 때는 당황하지 말고 조용히 지켜봐야 한다.

Q 개는 몇 살까지 살 수 있나요? 또 우리 개가 건강하게 오래 살게 하려면 어떻게 해야 하나요?

A 사람과 가장 친한 동물을 예로 들라고 하면 단연 개를 떠올릴 것이다. 개는 오래 전부터 사람의 충성스러운 친구였고, 지금은 사람과 더불어 사는 반려동물로 우리 곁에 있다.

개는 보통 12~16년 정도 산다. 6년 된 개를 사람의 나이로 계산하면 대개 40~45세 정도가 되므로, 노령견이라고 하면 7~8년 된 개를 일컫는다. 젊어서부터 잘 관리하면 건강한 삶을 유지할 수 있는 사람처럼, 개 역시 어릴 때부터 잘 보살펴주면 노화 때문에 생기는 갖가지 질병들을 미리 예방할 수 있다. 이를 위해 적당한 먹이와 운동, 예방접종이 꼭 필요하다.

특히 노령견은 정기검진이 필수다. 심장, 간, 폐 등의 주요 장기가 약해지고 신체의 면역력이 떨어져 각종 질병에 쉽게 노출되기 때문이다. 요즘엔 암, 당뇨병 등 각종 성인병에 걸린 애완견들도 많다. 아파트 생활을 하는 개들 중에는 풍족한 먹이에 비해 상대적으로 운동량이 부족해 병에 걸리기도 한다. 이 모든 것이 주인의 관심과 주의만 있으면 얼마든지 해결할 수 있고, 결과적으로 개의 수명도 연장시킬 수 있다. 사람에게 기쁨과 즐거움을 준 애완견이 건강한 노후생활을 할 수 있도록 끝까지 잘 보살펴야 한다.

노령견이 잘 걸리는 질병
- 신경기계 질환 : 척추 디스크, 치매 등
- 소화기계 질환 : 위암, 만성 위궤양, 결장 게실, 결장암, 소화기능 부전증 등
- 간장 질환 : 간경화, 지방간, 간비대증, 간암 등
- 내분비계 질환 : 당뇨병, 쿠싱 증후군, 갑상선 기능 저하증 등
- 비뇨기계 질환 : 결석, 배뇨 곤란, 자궁 축농증, 전립선암, 고환암, 난소암, 방광암 등
- 안과 질환 : 녹내장, 백내장 등
- 이비인후과 질환 : 치주 질환, 치아 결손, 치석 침착 등
- 심폐 질환 : 폐염, 폐암, 기관 협착증, 심기능 부전증, 고혈압 등
- 신장 질환 : 만성 신부전증, 신수종 등

정기검진 항목
- 일반 신체검사
- 간장, 신장, 췌장, 심장기능 검사
- 소변 및 일반 혈액 검사
- 혈청 화학치, 갑상선 호르몬, 초음파, 복부 초음파, 흉부 X선 검사 등

우리 강아지를 위한 스마트폰 앱

종합정보/커뮤니티

아지냥이

반려동물의 스케줄을 관리할 수 있고, 산책하기 좋은 날을 알려주는 산책지수, 반려동물을 위한 게임, 음악, 이벤트 등의 콘텐츠를 제공한다.

올라펫

반려동물과 함께할 수 있는 카페, 펜션 등의 정보를 확인하거나 펫스타그램을 운영할 수 있다. 매일 클릭 한 번으로 유기동물을 위한 사료를 기부해보자.

인투펫

동물병원 전자차트 연동 서비스를 통해 반려동물의 건강수첩 겸 다이어리로 활용해보자. 세계 각지의 동물 관련 뉴스를 보거나 이벤트를 통해 상품을 받을 수도 있다.

반함

사료의 성분과 브랜드별·기능별 사료를 검색할 수 있고, 유해하거나 주의해야 할 원료, 적정한 사료 급여량을 확인할 수 있다. 보호자들이 작성하는 솔직한 후기도 살펴보자.

반려용품

펫프렌즈

사료, 간식, 배변용품 등 반려동물 관련 상품을 간편하게 구입해보자. 서울에 살고 있다면 주문하고 1시간 만에 상품을 받아보는 심쿵배송을 이용할 수 있다.

쓰담

우리 강아지에게 맞는 용품을 추천해주며, 다양한 반려동물 용품에 대한 실사용자의 솔직한 리뷰와 반려동물 관련 정보를 제공한다.

여행

펫츠고

반려동물과 함께 여행을 떠나 보자. 강아지 크기별로 맞춤필터를 제공하며 동반 가능한 숙박시설, 식당, 카페, 공원, 박물관, 산책로 등의 정보를 파악할 수 있다.

하트독

지역별, 거리별, 인기별로 우리 강아지와 함께 갈 수 있는 여행지를 검색할 수 있다. 커뮤니티를 통해 여행 정보를 공유해보자.

펫시터

도그메이트

원하는 날짜와 시간에 펫시터가 방문하여 산책, 배변정리, 배식을 해준다. 인증 절차를 거친 펫시터의 집에 우리 강아지를 맡길 수도 있다.

펫플래닛

펫시터와 반려동물이 함께 있는 모습을 사진과 동영상으로 확인할 수 있다. 펫시터는 하루에 한 가정의 반려동물만 돌봐줄 수 있으므로 1:1 맞춤형 케어가 가능하다.

유기동물 입양

포인핸드

전국 보호소에 등록된 유기동물 정보를 실시간으로 검색할 수 있는 서비스를 제공한다. 유기동물을 임시보호하거나 입양할 수 있는 방법을 알 수 있다.

반동라

유기동물을 입양하거나 임시보호처와 위탁처를 알아볼 수 있다. 활동하면서 쌓은 포인트로 유기동물보호단체를 후원해보자.

우리 강아지를 위한 유튜브

소녀의행성

래브라도 리트리버 소녀, 포메라니안 행성, 웰시 코기 우주의 일상과 먹방, 반려용품 리뷰

시바견 곰이탱이여우

곰이, 탱이, 여우, 시바견 세 마리를 키우는 개집사의 일상과 여행

허스키 바이러스

한나, 베텔, 하니, 웨버, 네 마리의 시베리안 허스키와 함께 하는 일상

mochamilk

폼피츠 모카와 사모예드 우유의 일상

설채현의 DOG설TV_반려견전문채널

문제행동부터 건강상식까지, 수의사가 알려주는 반려견 정보

찾아보기

교정훈련 • 18, 23, 40, 48, 51, 186, 191, 217
묶어 두기 • 60, 115, 156
반복훈련 • 41, 76, 180
배변훈련 • 43, 241, 244–248, 262
복종훈련 • 19–20, 23, 25–27, 33, 56–57, 102, 116, 124–125, 144–145, 152, 157, 163, 173–177, 186–189, 193–195, 198, 212, 219, 227, 230–231, 234–235, 260, 262, 288
스트레스 • 91, 105, 128, 163, 245, 247, 259, 284
영역 표시 • 234, 239, 247–248
위축훈련 • 63, 65, 173–175
지배 본능 • 18, 51, 55, 107, 118, 120, 165–166, 168, 171, 178, 183, 185–187, 198, 206–207, 209–212, 215, 219, 233, 236, 247–248, 263, 286

■ 훈련 도구

공 • 42, 67, 142, 151, 232, 234–235, 284, 289
긴 줄 • 35, 75–76, 79, 83, 85
리드줄 • 33–34, 36–37, 40, 54, 60, 62, 65, 71, 73–75, 78, 83, 115, 142, 146, 148, 156–157, 160, 169, 175, 184, 189, 212, 217, 250, 256, 263, 270
먹이 장난감 • 38, 58, 61–65, 97–98, 103, 108–109, 113, 122, 133–134, 175, 177–178, 180
멈춤 알람 • 42, 288
목줄 • 33–35, 37–40, 46, 54, 58, 62, 65, 71, 75, 85–87, 111, 113–115, 126, 148, 154, 157, 175–176, 178, 217, 229, 250, 284–285, 289
몸줄 • 36, 256–257
물기 방지 스프레이 • 38–39, 132–133, 144, 146, 157, 215–216, 218, 235, 281, 285
물총 • 42, 60, 113–114, 131–132, 154–157, 192, 209, 229, 231, 234–235, 237, 248, 288
분무기 • 42, 113, 131, 154–157, 237
시트로넬라 향 • 39, 85–86, 113, 125–126, 215, 218, 234
안면줄 • 36–37, 193, 250, 255–257
열쇠 꾸러미 • 112, 131, 229
입마개 • 37, 169, 181–182, 185, 188–189, 193, 195, 201, 210, 220–222, 231, 284–285, 288
자동 리드줄 • 35
자동차용 안전줄 • 36, 44
장난감 • 17, 25, 38, 42–44, 47–48, 53–54, 57, 60, 62, 69, 82–84, 88, 96–99, 107, 110–111, 121–122, 127–128, 130, 133–135, 140–141, 144, 153, 155–156, 162–163, 173, 175, 179, 202, 208, 210–215, 219, 234, 236, 243, 245, 252–254, 265, 270–271, 279, 283–284
향기 분사식 물기 방지 목줄 • 39, 85–87, 113, 115, 126, 229, 285
호각 • 44, 72–74, 83–84, 153
훈련용 디스크 • 40–41, 48–49, 60, 62, 112–114, 125–126, 131–132, 146, 157, 160, 180–181, 192, 229, 231–232, 234–235, 279, 281, 288

■ 애견훈련

같이 사는 개를 공격할 때 • 206–210, 262–263
개가 고집이 세고 통제가 안 될 때 • 36–37, 39, 42, 52, 57, 75, 85, 155, 255–256
개가 관심을 끌려고 할 때 • 30–31, 41, 102, 120, 123, 125
개가 뛰어오를 때 • 150, 152–156
개가 물 때 • 142
개를 훈련시킬 때 • 26
개의 나쁜 버릇 고치기 • 34
개의 독립심 키우기 • 96
겁이 많아 공격성을 띨 때 • 169, 185, 192
공격성이 강할 때 • 186, 189, 191
공공장소에서 사납게 덤빌 때 • 168
공포증에 시달릴 때 • 270–273
다른 개의 공격을 받을 때 • 195–200
두려움을 느낄 때 • 94, 108
땅을 팔 때 • 278–279, 281
말을 듣지 않을 때 • 25
먹이에 집착할 때 • 217–218, 227–231
명령을 내릴 때 • 25
물어뜯을 때 • 127, 129–135
배설물을 먹을 때 • 284–285
버릇없는 행동을 할 때 • 49
빗질에 공격적일 때 • 221–222
사람이나 다른 동물을 쫓아갈 때 • 288–289

산만할 때 • 81
산책할 때 끌어당기는 개 • 252–257
새로운 개를 집 안으로 들일 때 • 262–265
성적인 행동을 보일 때 • 234–238
손님의 주의를 끌려고 할 때 • 59–60, 125, 179
아무데나 배변할 때 • 243–245
얼굴을 핥을 때 • 148
잘 한 행동을 칭찬할 때 • 25–26
잘못을 혼낼 때 • 25–26
질투가 심할 때 • 212, 215
짖을 때 • 105, 107, 110–111
차멀미를 할 때 • 276–277

■ 우리 강아지를 명견으로 만드는 팁

갈등 해소방법 • 209
같이 사는 개에게 공격적인 이유 • 203
개가 물어뜯을 때 • 132
개가 주인을 이기는 수법 • 47
개를 부르는 방법 • 81
개와 관련된 잘못된 생각 • 179
거세 • 198
공격적인 개의 예방책 • 221
공격적인 버릇 고치기 • 192
공포심 없애기 • 271
공포증 있는 개 길들이기 • 274
공포증의 징후 • 269
관심을 끌려는 행동 • 117
귀찮게 굴면 무시하라! • 31
긴 줄로 부르는 훈련 요점 • 75
길들이는 방법 • 126
까다로운 식성 • 110
놀이 방향 바꾸기 • 144
두려움 또는 지배 본능에 따른 공격성? • 165
두려움을 없애는 방법 • 103
두려움을 없애는 훈련 • 170
두려움이 생기는 까닭 • 168
두려워할 때 보이는 반응 • 91
땅 파는 버릇 고치기 • 281
땅 파는 습관 예방하기 • 279

뛰어오르기 방지법 • 157
먹이로 친해지기 • 195
먹이에 집착하는 개 다루는 법 • 219
목줄과 리드줄 • 34
무는 버릇 고치기 • 146
물기 놀이 • 138
물어뜯는 버릇 고치기 • 130
배변훈련 • 248
배변 습관 들이기 • 246
병적인 공포심 때문에 공격적인 개 • 188
상황 이해하기 • 143
새 식구 들일 때 • 205
새로운 보상 • 66
성견을 데려왔을 때 • 266
성적인 행동을 보이는 개의 예방책 • 235
소리와 먹이로 부르는 훈련 요점 • 74
소리와 장난감으로 부르는 훈련 요점 • 83
소유욕이 강한 개 다루는 법 • 215
심리적 위축훈련 • 175
아무 데나 용변을 보는 개의 문제점은? • 247
안면줄 훈련 전에 알아둘 요점 • 255
안정제 • 273
애견훈련의 기본 상식 • 32
애견훈련의 아홉 가지 원칙 • 21
예방하기 • 152
용납해서는 안 되는 개의 행동 • 65
잡아당기는 개 • 256
주인 따라 걷기 • 254
주인의 명령에 복종하지 않는 이유 • 72
중성화 수술 해도 좋을까? • 239
짖음 방지 도구 사용법 • 114
짖지 못하게 하는 방법 • 113
쫓아가는 습관 고치기 • 288
차 안에서 짖을 때 대처법 • 115
혼자 있을 때 두려워하는 이유 • 93
훔쳐 먹는 버릇 고치기 • 231

우리 강아지 명견 만들기

2019년 11월 13일 개정4판 1쇄 발행
2022년 9월 28일 개정4판 2쇄 발행

지은이 | 콜린 테넌트
옮긴이 | 신동희
펴낸이 | 이종춘
펴낸곳 | (주)첨단

주소 | 서울시 마포구 양화로 127 (서교동) 첨단빌딩 3층
전화 | 02-338-9151
팩스 | 02-338-9155
인터넷 홈페이지 | www.goldenowl.co.kr
출판등록 | 2000년 2월 15일 제2000-000035호

전략마케팅 | 구본철, 차정욱, 오영일, 이동후, 강호묵
제작 | 김유석
경영지원 | 윤정희, 이금선, 최미숙

ISBN 978-89-6030-539-7 13490

BM 황금부엉이는 ㈜첨단의 단행본 출판 브랜드입니다.

- 값은 뒤표지에 있습니다.
- 잘못된 책은 구입하신 서점에서 바꾸어 드립니다.
- 이 책은 신저작권법에 의거해 한국 내에서 보호를 받는 저작물이므로 무단 전재 및 복제를 금합니다.
- 이 책은 『참 쉽다 우리 강아지 명견 만들기』의 개정판입니다.
- 부록일러스트 ["Designed by Freepik"]

> 황금부엉이에서 출간하고 싶은 원고가 있으신가요? 생각해보신 책의 제목(가제), 내용에 대한 소개, 간단한 자기소개, 연락처를 book@goldenowl.co.kr 메일로 보내주세요. 집필하신 원고가 있다면 원고의 일부 또는 전체를 함께 보내주시면 더욱 좋습니다.
> 책의 집필이 아닌 기획안을 제안해주셔도 좋습니다. 보내주신 분이 저 자신이라는 마음으로 정성을 다해 검토하겠습니다.

감사의 말

무엇보다 이 책을 위해 자신과 개의 사진을 찍도록 허락해준 친구들과 우리 훈련학교 고객들에게 감사드린다.
스튜디오 작업을 도와준 크리스토퍼 하비, 사랑하는 내 강아지 지스트, 새피, 릴리,
그리고 개과 동물행동학자이자 훈련 전문가인 존 프랑스와 로스 매카시, 기술적인 부분에서 조언과 도움을 준 존 보위,
책의 제작과 역시 기술적인 부분에서 조언을 준 칼 홀트에게도 진심으로 감사드린다.
존 애쉬포드, 스티븐 가브리엘라와 줄리엣 가브리엘라, 켈리 브라운, 찰리 브라운, 리비 그레이와
나의 글쓰기 조언자인 마이크 터너에게도 고맙다는 말을 전하고 싶다.
개의 행동을 설명하는 머리 아픈 작업을 무사히 마칠 수 있도록 지치지 않고
나를 지원해준 필립과 말콤에게는 고맙다는 말로 마음을 다 전할 수 없을 것 같다.

Picture Credits

찍은이가 아래에 별도로 표시되지 않은 사진들은 모두 데이비드 와드, 콜린 테넌트, 존 보위가
콜린 테넌트의 개 · 고양이 훈련학교 스튜디오에서 직접 제작한 사진들이다.

몬티 슬로언, 울프 파크 : 14쪽 아래, 17쪽 위
인터펫의 닐 서더랜드 : 244쪽, 247쪽 위, 248쪽, 260쪽, 282쪽, 283쪽 아래, 287쪽 오른쪽

개의 행동 및 훈련에 대해 좀 더 폭넓은 주제에 걸쳐 정보와 조언을 구하고자 하는 독자들은 콜린 테넌트의 웹사이트를 방문하시기 바랍니다(www.bowetennant.co.uk). 유용한 정보를 담은 콜린 테넌트의 비디오들을 찾아볼 수 있고 직접 구입도 가능합니다.